教材项目规划小组
Planungsgruppe Lehrmaterial

严美华	姜明宝	王立峰
田小刚	崔邦焱	俞晓敏
赵国成	宋永波	郭　鹏

加拿大方咨询小组
Kanadische Berater

Dr. Robert Shanmu Chen
Mr. Zheng Zhining
University of British Columbia

Dr. Helen Wu
University of Toronto

Mr. Wang Renzhong
McGill University

中国国家对外汉语教学领导小组办公室规划教材
Konzipiert von der Staatlichen Leitungsgruppe für Chinesisch als Fremdsprache

Neues Praktisches Chinesisch

Lehrbuch

新实用汉语课本

2

主编：刘　珣
编者：张　凯　刘社会
陈　曦　左珊丹
施家炜　刘　珣

德文翻译：Katrin Buchta

北京语言大学出版社
BEIJING LANGUAGE AND CULTURE UNIVERSITY PRESS

Der Titel der Originalausgabe lautet:
New Practical Chinese Reader
Textbook 2
(Xin Shiyong Hanyu Keben - Di-er-ce)

(5. Auflage 2006)
(Herausgeber: Liu Xun)
(Autorenteam: Zhang Kai, Liu Shehui, Chen Xi, Zuo Shandan, Shi Jiawei, Liu Xun)
(Aus dem Chinesischen und Englischen übersetzt von Buchta, Katrin)

Tel. 0041 (0) 43 540 40 77
Email: bestellen@chinabooks.ch
http://www.chinabooks.ch

Printed in China
ISBN 978-3-905816-02-0

CHF 22. 30 (unverbindliche Preisempfehlung)

目　录
Inhalt

Ein neues Semester hat begonnen. So wie sich Ihr Chinesisch weiter verbessern wird, werden auch die Themen in diesem Band interessanter.
Sie begleiten in dieser Lektion Lin Na und werden lernen, wie man Orte, die man besucht hat, beschreibt, wie man über seine Reiseerlebnisse spricht und wie man vor der Abreise auf der Bank Geld wechselt. Sie werden sogar einen Satz im Shanghai Dialekt lernen.

第十五课 Lektion 15

她去上海了

一. 课文 Text

(一)

林　娜：力波，你来得真早。

丁力波：刚才银行人少，不用排队。林娜，你今天穿得很漂亮啊。

林　娜：是吗？我来银行换钱，下午我还要去王府井买东西。

丁力波：今天一英镑换多少人民币？

林　娜：一英镑换十一块五毛七分人民币。

【在银行换钱】
Geld auf der Bank wechseln

明天我要去上海旅行，得用人民币。

丁力波：什么？明天你要去上海吗？你刚从西安回北京，① 你真喜欢旅行！在西安玩儿得好不好？

林　娜：我玩儿得非常好。

丁力波：吃得怎么样？

林　娜：吃得还可以。② 这次住得不太好。

丁力波：你参观兵马俑了没有？

林　娜：我参观兵马俑了。我还买了很多明信片，你到我那儿去看看吧。

丁力波：好啊。我也很想去西安旅行，你给我介绍介绍吧。看，该你了。③

林　娜：小姐，我想用英镑换人民币。这是五百英镑。

工作人员：好，给您五千七百八十五块人民币。请数一数。

生词 Neue Vokabeln

1. 得	StPa	de	(Strukturpartikel) 吃得很好，穿得很漂亮，玩儿得很好

2. 早	Adj	zǎo	früh 来得真早，去得太早，到得很早，睡得不早，你早，都很早
3. 银行	N	yínháng	Bank 中国银行
4. 少	Adj	shǎo	wenig 人少，银行很少，也很少，不少
5. 排队	VO	páiduì	sich anstellen, Schlange stehen 不用排队，排队买书，排队挂号，排两个队
排	V	pái	etw. ordnen
队	N	duì	Reihe
6. 换	V	huàn	wechseln, tauschen; umtauschen 换钱，换书，换光盘
7. 英镑	N	yīngbàng	Pfund Sterling 换英镑，一英镑，五百英镑
8. 人民币	N	rénmínbì	Renminbi (RMB) 换人民币
人民	N	rénmín	Volk 中国人民银行，加拿大人民
9. 得	MV	děi	müssen 得换钱，得排队，得复习语法
10. 用	V	yòng	benutzen 用钱，用一下电话，用英镑换人民币，得用人民币，用一用
11. 刚	Adv	gāng	gerade, eben 刚回北京，刚去银行
12. 从	Präp	cóng	von (... her) 从美国回中国，从上海到北京
13. 非常	Adv	fēicháng	äußerst, höchst 非常早，非常漂亮，非常喜欢中国音乐
14. 次	ZEW	cì	– mal (*Zähleinheitswort* für die Häufigkeit von Handlungen) 这次，那次，一次
15. 参观	V	cānguān	etw. besichtigen, besuchen 参观学院，参观医院，参观公司

16. 兵马俑	N	bīngmǎyǒng	Tonarmee (als Grabbeigabe) 参观兵马俑
兵	N	bīng	Soldat
17. 明信片	N	míngxìnpiàn	Postkarte 很多明信片,一张明信片,美术明信片
信	N	xìn	Brief 写信,寄信,给他写信
18. 该	V	gāi	an der Reihe sein, dran sein 该你了,该我(换钱)了,该他(念)了
19. 工作人员	N	gōngzuò rényuán	Mitarbeiter 银行工作人员,邮局工作人员,一位工作人员
人员	N	rényuán	Mitarbeiter, Personal
20. 千	ZW	qiān	tausend 两千,五千,八千
21. 数	V	shǔ	zählen 数一数,数数,数钱,数人民币
22. 王府井	EN	Wángfǔjǐng	(Name eines bekannten Einkaufsviertels in Beijing)
23. 西安	EN	Xī'ān	(Hauptstadt der Provinz Shaanxi)

(二)

> 【肯定事情已经发生】
> bestätigen, dass etw. stattgefunden hat

马大为:林娜,早![4] 好久不见,你回英国了吗?

林　娜:我没有回英国,我去上海了。昨天刚回北京。

马大为:刚才宋华来了,他也问我,林娜去哪儿了?

林　娜:我给宋华写信了,他怎么不知道?他现在在哪儿?

马大为：他回宿舍了。上海怎么样？听说这两年上海发展得非常快，是不是？

林　娜：是啊，上海很大，也非常漂亮。那儿银行多，商场也多，我很喜欢上海。

【描述去过的地方】
einen Ort beschreiben, den man besucht hat

马大为：上海东西贵不贵？

林　娜：东西不太贵。上海人做衣服做得真好，我买了很多件。

马大为：上海人喜欢说上海话，他们普通话说得怎么样？

林　娜：他们普通话说得很好，年轻人英语说得也很流利。

马大为：你学没学上海话？

林　娜：学了。我会说“阿拉勿懂”。⑤

马大为：你说什么？我不懂。

林　娜：这就是上海话的“我不懂”。⑥

生词 Neue Vokabeln

1. 好久不见	R	hǎojiǔ bú jiàn	Lange nicht gesehen!
好久	R	hǎojiǔ	sehr lange (Zeit)
见	V	jiàn	sehen
2. 发展	V	fāzhǎn	entwickeln
3. 快	Adj	kuài	schnell 发展得非常快,说得很 快,念得不快
4. 话	N	huà	(gesprochene) Sprache, Rede 上海话,西安话,中国话
5. 普通话	N	pǔtōnghuà	Hochchinesisch 说普通话,学习普通话
6. 年轻	Adj	niánqīng	jung 年轻人,非常年轻
轻	Adj	qīng	leicht; wenig, gering
7. 流利	Adj	liúlì	fließend, flüssig 说得很流利,念得非常流利,流利的汉语,流利的英语,流利的普通话
8. 懂	V	dǒng	verstehen 懂上海话,不懂英语,懂不懂
9. 就	Adv	jiù	eben, genau 就是,就是他,就是这个

补充生词 Zusätzliche Vokabeln

1. 美元	N	měiyuán	US Dollar
2. 欧元	N	ōuyuán	Euro
3. 加元	N	jiāyuán	Kanadischer Dollar
4. 元	ZEW	yuán	(*Zähleinheitswort* für die chinesische Währung; *Kuai*)
5. 亚洲学系	N	yàzhōuxué xì	Institut für Asienwissenschaften
6. 汇率	N	huìlǜ	Wechselkurs
7. 现金	N	xiànjīn	Bargeld

8. 信用卡	N	xìnyòngkǎ	Kreditkarte
9. 城市	N	chéngshì	Stadt
10. 地方	N	dìfang	Ort, Stelle, Platz
11. 儿子	N	érzi	Sohn
12. 菜	N	cài	Essen, Speise; Gericht

二. 注释 Anmerkungen

① 你刚从西安回北京。

"Du bist gerade aus Xi'an nach Peking zurückgekommen."

"从 + NP" bildet eine Präpositionalphrase, die vor dem Verb steht und den Ausgangspunkt einer Handlung angibt.

Auf die Präposition "从" folgt ein Objekt (bestehend aus einem Wort oder einer Wortgruppe), das einen lokalen oder temporalen Ausgangspunkt bezeichnet (vgl. Lektion 16). Zum Beispiel:

我从学院去邮局。

他从英国来中国。

Nomina und Personalpronomina, die Personen bezeichnen, können nur als Objekt von "从" verwendet werden, wenn "这儿" oder "那儿" angefügt wird. "这儿" oder "那儿" gehören zur Präpositionalphrase, die das Verb modifiziert. Zum Beispiel:

他从力波那儿来。

他从谁那儿来?

陈老师从我这儿去银行。

② (我)吃得还可以。

"(Mein) Essen war so lala."

"可以" ist in diesem Satz ein Adjektiv mit der Bedeutung "gut". "还可以" hat die Bedeutung "ganz passabel, so lala". Zum Beispiel:

这个电影还可以。

那位留学生汉语说得还可以。

③ 看,该你了。

"Schau, du bist an der Reihe."

"该 + NP + (V) + 了" hat die Bedeutung "jd. ist an der Reihe (etw. zu tun)". Zum Beispiel:

该你念课文了。

④ 林娜，早！

"Guten Morgen, Lin Na."

"早！" ist ein weiterer Ausdruck zur Begrüßung. Er wird am Morgen verwendet. Als Reaktion darauf sagt man ebenfalls "早！" Zum Beispiel:

——老师早！

——你们早！

⑤ 我会说"阿拉勿懂"。

"Ich kann sagen 'Ich verstehe nicht.'"

Im Shanghai Dialekt bedeutet "阿拉勿懂" "Ich verstehe nicht". In diesem Dialekt wird "我" "阿拉"([AʔlA]) gesprochen und "不" "勿"([vəʔ]).

⑥ 这就是上海话的"我不懂"。

"Das bedeutet im Shanghai Dialekt 'Ich verstehe nicht.'"

"就" (1) dient der Betonung. Es wird entweder verwendet, um eine Tatsache zu bestätigen oder um zu betonen, dass etwas "genau den Tatsachen entspricht". Zum Beispiel:

这就是北京。

就是这个人。

三. 练习与运用 Übungen und Anwendung

Schlüsselsätze

1. 林娜，早！好久不见，你回英国了吗？
2. 我没有回英国，我去上海了。
3. 你刚从西安回北京。
4. 今天一英镑换多少人民币？
5. 你到我那儿去看看吧。
6. 你来得真早。
7. 年轻人英语说得也很流利。
8. 这就是上海话的"我不懂"。

1. 熟读下列短语 Lesen Sie die folgenden Wortgruppen und prägen Sie sie sich ein

(1) 学得怎么样　玩儿得怎么样　住得好不好　写得漂亮不漂亮

穿得很好　吃得还可以　念得太快　睡得很晚

起得不早　教得不少　说得不流利　数得不对　买得不多

发展得非常快　休息得不太好

(用)钱用得不多　(问)问题问得很少　(做)练习做得真好

(2) 回家了　买东西了　去北京了　学普通话了　参观兵马俑了

喝红葡萄酒了没有　写信了没有　练习口语了没有

送礼物了没有　打扫宿舍了没有　打电话了没有

洗没洗衣服　听没听音乐　参加没参加聚会　复习没复习课文

(3) 从学院去医院　从美国到英国　从南方回北京　从他那儿来　从公司租房子

(4) 给妈妈写信　给朋友打电话　给弟弟买礼物　给我介绍西安

给他们上语法课

(5) 就是他　就是这个人　就是那位教授　就是陈老师的朋友

(6) 看看　听听　说说　写写　介绍介绍　参观参观　休息休息

等一等　问一问　数一数　看一看　听一听　写一写　说一说

2. 句型替换 Substitutionsübungen

(1) 他每天来得早吗？

他每天来得很早。

你来得早不早？

我来得不早。

起	早
睡	晚
吃	多
休息	好

(2) 你说汉语说得很好。

哪里，我说汉语说得不太好。

他汉语说得怎么样？

他汉语说得还可以。

写	汉字	漂亮
学	语法	好
念	课文	流利
做	练习	快

(3) 谁教你们语法？

梁老师教我们语法。

他语法教得怎么样？

他教得太快。

口语	很好
汉字	非常快
英语	不太好
文学	还可以

(4) 昨天你看电影了吗？

我没有看电影。

你去哪儿了？

我去我哥哥那儿了。

上课	医院
参观中学	银行
参加聚会	我朋友那儿
锻炼身体	老师那儿

(5) 上午你做什么了？

我去银行了。

你换没换钱？

我没换钱。

买东西	买礼物
去邮局	排队
打扫宿舍	洗衣服
回家	复习中文

(6) 明天你要去王府井吗？

我要去。

你从哪儿去？

我从学院去。

你跟谁一起去？

我跟力波一起去。

租房公司	我家	我弟弟
商场	宋华那儿	宋华
外语学院	美术学院	陈老师

(7) 请问，现在一英镑换多少人民币？

一英镑换十一块六毛五分人民币。

我想用英镑换人民币，这是300英镑。

美元(měiyuán)	八块一毛九分	500 美元
欧元(ōuyuán)	七块一毛二分	200 欧元
加元(jiāyuán)	五块二毛三分	700 加元

3. 课堂活动 Aktivitäten im Seminarraum

Üben Sie mit Ihren Kommilitonen: Vervollständigen Sie die Fragen und antworten Sie darauf.

(1) 1美元(měiyuán)换8.19元(yuán)人民币

A：100美元换多少人民币？　B：100美元换819元人民币。

A：200美元____________？　B：______________________。

A：250美元____________？　B：______________________。

(2) 1欧元(ōuyuán)换7.12元(yuán)人民币

A：500欧元____________？　B：______________________。

A：620欧元____________？　B：______________________。

A：780欧元____________？　B：______________________。

(3) 1加元(jiāyuán)换5.23元(yuán)人民币

A：1300加元____________？　B：______________________。

A：1500加元____________？　B：______________________。

A：1900加元____________？　B：______________________。

4. 会话练习 Dialogübungen

[打招呼 Begrüßung]

(1) A：早。

B：你早。今天天气很好。

A：是啊，今天天气真好。

(2) A：张师傅早！

B：您早。

A：昨天您睡得好吗？

B：______，今天起得很晚。您呢？

A：我休息得很好。

[肯定事情已经发生 Bestätigen, dass etwas stattgefunden hat]

(1) A：昨天你去哪儿了？我下午到你宿舍找你了，你不在。

B：我去看朋友了，真对不起。

A：没关系。我没有给你打电话，你不知道我要去。

(2) A：好久不见，你去哪儿了？

B：我____了。

A：你为什么现在回英国？

B：我妈妈住院了，我去看她。

[评价动作或行为 Handlungen und Verhalten kommentieren]

(1) A：你知道吗？我去________________了。

B：你真喜欢旅行！你____________________________？

A：玩儿得还可以。

B：这次你吃得怎么样？

A：________________________。

(2) A：你是亚洲学系(yàzhōuxué xì)的学生吗？

B：是，我学习汉语。

A：你汉语说得很流利。

B：哪里，____________________________。

A：谁教你们口语？

B：____________________________。

A：老师教得怎么样？

B：____________________________。

A：这是你写的汉字吗？写得很漂亮。

B：我写得不快。请多帮助。

(3) A：你看他汉字写得怎么样？

B：____________________________。

A：他这个字写得对不对？

B：＿＿＿＿＿＿＿＿＿＿＿＿＿＿＿＿。

A：应该怎么写？

B：＿＿＿＿＿＿＿＿＿＿＿＿＿＿＿＿。

［在银行换钱 Geld auf der Bank wechseln］

(1) A：小姐，我想用美元换人民币。

B：您要换多少美元？

A：今天的汇率(huìlǜ)是多少？

B：现在100美元换＿＿＿＿＿＿＿＿＿＿＿＿＿＿＿＿。

A：我换＿＿＿＿＿＿＿＿＿＿＿＿＿＿＿＿。

B：好。这是＿＿＿＿＿＿＿＿＿＿＿＿＿＿＿＿，请您数一数。

(2) A：您好，我想换800元现金(xiànjīn)。这是我的信用卡(xìnyòngkǎ)。

B：换人民币还是换美元？

A：＿＿＿＿＿＿＿＿＿＿＿＿＿＿＿＿。

［描述去过的地方 Einen Ort beschreiben, den man besucht hat］

A：听说你刚去＿＿＿＿＿＿＿＿＿＿＿＿了。

B：是啊。＿＿＿＿＿＿＿＿＿＿＿＿＿＿＿＿得很快。

A：你买东西了吗？那儿的东西好不好？

B：＿＿＿＿＿＿＿＿＿＿＿＿＿＿＿＿，东西也很多。

A：吃的东西贵不贵？

B：＿＿＿＿＿＿＿＿＿＿＿＿＿＿＿＿。

A：那儿天气怎么样？

B：＿＿＿＿＿＿＿＿＿＿＿＿＿＿＿＿。

A：那儿的人说普通话吗？

B：那儿的人普通话说得＿＿＿＿＿＿＿＿＿＿。你应该去看看。

5. 看图说话 Beschreiben Sie die Bilder

(起得很晚)

(练习做得不对)

(吃得很多)

(来得很早)

(买得很多)

(写得不对)

6. 交际练习 Kommunikationsübungen

(1) Sie waren auf der Bank, um Geld zu wechseln. Nachdem Sie mit dem Bankangestellten[1] gesprochen hatten, erschien Ihnen der Wechselkurs zu niedrig. Deshalb haben Sie entschieden, das Geld später zu wechseln.

(2) Sie sind an verschiedene Orte gereist und unterhalten sich jetzt mit Ihrem Freund über Ihre Reiseerlebnisse.

(3) Sie unterhalten sich mit einem chinesischen Freund über das Chinesischlernen. Sie hoffen, dass er etwas über Ihr Chinesisch, Ihre Grammatik und Schriftzeichen sagt.

四. 阅读和复述 Lesen und Nacherzählen

张教授去上海

张教授在北京语言学院工作,他很喜欢旅行。他刚从英国回北京,上海的一个学院请他去上课。这个星期五他去上海了。张教授给那儿的学生上英国文学课,他课上得非常好,学生都很喜欢他的课。

[1] Aus praktischen Gründen wird durchgehend das Maskulinum verwendet.

上海是一个大城市(chéngshì),这两年发展得很快。上海的商场很多,商场的东西也非常好，上海人做的衣服很有名。张教授去参观了很多有名的地方(dìfang),他买了不少衣服,还买了很多明信片。他儿子(érzi)在上海工作,是中国银行的工作人员。星期六儿子请他去吃饭,那个餐厅上海菜(cài)做得很好,也不太贵。张教授在上海玩儿得非常好,吃得也很好,住得还可以,一个星期过得真快。

张教授会说西安话,也会一点儿上海话。可是他上海话说得不太好。他说:"现在上海人会说普通话,年轻人普通话和英语都说得很流利,在上海我不用说上海话。"

五. 语法 Grammatik

1. 情态补语(1) Das Modalkomplement (1)

Komplemente sind Elemente, die hinter Verben oder Adjektiven stehen, um diese zu ergänzen oder näher zu bestimmen. Das Modalkomplement beschreibt einen Zustand, der durch eine Handlung erreicht wurde. Es besteht in der Regel aus einem Adjektiv oder einer Adjektivphrase. Die Strukturpartikel "得" muss zwischen Verb und Komplement stehen. In der negativen Form steht "不" vor dem Komplement.

V +	得 +	Adv +	Adj
来	得	很	早
住	得	不	好

Die V/Adj – Neg – V/Adj– Frage wird gebildet, indem die bejahte und verneinte Form des Komplements hintereinander gestellt werden.

V +	得 +	Adj +	不Adj
玩儿	得	好	不好?
发展	得	快	不快?

Folgt auf das Verb ein Objekt, muss das Verb hinter dem Objekt, vor "得" wiederholt werden. Das erste Verb wird meist weggelassen.

(V) + O + V + 得 + Adv + Adj

Subjekt	*Prädikat*						
	(V)	**O**	**V**	**"得"**	**Adv**	**Adj**	**Partikel**
他			来	得	很	早。	
她			住	得		好	吗?
上海			发展	得		快不快?	
他们	(说)	普通话	说	得		怎么样?	
老师	(教)	语法	教	得	不	快。	

Beachten Sie:

(1) Besteht das Komplement aus einem Adjektiv, steht davor in der Regel "很", ähnlich wie in den Sätzen mit Adjektivprädikat. Zum Beispiel: "来得很早", "说得很快".

(2) Der Schwerpunkt der Aussage in einem Satz mit Modalkomplement liegt auf dem Komplement. Aus diesem Grund werden sowohl Frage- als auch Antwortsatz durch eine Modifizierung des Komplements gebildet. Im verneinten Satz steht "不" vor dem Komplement und nicht vor dem Verb. Es ist also falsch zu sagen "他不来得很早。"

(3) Auf eine Frage kann mit einem elliptischen Satz geantwortet werden. Zum Beispiel:

Frage	Antwort
他汉语说得流利吗?	他汉语说得很流利。
	说得很流利。
	很流利。

2. 助词"了"②:肯定事情的完成或实现 Die Partikel "了"②: Bestätigung der Abgeschlossenheit einer Handlung

In Lektion 13 haben Sie die Partikel "了" ① kennen gelernt, die auf ein Verb folgt und die Abgeschlossenheit einer Handlung kennzeichnet. "了" ② steht immer am Ende eines Satzes und bestätigt die Vollendung einer Handlung. Vergleichen Sie die Sätze in den Spalten A und B:

A	B
你去哪儿?	你去哪儿了?
Wohin gehst du?	Wo warst du? (*oder* Wohin bist du gegangen?)
我去商场。	我去商场了。
Ich gehe ins Einkaufszentrum.	Ich war im Einkaufszentrum. (*oder* Ich bin ins Einkaufszentrum gegangen.)
你买什么?	你买什么了?
Was (willst) du kaufen?	Was hast du gekauft?
我买衣服。	我买衣服了。
Ich werde Kleidung kaufen	Ich habe Kleidung gekauft.

Die Handlungen in Spalte A "去商场" und "买衣服" sind nicht abgeschlossen, die Handlungen in Spalte B hingegen sind vollendet.

Um einen Satz mit der Partikel "了"② zu negieren, wird das Adverb "没(有)"vor das Verb gestellt, "了" am Satzende fällt weg. Das Negationsadverb "不" kann nicht verwendet werden. Die V/Adj – Neg – V/Adj – Frage wird entweder durch die bejahte und mit "没" verneinte Form des Verbs oder durch Hinzufügen von "...了没有" am Satzende gebildet.

V + O + 了

Subjekt	***Prädikat***			
	Adv	**V**	**O**	**Pa**
我		换	钱	了。
他	没有	去	上海。	
宋华		回	家	了吗?
林娜		去	西安	了没有?
她		参观没参观	兵马俑?	

Beachten Sie:

(1) Die Partikel "了" ② gibt an, dass eine Handlung geschehen ist. Allerdings steht nicht immer "了", wenn von vergangenen Geschehnissen die Rede ist. Werden vergangene Geschehnisse (vor allem mehrere aufeinanderfolgende Handlungen) oder ein bestimmter Moment in der Vergangenheit beschrieben, ohne dass die Vollendung der Handlung betont

oder bestätigt wird, kann "了"wegfallen. Zum Beispiel:

星期六他上午去看电影，下午去参加一个聚会。

(2) Steht "了" hinter dem Verb und zugleich am Satzende, dann hat es zwei Funktionen. Zum Beispiel:

他去了。 我懂了。 刚才宋华来了。	"了" bringt die Vollendung der Handlung zum Ausdruck und bestätigt zugleich den Abschluss.

3. 动词的重叠 Verdopplung von Verben

Chinesische Verben können verdoppelt werden. Die verdoppelte Form eines einsilbigen Verbs lautet "AA" oder "A一A". Zweisilbige Verben werden in der Form "ABAB" verdoppelt, "一" kann nicht eingefügt werden. Zum Beispiel 看看，说说，等一等，用一用，数一数，介绍介绍，复习复习. Ein verdoppeltes Verb zeigt an, dass die Handlung von kurzer Dauer ist oder dass etwas einmal versucht wird. Ein verdoppeltes Verb hat eine ähnliche Bedeutung wie Verb + "一下".

4. 汉语100~10000的称数法 Zahlen von 100 bis 10.000

101	一百〇一	102	一百〇二 ……	109	一百〇九	110	一百一十
111	一百一十一	112	一百一十二 ……	119	一百一十九	120	一百二十
	⋮		⋮		⋮		⋮
191	一百九十一	192	一百九十二 ……	199	一百九十九	200	二百
201	二百〇一	202	二百〇二 ……	209	二百〇九	210	二百一十
	⋮		⋮		⋮		⋮
991	九百九十一	992	九百九十二 ……	999	九百九十九	1000	一千

1001	一千〇一	1010	一千〇一十	1052	一千〇五十二	1100	一千一百
1109	一千一百〇九	3543	三千五百四十三	8990	八千九百九十	9999	九千九百九十九

六. 汉字 Chinesische Schriftzeichen

1. 汉字的构字法(1) Bildungsprinzipien von chinesischen Schriftzeichen (1)

Bei der Bildung von chinesischen Schriftzeichen erfolgt die Kombination von Laut, Form und Begriffsinhalt nach bestimmten Regeln. Auch wenn sich die heutigen Schriftzeichen von den ursprünglichen Formen unterschieden, sind die Besonderheiten eines logografischen Schriftsystems nach wie vor vorhanden. Versteht man, wie Schriftzeichen gebildet werden, erleichtert das ihr Erlernen ungemein.

Bildung von Piktogrammen (象形法): Piktogramme bilden entweder ein konkretes Objekt als Ganzes oder bestimmte Merkmale des Objekts ab. Piktogramme stellen das ursprüngliche Prinzip zur Bildung von Schriftzeichen dar.

a. Abbildung des Objekts als Ganzes. Zum Beispiel:

人,大,目,见,口,牙,耳,心,手,足,女,木,水,火,土,丁,刀,日,月,井,田,子,儿,工,弓,衣,车,舟,门,户,虫,马,立.

b. Abbildung von Charakteristika des Objekts. Zum Beispiel:

母,羊,牛,犬,身.

c. Abbildung des Objekts mit zugehörigen Bestandteilen. Zum Beispiel:

果,天,匕,见.

Die Basisschriftzeichen, die Sie bereits gelernt haben, waren ursprünglich Piktogramme. Heute entsprechen sie eher Symbolen. Werden sie als Komponente in komplexen Schriftzeichen verwendet, behalten sie entweder ihre Aussprache oder ihre Bedeutung, was das Verständnis komplexer Schriftzeichen erleichtert.

2. 认写基本汉字 Basisschriftzeichen

(1) 民 乛 コ 尸 𠃜 民

mín Volk 5 Striche

(2) 币 (幣) 一 丆 冂 币

bì Währung 4 Striche

(3) 千　　丿 二 千

qiān　　tausend　　3 Striche

(4) 久　　丿 𠂊 久

jiǔ　　lange (Zeit)　　3 Striche

(5) 奂(奐)　丿 ⺈ 𠂊 ⺈ 刍 奂 奂

huàn　　überreichlich　　7 Striche

(6) 丘　　丿 𠂆 𠂇 斤 丘

qiū　　(Erd) Hügel　　5 Striche

(7) 甬　　㇇ 龴 ⺆ 冂 ⺆ 甬 甬

yǒng　　Weg　　7 Striche

(8) 亚(亞)(一 + 业)

Yà　　Asien　　6 Striche

(9) 车(車)　一 𠂇 ⺧ 车

chē　　Fahrzeug　　4 Striche

(10) 重　　丿 二 千 千 千 盲 𠀁 重 重

zhòng　　schwer　　9 Striche

(11) 尤　　一 ナ 尢 尤

yóu vor allem, besonders 4 Striche

3. 认写课文中的汉字 Schriftzeichen aus den Lektionstexten

(1) 早 zǎo

早 → 日 + 十 6 Striche

(2) 银行 yínháng (銀行)

银 → 钅 + 艮 11 Striche

(3) 排队 páiduì (排隊)

排 → 扌 + 非 11 Striche

队 → 阝 + 人 4 Striche

(4) 换 huàn (换)

换 → 扌 + 奂 10 Striche

立 (pángzìtóu) 丶 亠 亣 亣 亣 立 6 Striche

(5) 英镑 yīngbàng (英鎊)

镑 → 钅 + 立 + 方 15 Striche

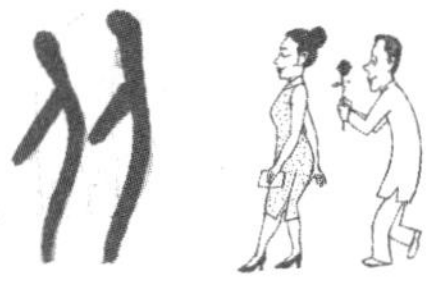

(6) 从 cóng (從)

从 → 人 + 人 4 Striche

(7) 次 cì

次 → 冫 + 欠 6 Striche

(8) 参观 cānguān （參觀）

观 → 又 + 见 6 Striche

(9) 兵马俑 bīngmǎyǒng （兵馬俑）

兵 → 丘 + 八 7 Striche

俑 → 亻 + 甬 9 Striche

(10) 明信片 míngxìnpiàn

信 → 亻 + 言 9 Striche

(11) 工作人员 gōngzuò rényuán（工作人員）

员 → 口 + 贝 7 Striche

(12) 王府井 Wángfǔjǐng

府 → 广 + 付 8 Striche

(13) 西安 Xī'ān

安 → 宀 + 女 6 Striche

(14) 发展 fāzhǎn （發展）

展 → 尸 + 廾 + 𧘇 10 Striche

(15) 普通话 pǔtōnghuà（普通話）

普 → 丷 + 亚 + 日 12 Striche

通 → 甬 + 辶 10 Striche

(16) 年轻 niánqīng (年輕)

轻 → 车 + 圣　　9 Striche

(Als linksstehende Zeichenkomponente wird der vierte Strich in "车" "㇀" geschrieben.)

㐬(liúzìpáng)　丶 亠 亡 云 产 产 㐬　　7 Striche

(17) 流利 liúlì

流 → 氵 + 㐬　　10 Striche

利 → 禾 + 刂　　7 Striche

(18) 懂 dǒng

懂 → 忄 + 艹 + 重　　15 Striche

(19) 就 jiù

就 → 京 + 尤　　12 Striche

文化知识 Kulturnotizen

Xi'an und die ehemaligen Hauptstädte Chinas

Xi'an ist eine berühmte ehemalige Hauptstadt Chinas. Im 11. Jahrhundert v.u.Z. errichtete König Wu der Westlichen Zhou Dynastie seine Hauptstadt Haojing dort, wo sich das heutige Xi'an befindet. Die nachfolgenden Dynastien Qin (221 v.u.Z. – 206 v.u.Z.), Westliche Han (206 v.u.Z. – 25 u.Z.), Sui (581 u.Z. – 618 u.Z.) und Tang (618 u.Z. – 907 u.Z.) hatten alle ihre Hauptstadt in Xi'an. In der fünftausendjährigen Geschichte der chinesischen Zivilisation war Xi'an mehr als eintausend Jahre Hauptstadt. Im Altertum hieß die Stadt Xi'an Chang'an. Im Jahr 1369 wurde sie in Xi'an umbenannt, wie sie auch heute noch heißt. Das moderne Xi'an ist die Hauptstadt der Provinz Shaanxi.

Nanjing ist ebenfalls eine ehemalige chinesische Hauptstadt. Die Hauptstädte des Königreichs Wu während der Zeit der Drei Reiche (229 u.Z. – 277 u.Z.) und der Östlichen Jin Dynastie (317 u.Z. – 420 u.Z.) befanden sich in Nanjing. Nach der Revolution 1911 trat Dr. Sun Yatsen sein Amt als Präsident in Nanjing an. Von 1927 bis 1949 war Nanjing die Hauptstadt der Nationalisten. Heute ist es die Hauptstadt der Provinz Jiangsu.

Peking war über einen Zeitraum von mehr als 800 Jahren die Hauptstadt der Dynastien Jin, Yuan, Ming und Qing. 1949 wurde es die Hauptstadt der Volksrepublik China.

Luoyang, Kaifeng und Hangzhou gehören ebenfalls zu den sogenannten sechs alten Hauptstädten Chinas.

Formulare ausfüllen, einen Bibliotheksausweis beantragen, in die Bibliothek gehen, um Bücher auszuleihen oder zurückzugeben, Mahngebühren für überfällige Bücher zahlen: das gehört zu Ihrem Studienalltag. In dieser Lektion werden Sie lernen, all das auf Chinesisch auszudrücken. Außerdem lernen Sie zwei Satzmuster kennen, die es nur im Chinesischen gibt.

第十六课 Lektion 16

我把这事儿忘了

一. 课文 Text

(一)

宋　华：这是北京图书馆。我们进去吧。

丁力波：这个图书馆真大。

宋　华：办公室在三楼，我们上楼去，先把借书证办了。

丁力波：今天就可以借书吗？①

宋　华：可以，一会儿下来借书……

三楼到了。我看看,是这个办公室。

丁 力 波：先生,我想办借书证。

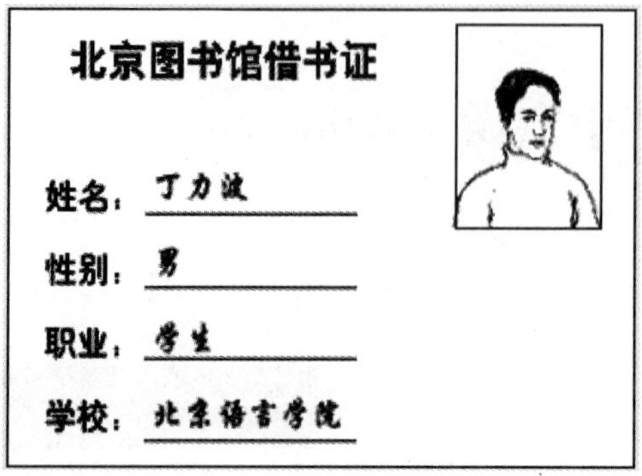

工作人员：您带照片来了吗?

丁 力 波：带来了。

工作人员：请先填一张表。

宋　　华：力波,你从那儿拿一张表来。我告诉你怎么填。

丁 力 波：我汉字写得太慢,你来填吧。

宋　　华：不行。现在你在中国生活,你应该自己填表。②

丁 力 波：好吧,我自己写。“姓名”?

宋　　华：“丁力波”。

丁 力 波：“性别”写什么?

【填表】
Formulare ausfüllen

宋　　华：自己看。③

丁 力 波：自——己——看?啊,性别应该写“男”。“职业”呢?

宋　　华：写“学生”。好了。你把这张表和照片交了，一会儿那位先生就给你借书证了。

生词 Neue Vokabeln

1. 把	Präp	bǎ	(zur Hervorhebung der Einwirkung auf das Objekt) 把书看了，把钱换了，把练习做了
2. 忘	V	wàng	vergessen 忘了复习课文，把这事儿忘了
3. 图书馆	N	túshūguǎn	Bibliothek 去图书馆，进图书馆，参观图书馆，一个图书馆
图书	N	túshū	Bücher
馆	N	guǎn	Laden; Stätte für kulturelle Aktivitäten 饭馆，咖啡馆；美术馆
4. 办公室	N	bàngōngshì	Büro 经理的办公室，图书馆的办公室，办公室工作人员，一个办公室
办公	VO	bàngōng	im Büro arbeiten; Amtsgeschäfte erledigen 办公时间
室	N	shì	Zimmer 休息室
5. 上	V/N	shàng	nach oben gehen / letzt-, vergangen- 上来，上去，上楼；上次，上星期，上个月
6. 先	Adv	xiān	zuerst, zunächst 先看电影，先去办公室，先到图书馆
7. 借书证	N	jièshūzhèng	Bibliotheksausweis 带借书证，办借书证，把借书证办了，一个借书证
借	V	jiè	sich etw. leihen 借钱，借书，借语法书，

			借图书馆的书
证	N	zhèng	Ausweis, Urkunde 学生证,出生证,工作证
8. 一会儿	R	yíhuìr	eine Weile 一会儿就去,一会儿上楼,一会儿去图书馆借书
9. 下	V/N	xià	nach unten gehen; aussteigen / nächst- 下来,下去,下楼,一会儿下来;下次,下星期,下个月
10. 带	V	dài	etw. bei / mit sich tragen, mitbringen 带本子,带照片,带名片,带礼物,带钱,带人民币
11. 填	V	tián	ausfüllen 怎么填,填什么,填名字,填出生年月日
12. 表	N	biǎo	Formular, Tabelle 填表,带表,做一张表
13. 拿	V	ná	etw. holen, nehmen, halten 拿报,拿光盘,拿一张表来,拿借书证
14. 慢	Adj	màn	langsam 写得很慢,学得不慢,说得真慢,填得太慢
*15. 不行	V	bùxíng	nicht möglich sein, es geht nicht
16. 生活	V/N	shēnghuó	leben / Leben 在中国生活,在北京学习和生活,生活得很好;快乐的生活
17. 自己	Pr	zìjǐ	selbst 你自己,我自己,学生自己,自己看,自己写,自己填
18. 姓名	N	xìngmíng	Name 学生的姓名,填姓名
19. 性别	N	xìngbié	Geschlecht 填性别
20. 职业	N	zhíyè	Beruf 什么职业,有职业,找职业
21. 交	V	jiāo	abgeben, übergeben, aushändigen 交表,交钱,交照片

（二）

宋　华：我们借书证办了多长时间？

丁力波：办了十五分钟，办得真快。

宋　华：今天办证的人不多。力波，听说你们上星期考试了，[4]你考得怎么样？

丁力波：我口语考得不错，可是翻译考得不太好，语法也有很多问题。我想借新的汉语课本看看。

宋　华：现在我们就去借书，我们从这儿出去。我得先把上次借的书还了。

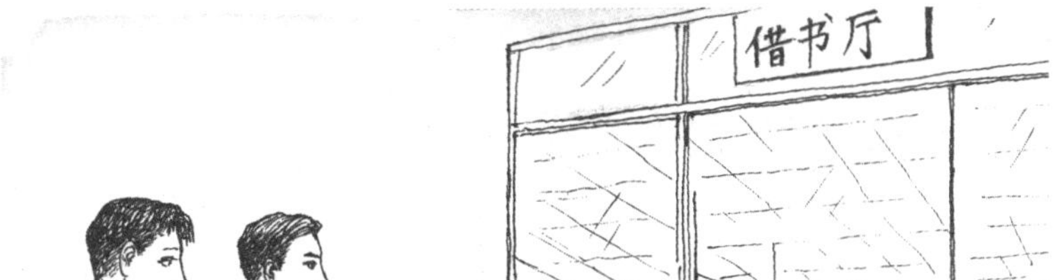

丁 力 波：这儿的书可以借多长时间？⑤

宋　　华：可以借一个月。

【还书】
Bücher zurückgeben

先生，我还书。

工作人员：好。……您的书过期了，您得交罚款。

宋　　华：真对不起，这个月太忙，我把这事儿忘了。罚多少钱？

工作人员：一本书过期一天罚两毛，⑥ 您借了四本书，过了十天，应该交八块钱。

宋　　华：给您八块。请问，汉语课本在哪儿？

【借书】
Bücher ausleihen

工作人员：那儿有电脑，您可以先查查。

丁 力 波：有外国人学汉语的新课本吗？

工作人员：有。您找一找《新实用汉语课本》。

生词 Neue Vokabeln

1.	长	Adj	cháng	lang 时间很长，借多长时间，办了很长时间
2.	考试	V/N	kǎoshì	Prüfung haben, abhalten / Prüfung 口语考

			试,语法考试,汉字考试
考	V	kǎo	Prüfung haben, abhalten, prüfen 考口语,考生词,考美术,考文化
3. 不错	Adj	búcuò	ziemlich gut 考得不错,填得不错,生活得不错,很不错
4. 翻译	V	fānyì	übersetzen, dolmetschen 翻译英语书,翻译课文,做翻译练习,考翻译
5. 新	Adj	xīn	neu 新书,新借书证,新问题,新朋友
6. 课本	N	kèběn	Lehrbuch 新的汉语课本,借英语课本,他买的课本
7. 出	V	chū	hinausgehen, herauskommen 出来,出去,从这儿出去
8. 还	V	huán	zurückgeben 还书,还课本,还钱
9. 过期	VO	guòqī	überfällig sein, den Termin überschreiten 过期了,没有过期,什么时候过期
过	V	guò	überschreiten; vergehen
期	N	qī	Zeitraum; Frist
10. 罚款	VO/N	fákuǎn	jn. mit einer Geldstrafe belegen / Geldstrafe 过期罚款;交罚款
罚	V	fá	strafen 罚钱,罚多少钱,罚十块钱
款	N	kuǎn	Geldbetrag
11. 电脑	N	diànnǎo	Computer 图书馆的电脑,买电脑,用电脑
电	N	diàn	Elektrizität
脑	N	nǎo	Gehirn
12. 查	V	chá	überprüfen; nachschlagen 查课本,查生词,查语法,查电脑,用电脑查

13.《新实用汉语课本》	EN	Xīn Shíyòng Hànyǔ Kèběn	*Das Neue Praktische Chinesisch*
实用	Adj	shíyòng	praktisch anwendbar

补充生词 Zusätzliche Vokabeln

1. 阅览室	N	yuèlǎnshì	Lesesaal
2. 杂志	N	zázhì	Zeitschrift
3. 问答	N	wèndá	Fragen und Antworten
4. 预订	V	yùdìng	vorbestellen; buchen
5. 房间	N	fángjiān	Zimmer
6. 国籍	N	guójí	Nationalität
7. 钥匙	N	yàoshi	Schlüssel
8. 目录	N	mùlù	Katalog; Verzeichnis
9. 续借	V	xùjiè	(die Leihfrist) verlängern
10. 年龄	N	niánlíng	Alter
11. 广东	EN	Guǎngdōng	Provinz Guangdong
12. 茶楼	N	chálóu	Teehaus
13. 老人	N	lǎorén	ältere Leute, Senioren
14. 开始	V	kāishǐ	anfangen, beginnen
15. 孩子	N	háizi	Kind
16. 热闹	Adj	rènao	lebhaft, belebt, rege

二. 注释 Anmerkungen

① 今天就可以借书吗？

"Kann ich heute schon Bücher ausleihen?"

Das Adverb "就"(2) wird verwendet, um anzuzeigen, dass etwas zeitig oder schnell passiert. Au ßerdem wird es verwendet, um auszudrücken, dass zwei Handlungen unmittelbar aufeinander folgen. Zum Beispiel:

刚七点，他就来了。

我们现在就去借书。

② 现在你在中国生活，你应该自己填表。

"Jetzt, da du in China lebst, solltest du das Formular selbst ausfüllen."

Das Pronomen "自己" bezieht sich meist auf das Pronomen oder Nomen, das ihm voraus geht und dient der Betonung. Zum Beispiel "他自己","我们自己","力波自己","老师自己","医生自己".

③ 自己看。

"Das weißt du selbst."

④ 听说你们上星期考试了。

"Ich habe gehört, ihr hattet letzte Woche Prüfung."

"上" und "下" bezeichnen eine Reihenfolge oder zeitliche Aufeinanderfolge. "上" bedeutet "letzt–" oder "vorig–", "下" "nächst–" oder "kommend–".

letzt– / vorig–		***dies–***		***nächst– / kommend–***	
上次	(letztes Mal)	这次	(dieses Mal)	下次	(nächstes Mal)
上星期五	(voriger Freitag)	(这个)星期五	(dieser Freitag)	下星期五	(kommender Freitag)
上月	(letzter Monat)	这个月	(dieser Monat)	下月	(nächster Monat)

⑤ 这儿的书可以借多长时间？

"Wie lange kann ich hier Bücher ausleihen? "

⑥ 一本书过期一天罚两毛。

"Bei Überschreiten der Leihfrist beträgt die Mahngebühr für ein Buch zwei *Mao* pro Tag."

三. 练习与运用 Übungen und Anwendung

Schlüsselsätze

1. 我们进去吧。
2. 我们上楼去,先把借书证办了。
3. 您带照片来了吗?
4. 现在你在中国生活,你应该自己填表。
5. 一会儿那位先生就给你借书证了。
6. 这儿的书可以借多长时间?
7. 您的书过期了,您得交罚款。
8. 真对不起,这个月太忙,我把这事儿忘了。

1. 熟读下列短语 Lesen Sie die folgenden Wortgruppen und prägen Sie sie sich ein

(1) 现在就去　今天就来　星期六就去看电影　下午就去图书馆借书
一会儿就来　一会儿就回家　一会儿就复习汉语语法　一会儿就写汉字

(2) 自己写　自己念　自己拿　自己带　自己复习　自己锻炼　自己旅行
她们自己去借书　她自己去买东西　他自己洗衣服　他们自己翻译课文
马大为自己租房子　我自己打扫宿舍　我们自己练习口语

(3) 上来　上去　下来　下去　进来　进去　出来　出去
上楼去　下楼来　寄钱去　寄明信片来　回宿舍去　回家来
到西安去　到北京来　带照片来　带英镑去　拿一本书来

(4) 把这本书看了　把钱换了　把礼物拿了　把饭吃了　把咖啡喝了
把衣服洗了　把这张表交了　把借书证办了　把图书馆的书还了
把那本书借了　把这事儿忘了

(5) 借一个月　等一会儿　看一个星期　住两年　复习三天
睡二十分钟
来了五分钟　等了两小时　用了一个月　参观了三天　学习了一年

2. 句型替换 Substitutionsübungen

(1) 现在几点？

现在10点。

他从王府井 回来了没有？

没有。他一会儿就回来。

8:45	办公室	出来
7:15	八楼	下来
11:30	一楼	上来

(2) 张小姐在吗？

不在，她上课去了。

她带语法书去了吗？

她没有带语法书去。

下楼	今天的报
回家	练习本(子)
到阅览室(yuèlǎnshì)	借书证

(3) 他给你送什么来了？

他给我送《新实用汉语课本》来了。

寄	明信片
拿	电脑
买	普通话光盘

(4) 那张表呢？

他把那张表交了。

他的药	吃
他的咖啡	喝
他写的信	寄
图书馆的杂志(zázhì)	还

(5) 我们出去散步，好吗？

对不起，现在不行。

你有事儿吗？

我得把今天的 练习 做了。

课文	复习
生词	翻译
汉字	写

(6) 上星期六，你跟力波一起去银行换钱了吗？

没有，我自己去了。

你等了多长时间？

我等了一会儿。

邮局	寄东西	10分钟
医院	看病	半小时
图书馆	还书	5分钟

(7) 下个月我就回美国去了。

是吗？这次你在美国要住多长时间？

要住一年。

下星期	到西安	3天
这星期五	到欧洲	2个星期
明天	回上海	2个月

(8) 你外语考了多长时间？

我考了两个小时。

你考得怎么样？

我口语考得不错，可是翻译考得不太好。

汉语	复习	一星期	语法	汉字
美术	学习	一年	中国画	汉语
练习	做	一个半小时	问答(wèndá)	翻译

3. 课堂活动 Aktivitäten im Seminarraum

Fragen Sie drei Kommilitonen auf Chinesisch, wie viel Zeit sie täglich mit folgenden Aktivitäten verbringen. Berichten Sie dann der ganzen Gruppe, was Sie herausgefunden haben.

(1)念课文；(2)练习口语；(3)做语法练习；(4)写汉字

4. 会话练习 Dialogübungen

[填表 Formulare ausfüllen]

A：先生，我预订(yùdìng)了一个房间(fángjiān)。我姓____________，叫____________。

B：我查一下。对，请先填一下这张表。

A：请问，怎么填？

B：这儿填您的姓名、性别和国籍(guójí)，这儿填您的护照号。

A：您看看，我填得对吗？

B：对。这是钥匙(yàoshi)。您的房间是668号。

[借书 Bücher ausleihen]

(1) A：请问，有新________？

B：你可以查一查目录(mùlù)。

A：在哪儿查？

B：那儿有电脑，你自己________。

(2) A：先生，我想借这五本书。

B：好。您带借书证来了吗？

A：________。请问您这儿的书可以借多长时间？

B：________。

[还书 Bücher zurückgeben]

A：先生，我还上次借的书。

B：好的。您上次借了五本书，这儿是四本。

A：是吗？真对不起，我把那本书的名字忘了，您能帮助我查一查吗？

B：可以。您上次借的书是________。

A：谢谢，我可以续借(xùjiè)这本书吗？

B：您可以续借一个月。

[认识新朋友 Neue Freunde kennen lernen]

(1) A：您好，您要出去啊？

B：您好！您也住这儿？

A：我住九楼。这是我的名片。

B：谢谢。对不起，我没有带名片。我姓王，住三楼。

A：王先生，认识您很高兴。有时间上来坐坐。

B：好的。

(2) B：可以进来吗？

A：啊，是王先生，快进来吧。请坐，请喝茶。

B：谢谢。

B：不早了，我该回去了。

A：有时间常来玩儿。

B：谢谢。您不要出来了。

A：好，慢走。

[暂时离开 Sich für einen Moment entschuldigen]

(1) A：张先生，您的电话。

B：好，我就来。

(zu C, D)对不起，我____________________，一会儿就回来。

(2) A：张先生在吗？

B：在，我就是。有事儿吗？

A：经理请你去一下。

B：好，我一会儿就去。

(zu C, D)你们先喝咖啡，我一会儿__________________。

5. 看图说话 Beschreiben Sie die Bilder

(等一下)

(快下来)

(从哪儿出____？)

(快出来)

6. 交际练习 Kommunikationsübungen

(1) Sie gehen in die Universitätsbibliothek, um Bücher über die chinesische Sprache auszuleihen. Sie fragen zuerst einen Bibliothekar, wo Bücher zur chinesischen Grammatik stehen und wie Sie entsprechende Bücher finden können. Dann fragen Sie, ob es neue, gute Lehrbücher der chinesischen Umgangssprache gibt. Der Bibliothekar beantwortet all Ihre Fragen.

(2) Sie haben letztes Mal fünf Bücher zur chinesischen Grammatik, Umgangssprache, Übersetzung und über Schriftzeichen ausgeliehen. Sie hatten diese Bücher länger als einen Monat. Sie gehen heute in die Bibliothek, um die Bücher zurückzugeben und stellen fest, dass Sie die Leihfrist überschritten haben und eine Mahngebühr bezahlen müssen.

(3) Sie möchten einen Bibliotheksausweis haben. Sie müssen folgendes Formular ausfüllen:

姓名		性别	
年龄(niánlíng)		职业	
国籍(guójí)		学院	
系		专业	

四. 阅读和复述 Lesen und Nacherzählen

广东(Guǎngdōng)的茶楼(chálóu)

不少广东老人(lǎorén)的每一天都从茶楼开始(kāishǐ)。他们都起得很早,五点半就出来散步,锻炼身体,六点钟就到了茶楼。那儿老人很多,他们跟认识的人问好,跟朋友说说昨天的事儿。王先生每天都带报来,他喜欢自己看看报,喝喝茶,等女儿和小孙女儿来。他等了一会儿,她们都来了。这时候,很多家的爸爸、妈妈、外婆、奶奶,还有孩子(háizi)们,也都来了,一家人在一起吃饭、喝茶、休息。孩子们不想吃,也不想喝,他们喜欢在一起玩儿,真热闹(rènao)啊!很多年轻人也都在这儿看报,他们要知道今天的新事儿和新问题。广东人常说:他们来喝茶,喝的是茶楼里的热闹,喝的是一家人一起吃饭的快乐。把茶喝了,把东西吃了,把报也看了,年轻人就去工作了。老人们新的一天也开始了。

五. 语法 Grammatik

1. 简单趋向补语 Das einfache Richtungskomplement

“来” und “去” stehen häufig als Komplemente hinter Verben, um die Richtung der Handlung zu kennzeichnen. Diese Komplemente werden als einfache Richtungskomplemente bezeichnet. Verläuft die Handlung zum Sprecher oder zum Bezugspunkt hin, wird “来” verwendet, verläuft sie vom Sprecher oder Bezugspunkt weg, wird “去” verwendet. Zum Beispiel:

↓
→来← B、C
↑

A:请进来。

(Der Sprecher ist im Raum.)

F

G、H

D、E:她上来了。

(Die Sprecher sind oben.)

↑
←去→ B、C:我们进去吧。
↓

(Die Sprecher sind draußen.)

A

B、C

G、H：她上去了。
（Die Sprecher sind unten.）

Hat das Verb ein Objekt, steht dieses zwischen dem Verb und dem einfachen Richtungskomplement. Zur Feststellung, dass eine Handlung nicht stattgefunden hat, wird das Negationsadverb “没（有）” verwendet. In der V/Adj – Neg – V/Adj – Frage werden die bejahte und verneinte Form des prädikativ gebrauchten Verbs hintereinander gestellt.

V ＋ O ＋ 来／去

Subjekt	***Prädikat***				
	Adverbial	**V**	**O**	**来/去**	**Pa**
我们	先	进		去	吧。
她们		出		来	了。
他们		上	楼	去	了吗？
我	没(有)	回	家	去。	
你	明天	拿不拿	明信片	来？	
他		带没带	照片	来？	

Beachten Sie: Die Partikel “了”① kann nicht hinter dem Verb stehen. Am Satzende kann jedoch die Partikel “了” ② stehen, um anzuzeigen, dass die Handlung abgeschlossen ist. Man kann also nicht sagen ⊗ “你回了家去吗？”

2. “把”字句（1）Der “把”-Satz (1)

Der “把”-Satz ist ein Satz mit Verbalprädikat. Dieser Satztyp wird im Chinesischen häufig verwendet, um hervorzuheben, wie das Objekt behandelt oder auf es eingewirkt wird, so dass sich seine Position oder sein Zustand verändert. Zum Beispiel:

Allgemeine Aussage	vs.	Hervorhebung der Einwirkung auf das Objekt
A：你去做什么了？		A：你的书呢？怎么不在这儿了？
B：我去还书了。		B：我把书还了。(deshalb kannst du es jetzt nicht finden)

A：她的生日是几号？　　　　A：昨天你为什么不参加她的生日聚会？

B：我忘了(她的生日)。　　　B：真对不起，我把她的生日忘了。

(ich habe einen Fehler gemacht)

Im "把"-Satz bilden die Präposition "把" und ihr Objekt – das, worauf eingewirkt wird – eine Adverbialbestimmung, die hinter dem Subjekt und vor dem Verb steht.

S + 把 + O + V + weitere Elemente

Subjekt	***Prädikat***					
	MV	**Adverbial**	**Präp "把"**	**O (worauf eingewirkt wird)**	**V**	**weitere Elemente**
我			把	这事儿	忘	了。
你			把	那张表和照片	交	了吗？
我	得	先	把	上次借的书	还	了。
你			把	借书证	办	了没有？

Aus diesen Beispielsätzen lässt sich ablesen:

(1) Das Verb im"把"-Satz muss ein transitives sein, das in der Regel ein "Einwirken" oder "Beeinflussen" zum Ausdruck bringt. Verben wie "有，在，是，来，去，回，喜欢，觉得 und 知道", die eine solche Bedeutung nicht haben, können nicht im "把" –Satz verwendet werden.

(2) Das Objekt des "把"-Satzes ist (für den Sprecher) ein bestimmtes. Man kann also nicht sagen：⊗"我先把一本书还了。" Es muss heißen "我先把那本书还了。" oder "我先把上次借的书还了。"

(3) Auf das Verb im "把"-Satz müssen weitere Elemente folgen. In den "把"-Sätzen dieser Lektion steht jeweils die Partikel 了am Satzende (weitere Elemente, die im "把"-Satz hinter dem Verb stehen können, werden in den folgenden Lektionen eingeführt). Man kann nicht sagen ⊗"我把这事儿忘." Es muss heißen: "我把这事儿忘了"

(4) Modalverben oder Adverbien (als Adverbial) müssen vor "把" stehen. Zum Beispiel: "我得先把上次借的书还了。"

3. 时量补语（1） Das Komplement der Zeitdauer (1)

Das Komplement der Zeitdauer steht hinter einem Verb und gibt die Dauer einer

Handlung oder eines Zustands an. Hat das Verb ein Objekt, wird das Verb hinter dem Objekt, vor dem Komplement wiederholt. Das erste Verb wird häufig weggelassen. In der Frage nach der Zeitdauer wird meist "多长时间" verwendet.

(V) + O + V + Komplement der Zeitdauer

Subjekt	*Prädikat*				
	(V)	**O**	**V**	**Pa**	**Komplement der Zeitdauer**
你			等		一会儿。
丁力波			学习	了	半年。
我们	(办)	借书证	办	了	多长时间?
我	(考)	外语	考	了	两个小时。

Beachten Sie: Als Komplement können nur Zeitangaben verwendet werden, die eine Zeitdauer zum Ausdruck bringen, wie z. B. "一分钟,两小时,三天,四个月,五年 und 一会儿". Zeitangaben, die einen Zeitpunkt bezeichnen, wie "三点钟, 一月一号, 2002年", können nicht als Komplement der Zeitdauer dienen. Man kann also nicht sagen: ⊗ "我等了一点半。"

Zur Negation eines Satzes mit Komplement der Zeitdauer wird ein Negationsadverb vor das prädikativ gebrauchte Verb gestellt. Zum Beispiel:

丁力波没有学习半年,他学习了三个月。

你外语考了两个小时吗?

—— 我外语没有考两个小时。

六. 汉字 Chinesische Schriftzeichen

1. 汉字的构字法(2) Bildungsprinzipien von chinesischen Schriftzeichen (2)

Bildung von Ideogrammen (指事法): Durch Hinzufügen einzelner hinweisender Striche zu Symbolen oder Piktogrammen werden neue Schriftzeichen gebildet. Die Zahl dieser Zeichen ist sehr gering. Man unterscheidet zwei Arten von Ideogrammen:

a. Zeichen, die aus konventionellen Symbolen der Urgesellschaft entstanden sind. Zum Beispiel: 一,二,三,四,五,六,七.

b. Zeichen, die dadurch gebildet wurden, dass einem Piktogramm hinweisende Striche hinzugefügt wurden. Zum Beispiel: 刃,本,旱,上,中,下.

2. 认写基本汉字 Basisschriftzeichen

(1) 表　　一 二 丰 丰 声 耒 表 表

biǎo　　Tabelle　　8 Striche

(2) 卅　　丿 川 川 卅

sà　　dreißig　　4 Striche

(3) 官　　丶 丷 宀 宀 宁 宁 官 官

guān　　offiziell, amtlich　　8 Striche

(4) 正　　一 丅 下 正 正

zhèng　　richtig, korrekt　　5 Striche

(5) 式　　一 二 亍 三 式 式

shì　　Stil, Modus　　6 Striche

3. 认写课文中的汉字 Schriftzeichen aus den Lektionstexten

(1) 把 bǎ

把 → 扌 + 巴　　7 Striche

(2) 忘 wàng

忘 → 亡 + 心 7 Striche

(3) 图书馆 túshūguǎn （圖書館）

图 → 囗 + 冬 8 Striche

馆 → 饣 + 官 11 Striche

(4) 办公室 bàngōngshì （辦公室）

室 → 宀 + 至 9 Striche

(5) 借书证 jièshūzhèng （借書證）

借 → 亻 + 龷 + 日 10 Striche

证 → 讠 + 正 7 Striche

(6) 填 tián

填 → 土 + 真 13 Striche

(7) 带 dài（帶）

带 → 卌 + 冖 + 巾 9 Striche

(8) 慢 màn

慢 → 忄 + 日 + 罒 + 又 4 Striche

(9) 生活 shēnghuó

活 → 氵 + 舌 9 Striche

(10) 性别 xìngbié

性 → 忄 + 生 8 Striche

别 → 口 + 力 + 刂 7 Striche

(11) 职业 zhíyè （職業）

职 → 耳 + 只 11 Striche

(12) 交 jiāo

交 → 亠 + 父 6 Striche

(13) 考试 kǎoshì （考試）

考 → 耂 + 丂 6 Striche

试 → 讠 + 式 8 Striche

(14) 不错 búcuò（不錯）

错 → 钅 + 昔 13 Striche

釆 (fānzìtóu) 丿 ノ ⺍ 立 平 平 釆 7 Striche

(15) 翻译 fānyì （翻譯）

翻 → 釆 + 田 + 习 + 习 18 Striche

译 → 讠 + 又 + キ 7 Striche

(16) 新 xīn

新 → 立 + 木 + 斤 13 Striche

(17) 罚款 fákuǎn (罰款)

罚 → 罒 + 讠 + 刂 9 Striche

款 → 士 + 示 + 欠 12 Striche

(18) 电脑 diànnǎo (電腦)

脑 → 月 + 亠 + 凶 10 Striche

(19) 查 chá

查 → 木 + 日 + 一 9 Striche

(20) 实用 shíyòng (實用)

实 → 宀 + 头 8 Striche

文化知识 Kulturnotizen

Das chinesische Bildungssystem

Das chinesische Bildungssystem umfasst die Grundausbildung, die berufliche und technische Ausbildung, die Hochschulbildung und die Erwachsenenbildung. Die Grundausbildung bezeichnet die Vorschulerziehung, Grundschul- und Mittelschulbildung.

Chinesische Kinder werden im Alter von sechs oder sieben Jahren eingeschult. Sie besuchen sechs Jahre lang die Grundschule und danach drei Jahre lang die Unterstufe der Mittelschule. Das ist die neunjährige Schulpflicht, die bereits in fast allen Regionen Chinas umgesetzt wird.

Nach dem Abschluss der Unterstufe der Mittelschule besucht ein Teil der Schüler die Oberstufe der Mittelschule, andere gehen auf Berufsmittelschulen. Die Ausbildung dauert jeweils drei Jahre. Nach dem Abschluss der Oberstufe der Mittelschule oder der Berufsmittelschule kann man entweder ins Berufsleben einsteigen oder seine Ausbildung an einer höheren Bildungseinrichtung fortsetzen.

Ein Studium dauert in der Regel vier Jahre, in einigen Fachrichtungen (z. B. Medizin) fünf Jahre. Hat der Student zum Zeitpunkt des Studienabschlusses alle akademischen Anforderungen erfüllt, wird ihm der Bachelor–Titel verliehen. Nach dem Abschluss kann das Studium fortgesetzt werden, um einen Master– und danach einen Doktor–Titel zu erlangen. Ein solches Studium dauert in der Regel jeweils drei Jahre. Wie an den meisten Universitäten der Welt werden an chinesischen Universitäten drei akademische Grade – Bachelor, Master und Doktor – vergeben.

Haben Sie schon einmal chinesische Kleidung getragen? Wissen Sie was ein *Qipao* ist? Vergleichen Sie Farbe, Preis, Größe und Stil, wenn Sie Kleidung kaufen? In dieser Lektion lernen Sie, wie Sie auf Chinesisch Kleidung aussuchen und Vergleiche anstellen.

第十七课 Lektion 17

这件旗袍比那件漂亮

一. 课文 Text

(一)

丁力波：小云，哪儿卖中式衣服？

王小云：你不知道吗？你来北京多长时间了？[1]

丁力波：我来北京半年了。可是你在北京已经二十年了，你是北京人，你当然比我知道得多。

王小云：你说得对。现在北京的商店和商场多极了，[2]大商场的东西比小商店的东西贵，可是小商店的东西不一定比大商场的差。你为什么现在想买中式衣服？

丁力波：从下星期开始，我要学太极拳，我得穿一套中式衣服。

王小云：好极了！③ 你穿中式衣服一定很帅。你喜欢什么颜色的，黑的还是红的？

【描述事物】
Dinge beschreiben

丁力波：我喜欢白的。

王小云：我也喜欢白的，白的漂亮。你想买好的还是买便宜的？

丁力波：我不要太贵的，也不要太便宜的。你说该去哪儿买？

王小云：去王府井吧。那儿东西多，可能贵一点儿。

丁力波：贵一点儿没关系。我们下午就去吧，我还想去公园走走。

生词 Neue Vokabeln

1. 旗袍	N	qípáo	*Qipao*, chinesisches Etuikleid 一件旗袍，这件旗袍，中国的旗袍
2. 比	Präp	bǐ	als (im Vergleich zu) 比那件漂亮，比他好，比今天冷，比这件贵一点儿
3. 卖	V	mài	verkaufen 卖衣服，卖光盘，卖苹果，卖中药，卖东西
4. 中式	Adj	zhōngshì	chinesischer Stil, chinesisch 中式衣服，中式房子
式	N	shì	Stil, Typ, Art
5. 已经	Adv	yǐjing	schon, bereits 已经二十年了，已经来了，已经买旗袍了

6. 商店	N	shāngdiàn	Geschäft, Laden 小商店,北京的商店,去商店买东西,一个商店
商	N	shāng	Handel, Geschäft
店	N	diàn	Laden
7. 极(了)	Adv	jí(le)	äußerst 多极了,慢极了,漂亮极了,流利极了
8. 一定	Adv	yídìng	bestimmt, sicher, unbedingt 一定很新,一定很脏,一定知道,不一定早,不一定懂
9. 差	Adj	chà	schlecht, ungenügend 很差,差极了,不一定差,不一定比大商场的东西差
10. 开始	V	kāishǐ	anfangen, beginnen 从下星期开始,从现在开始,从八点开始考试,开始学中文,开始工作
11. 太极拳	N	tàijíquán	*Taijiquan* 学太极拳,打太极拳
12. 套	ZEW	tào	Set, Satz, Reihe 一套中式衣服,一套大房子,一套新课本
13. 帅	Adj	shuài	schön, attraktiv 很帅,帅极了,比他帅,一定很帅
14. 颜色	N	yánsè	Farbe 什么颜色,漂亮的颜色,旗袍的颜色,衣服的颜色
15. 黑	Adj	hēi	schwarz 黑的,黑颜色,黑衣服
*16. 红	Adj	hóng	rot 红的,红颜色,红苹果
17. 白	Adj	bái	weiß 白的,白颜色,白旗袍
18. 便宜	Adj	piányi	billig, preiswert 便宜的,一套便宜的衣服,一定很便宜
*19. 没关系	R	méi guānxi	das macht nichts, nicht so schlimm, keine Ursache 贵一点儿没关系,慢一点儿没关系,少一点儿没关系
20. 公园	N	gōngyuán	Park 去公园玩儿,去公园打太极拳,到公园去,一个公园
21. 走	V	zǒu	gehen 去公园走走,走了一个小时,走得很快

（二）

宋　华：两个小时过去了，你要的衣服还没买。

林　娜：谁说我没有买？我已经买了衬衫了。④

宋　华：你要的旗袍呢？

林　娜：刚才看的旗袍都不错，我真想都买了。

宋　华：我们还有时间，可以再多看看。这件绿的怎么样？

林　娜：啊，这件漂亮极了，颜色、样子都比刚才看的旗袍好。

售货员：您可以试一试。

林　娜：好。我觉得这件大点儿，是不是？

售货员：我给您换一件小的。这件是三十八号，比那件小两号。您再拿去试试吧。

林　娜：这件比那件合适，宋华，你看怎么样？

宋　华：我觉得这件太短了。

售货员：对，您比我高，得穿长点儿的，我再给您找找。有了，这件红的比那件绿的长两公分。您再试一试这件。

林　娜：小姐，太麻烦您了，真不好意思。⑤ 这件很合适。

宋　华：这件红旗袍比那件绿的漂亮。

林　娜：可是也贵多了。

宋　华：比那件贵多少？

林　娜：贵九十块钱。

宋　华：丝绸的当然贵一点儿。

林　娜：好吧，我就买这件。⑥ 宋华，现在该去买你的了。你穿多大号的？想不想试试那套西服？

生词 Neue Vokabeln

1. 小时	N	xiǎoshí	Stunde	两个小时，几个小时，多少小时
2. 过去	V	guòqù	vergehen	两个小时过去了，三天过去了
3. 衬衫	N	chènshān	Hemd, Bluse	一件衬衫，白衬衫，中式衬衫，买了衬衫了
4. 绿	Adj	lǜ	grün	绿的，绿颜色，绿衬衫，绿香蕉

5. 样子	N	yàngzi	Form; Modell, Muster 样子好，衬衫的样子，旗袍的样子
6. 售货员	N	shòuhuòyuán	Verkäufer (–in)
售	V	shòu	verkaufen 售书
货	N	huò	Ware
7. 试	V	shì	versuchen, probieren 试试，试一试，试试这件，试一试那件衣服
8. 觉得	V	juéde	meinen, finden 觉得太长，觉得很合适，觉得这件大点儿，觉得非常帅，觉得便宜极了
9. 合适	Adj	héshì	passend, angemessen, richtig 很合适，合适极了，这件绿衬衫比那件红的合适
10. 短	Adj	duǎn	kurz 短旗袍，短衬衫，短极了，短一点儿，觉得这件太短了
11. 高	Adj	gāo	groß, hoch 比我高，高一点儿，房租高
12. 公分	N	gōngfēn	Zentimeter 两公分，短一公分，比那套长两公分
13. 麻烦	V	máfan	jn. wegen/mit etw. belästigen, stören 麻烦您，太麻烦您了，很麻烦，不麻烦
14. 丝绸	N	sīchóu	Seide 丝绸的，丝绸衬衫，中国丝绸
15. 西服	N	xīfú	Anzug / Kostüm in westlichem Stil 一套西服，穿西服，西服的样子，合适的西服

补充生词 Zusätzliche Vokabeln

1. 双	ZEW	shuāng	Paar
2. 鞋(子)	N	xié(zi)	Schuhe
3. 头发	N	tóufa	Haar(e)
4. 打折	VO	dǎzhé	Rabatt geben, ermäßigen 打九折(10 Prozent Rabatt gewähren)
5. 条	ZEW	tiáo	(*Zähleinheitswort* für längliche, schmale Dinge wie Hosen, Röcke, Schlangen usw.)

6. 裤子	N	kùzi	Hose
7. 相声	N	xiàngsheng	komischer Dialog, Sketch
8. 了不起	R	liǎobuqǐ	außergewöhnlich, hervorragend
9. 薄	Adj	báo	dünn
10. 页	ZEW	yè	Seite
11. 料子	N	liàozi	Kleiderstoff
12. 布	N	bù	Stoff
13. 总是	Adv	zǒngshì	immer
14. 表	N	biǎo	Armbanduhr

二. 注释 Anmerkungen

① 你来北京多长时间了？

"Wie lange bist du (schon) in Peking?"

Handlungen, die durch Verben wie "来, 去, 到" beschrieben werden, können nicht andauern. Steht ein Komplement der Zeitdauer hinter solchen Verben, wird damit die Zeitdauer vom Eintritt der Handlung bis zum Zeitpunkt des Sprechens angegeben. Steht ein Objekt hinter dem Verb, muss das Komplement der Zeitdauer hinter dem Objekt stehen. Zum Beispiel:

我来中国已经一年了。

他去图书馆已经两个小时了。

② 现在北京的商店和商场多极了。

"In Peking gibt es jetzt sehr viele Geschäfte und Einkaufszentren."

In der Umgangssprache stehen "极了" und "多了" häufig hinter Adjektiven oder Verben als Komplement zur Bezeichnung eines hohen Grades. "极了" drückt den höchsten Grad ("äußerst") aus, "多了" einen großen Unterschied. Zum Beispiel:

Adj/V + 极了/多了

这件旗袍	漂亮	极了。	
他	高兴	极了。	
那本书比这本书	贵		多了。
他哥哥比他	年轻		多了。

③ 好极了！

"Das ist toll!"

In der Umgangssprache wird diese Wendung benutzt, um absolute Zustimmung oder Zufriedenheit auszudrücken. Diese Wendung ist nachdrücklicher als "太好了".

Beachten Sie die unterschiedlichen Nuancen der Wendungen:

好极了，太好了（toll, super）

↓

非常好，很好（sehr gut），好（gut）

↓

不错（nicht übel），还可以，马马虎虎（so lala, ganz passabel），不太好（nicht so gut）

↓

不好，差，坏（schlecht）

④ 我已经买了衬衫了。

"Ich habe schon Hemden gekauft."

Die Partikel "了" ① hinter einem Verb kennzeichnet die Vollendung einer Handlung. Wenn das Objekt nicht durch Zahlwort + Zähleinheitswort oder andere Attribute näher bestimmt ist, muss die modale Satzpartikel "了" ② stehen, da sonst der Satz unvollständig ist. Beide Partikeln gleichzeitig verwendet, bringen zum Ausdruck, dass die Handlung abgeschlossen ist und betonen, dass die Handlung bereits geschehen ist. Zum Beispiel:

我买了 衬衫了 。

我吃了 饭了 。

⑤ 小姐，太麻烦您了，真不好意思。

"Fräulein, entschuldigen Sie, dass ich Ihnen so viele Unannehmlichkeiten bereitet habe."

Diese Wendung bringt Entschuldigung und Dank zum Ausdruck.

⑥ 好吧，我就买这件。

"Gut, ich kaufe dieses."

Diese Wendung ist sehr gebräuchlich beim Einkaufen. "就" dient der Betonung.

三. 练习与运用 Übungen und Anwendung

<u>Schlüsselsätze</u>

1. 你来北京多长时间了？
2. 你喜欢什么颜色的，黑的还是红的？
3. 我已经买了衬衫了。
4. 这件红旗袍比那件绿的漂亮。
5. 这件红的比那件绿的长两公分。
6. 这件比那件贵多了。
7. 你当然比我知道得多。
8. 现在北京的商店和商场多极了。

1. 熟读下列短语 Lesen Sie die folgenden Wortgruppen und prägen Sie sie sich ein

(1) 黑的 红的 白的 绿的 早的 晚的 快的 慢的 合适的 有名的
这间大的 那间小的 这个长的 那个短的 这瓶多的 那瓶少的
这套中式的 那套漂亮的 这件贵的 那件便宜的
中国的 外国的 中文的 外语的 语法的 口语的
老师的 医生的 外婆的 女儿的 司机的 工作人员的
学院的 办公室的 图书馆的 商店的

(2) 比他好 比我忙 比西安大 比这件贵 比今天冷 比我的宿舍脏
比我来得早 比他说得流利 比他朋友写得好 比你休息得晚
比我们生活得快乐 比这儿发展得快

(3) 贵三十块钱 便宜六百块 长两公分 短五公分 多一个 少四十张
比她大一岁 比他早七个小时 比我晚一个星期 比小云快十分钟
比大为慢一点儿 比林娜高两公分

(4) 多极了 疼极了 对极了 好极了 可爱极了 容易极了 便宜极了
贵多了 新多了 早多了 长多了 多多了 差多了 短多了
流利多了 舒服多了 年轻多了 漂亮多了 合适多了

(5) 来北京半年了 去欧洲一年了 去西安十天了 到银行已经半个小时了
去公园已经一个半小时了

(6) 写了50个汉字了　问了两个问题了　看了一本汉语书了
复习了十个生词了　试了三件旗袍了

2. 句型替换 Substitutionsübungen

(1) 他来 中国已经多长时间了？
他来中国半年了。

去	上海	两个月
来	语言学院	一年
去	商店	20分钟
来	公园	一个小时

(2) 这件旗袍怎么样？
这件旗袍比那件旗袍漂亮，
这件漂亮极了。

(个)电影	有意思
(个)医院	大
(瓶)红葡萄酒	贵
(位)售货员	好

(3) 今天比昨天 冷吗？
我觉得今天不比昨天 冷。

上午	下午	忙
小商店的东西	大商场的东西	便宜
这个课本	那个课本	合适
他	他哥哥	帅

(4) 这件衬衫 大还是那件衬衫 大？
这件衬衫 大。
这件衬衫比那件衬衫大多少？
这件衬衫比那件衬衫大两公分。

(套)西服	贵	200块钱
(双 shuāng) 鞋(xié)	小	1号
(件)旗袍	长	一点儿
(个)楼	高	多了

(5) 他比他朋友来得早吗？
不，他朋友比他来得早。

走	快
睡	晚
吃	多
介绍	好

(6) 你课文 翻译得真好!
哪里,我翻译得不好。
她翻译 课文比我翻译得好。

太极拳	学	快
汉语	说	流利
汉字	写	漂亮
口语	考	好

3. 课堂活动 Aktivitäten im Seminarraum

Vervollständigen Sie die folgenden Vergleichssätze.

(1) 汉语书: 23 块;英语书:37 块
——▶ 汉语书比英语书便宜,汉语书比英语书便宜多少?
汉语书比英语书便宜 ________________ 块。

(2) 汉字课本: 18.50 元;口语课本:26.90 元
——▶ 口语课本比汉字课本 ________,口语课本比汉字课本 _____ 多少?
口语课本比汉字课本 _____________ 块。

(3) 我们系: 350 人;你们系:240 人
——▶ 我们系的人比你们系的人 _____,我们系的人比你们系的人 ______ 多少?
我们系的人比 __________________ 人。

(4) 王老师:43 岁;陈老师:30 岁
——▶ 王老师比陈老师 ________,王老师比陈老师 _______ 多少?
王老师比 _________________ 岁。

(5) 这件旗袍:120 公分;那件旗袍:117 公分
——▶ 这件旗袍比那件旗袍 ________,这件旗袍比那件旗袍 ____ 多少?
这件旗袍比 _____________ 公分。

4. 会话练习 Dialogübungen

[描述事物 Dinge beschreiben]

(1) A: 请问,张老师在吗?
B: 哪位张老师?
A: 对不起,我不知道他的名字,他在 __________________ 工作。

B：男的还是女的？

A：男的。他比您高，岁数也比您大一点儿，头发(tóufa)有点儿白。

B：我知道了，他叫张大生，在二楼209办公室。

A：谢谢。

(2) A：好久不见，你今天穿得真漂亮。

B：谢谢。这是我刚在 ________________ 买的新衣服。

A：颜色好极了，样子也很新，我喜欢中式的。

B：是啊，中式的比西服 ________________。

[比较 Vergleich]

(1) A：小云，你是北京人，给我们介绍介绍北京吧。你应该比 ______________________。

B：好。北京这两年发展得很快，现在大商场和银行多 __________。

A：听说上海的商场也非常多。

B：你说得对，上海的商场可能比 ________________。

(2) A：力波，你来北京多长时间了？

B：______________________。

A：我觉得你汉语比我说得 ________________。

B：哪里，你的语法和汉字 ______________________ 多了。

[买衣服 Kleidung kaufen]

(1) A：小姐，我想买双鞋。

B：您穿多大号的？

A：我穿42号的。

B：您看看这双。

A：可以试一下吗？

B：可以。合适吗？

A：我觉得小点儿。

B：您再试试这双。这双比那双大半号。

A：这双真合适。多少钱？

B：280 块。

A：能便宜点儿吗？

B：好吧，打九折(zhé)。

(2) A：你觉得这条(tiáo)裤子(kùzi)怎么样？

B：比刚才那条好。小姐，多少钱一条？

C：350 块。

A：有便宜点儿的吗？

C：有。您穿多少公分的？

A：我穿 75 公分的。

C：这条合适。

A：多少钱？

C：199 块。

A：太贵了。

C：您给多少？

A：100 块。

C：100 块不行。

B：我们走吧。

C：等一等。150 块，给您。

A：不要。

C：好吧，做个朋友，120 块怎么样？

5. 看图会话 Beschreiben Sie die Bilder

这儿的苹果比那儿的苹果 ________。

那儿的苹果比 ________________。

这儿的苹果比那儿的苹果 ______ 多了。

那儿的苹果比 ________________ 多了。

你看，哥哥比 ____________。

弟弟比 ________________。

哥哥 ______________ 多了。

弟弟 ______________ 多了。

这件衣服比那件衣服 ________，

那件衣服 ________________。

这件衣服 ________________，

那件衣服 ________________。

你说，哪件衣服好？

________________________。

这间房子比 ______________。这间房子 ______________。

那间房子比 ______________。那间房子 ______________。

你喜欢哪间房子？

6. 交际练习 Kommunikationsübungen

(1) Sie sind gerade aus Peking zurückgekommen. Beschreiben Sie Ihren Verwandten den Unterschied zwischen China und Ihrem Heimatland oder vergleichen Sie Peking mit einer Stadt in Ihrem Heimatland.

(2) Was mag Ihr Freund? Was macht er gern am Wochenende? Tauschen Sie sich mit ihm aus.

(3) Sie waren im Einkaufszentrum einkaufen. Sie wollten eigentlich einen Anzug / ein Kostüm kaufen, aber weil das zu teuer war, haben Sie das nicht gekauft. Dann wollten Sie Hemden / Blusen kaufen, aber die waren zu groß oder zu klein, zu lang oder zu kurz. Sie haben keine passenden Farben und Modelle gefunden, so dass Sie auch keine Hemden / Blusen gekauft haben. Schließlich haben Sie ein Kleidungsstück in chinesischem Stil gekauft, das Ihnen sehr gut gefallen hat.

四. 阅读和复述 Lesen und Nacherzählen

"高一点儿"(相声, xiàngsheng)

A：王先生，听说你也开始写相声了？

B：我写得很少，今年写了五个很短的相声，您呢？

A：我工作很忙，也写得不多。今年写了十五个不太短的相声。

B：比我多十个！您真了不起(liǎobuqǐ)。

A：不客气。你写相声有问题，可以来问我。你还翻译了一本书，对不对？

B：对，书很薄(báo)，两百页(yè)。

A：我也翻译了一本很薄的书。

B：多少页？

A：五百页。

B：比我的多三百页！您真了不起。

A：不客气。你翻译有问题，可以来问我。你的衬衫是什么料子(liàozi)的？

B：是布(bù)的。

A：我穿的衬衫是丝绸的。

B：您的比我的好多了。

A：不客气。你今年多大？

B：我今年三十，您呢？

A：我今年三十一。

B：您比我大一岁。

A：不客气。你多高？

B：172 公分，您呢？

A：我现在 173 公分，比你高一点儿。

B：是啊，您总是(zǒngshì)比我高一点儿。

A：不客气。你的表(biǎo)现在几点？

B：九点。

A：我的现在十点。

B：您的表也比我们的快一个小时。

A：不客气。——啊？

五. 语法　Grammatik

1. "的"字短语(1)　Die "的"-Phrase (1)

Eine "的"-Phrase besteht aus einem Nomen, Pronomen, Adjektiv, Verb, einer Nominal- oder Verbalphrase und "的". Die "的"-Phrase wird wie ein Nomen verwendet und bringt eine Unterscheidung zum Ausdruck.

Pr / N / Adj	+ 的
我	的 (meins)
老师	的 (des Lehrers)
丝绸	的 (das seidene)
大	的 (das große)

Die "的"-Phrase kann als Subjekt oder Objekt eines Satzes dienen. Zum Beispiel:

丝绸的很贵，我没有丝绸的。

我喜欢绿的，他喜欢红的。

2. 用介词"比"表示比较(1) Vergleiche mit der Präposition "比"

Die Präposition "比" wird verwendet, um Eigenschaften oder Besonderheiten von zwei Personen oder Dingen zu vergleichen. "比" und das dazugehörige Objekt bilden eine Präpositionalphrase. In Sätzen mit Adjektivprädikat lautet die Wortfolge:

S + Präp"比" + N/Pr + Adj

Subjekt	***Prädikat***		
	Präp "比"	**N/Pr**	**Adj**
这件旗袍	比	那件旗袍	漂亮。
大商场的东西	比	小商店的	多。
这件衬衫	比	那件衬衫	合适。
小云	比	他	忙。

Die Präposition "比" und das dazugehörige Objekt können in einem Satz mit Verbalprädikat zum Ausdruck eines Vergleichs vor dem Verb stehen.

S + Präp"比" + N/Pr + VP

Subjekt	***Prädikat***			
	N	**Präp "比"**	**N/Pr**	**VP**
你		比	我	知道 得 多。
田小姐		比	我	翻译 得 好。
他们	汉语	比	我们	说 得 流利。

In einem verneinten Vergleichssatz steht das Negationsadverb "不" vor "比". "x 不比 y + Adj" hat die Bedeutung "x<y" oder "x=y". Zum Beispiel:

他不比我高。(bedeutet "Ich bin größer als er." oder "Er ist so groß wie ich.")

小商店的东西不比大商场的东西差。(bedeutet "Die Waren in kleinen Geschäften sind besser als die in großen Einkaufszentren." oder "Die Waren in kleinen Geschäften sind genauso gut wie die in großen Einkaufszentren.")

Beachten Sie:

(1) Modalverben und Adverbien müssen vor "比" stehen.

Zum Beispiel:

你应该比我知道得多。

他可能比我忙。

这件衣服当然比那件衣服好。

(2) In einem Vergleichssatz mit "比" mit einem Adjektivprädikat können die Adverbien "很,真,非常" nicht vor dem Adjektiv stehen. Man kann z.B. nicht sagen ⊗ "他比我很忙。"

3. 数量补语 Das Komplement der Quantität

In einem Vergleichssatz mit "比" mit einem Adjektivprädikat kann hinter dem Hauptelement des Prädikats ein Komplement der Quantität (eine Wortgruppe bestehend aus Zahlwort und Zähleinheitswort) stehen, um den Unterschied zwischen zwei Dingen oder Personen genau anzugeben.

Adj + Wortgruppe aus ZW und ZEW

Subjekt	***Prädikat***			
	"比"	**N /Pr** (Vergleichsobjekt)	**Adj** (Aspekt des Vergleichs)	**Wortgruppe aus ZW und ZEW** (Ergebnis des Vergleichs)
这件衣服	比	那件衣服	大	一号。
这本书	比	那本书	贵	20块钱。
这件	比	那件	长	两公分。
我们系	比	他们系	多	90个学生。

"一点儿" wird verwendet, um einen geringen Unterschied zwischen zwei Personen oder Dingen auszudrücken. "多了" wird verwendet, wenn der Unterschied groß ist. Zum Beispiel:

这件衣服比那件贵一点儿。

这个电脑比那个新多了。

Die Frageform dieses Satztyps lautet "Adj + 多少? " Zum Beispiel:

你们系比他们系多多少人?

这件衣服比那件贵多少(钱)?

六. 汉字 Chinesische Schriftzeichen

1. 汉字的构字法(3) Bildungsprinzipien von chinesischen Schriftzeichen (3)

Bildung von symbolischen Zusammensetzungen （会意法）: Aus der Zusammensetzung von zwei oder mehr Zeichen entsteht ein neues Zeichen. Die Bedeutung ergibt sich aus der Bedeutung der einzelnen Komponenten. “从” wird z. B. gebildet, indem ein “Mensch” hinter einen anderen gestellt wird, woraus sich die Bedeutung “folgen” ergibt. Sie kennen bereits folgende symbolische Zusammensetzungen:

林，比，北，明，信，友，孙，多，步，出，看，拿，坐，休，分，品.

2. 认写基本汉字 Basisschriftzeichen

(1) 比

bǐ vergleichen 4 Striche

(2) 已

yǐ schon, bereits 3 Striche

(3) 及

jí und 3 Striche

(4) 产

chǎn produzieren; gebären 6 Striche

(5) 黑

hēi schwarz 12 Striche

(6) 丝

sī Seide 5 Striche

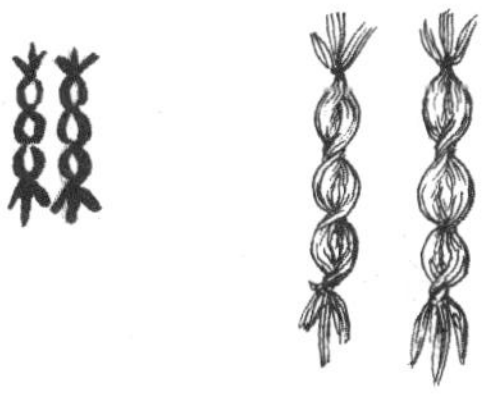

3. 认写课文中的汉字 Schriftzeichen aus den Lektionstexten

衤(yīzìpáng) ` ㇇ 𠂇 礻 衤 5 Striche

(Als linke Zeichenkomponente wird “衣” “衤” geschrieben.)

(1) 旗袍 qípáo

旗 → 方 + 𠂉 + 其 14 Striche

袍 → 衤 + 包 10 Striche

(2) 卖 mài (賣)

卖 → 十 + 买 8 Striche

(3) 商店 shāngdiàn

店 → 广 + 占 8 Striche

(4) 极 jí (極)

极 → 木 + 及 7 Striche

(5) 一定 yídìng

定 → 宀 + 疋 8 Striche

(6) 开始 kāishǐ (開始)

始 → 女 + 厶 + 口 8 Striche

龹 (quánzìtóu) ` ˊ˴ 丷 䒑 丷 龹 6 Striche

(7) 太极拳 tàijíquán (太極拳)

拳 → 龹 + 手 10 Striche

(8) 套 tào

套 → 大 + 镸 10 Striche

(9) 帅 shuài (帥)

帅 → 刂 + 巾 5 Striche

⺈ (dāozìtóu) ノ ⺈ 2 Striche

("刀" wird als oben stehende Schriftzeichenkomponente "⺈" geschrieben.)

(10) 颜色 yánsè (顏色)

颜 → 产 + 彡 + 页 15 Striche

色 → ⺈ + 巴 6 Striche

(11) 便宜 piányi

便 → 亻 + 更 9 Striche

宜 → 宀 + 且 8 Striche

yí

(12) 没关系 méi guānxi (沒關係)

关 → 丷 + 天 6 Striche

(13) 公园 gōngyuán (公園)

园 → 囗 + 元 7 Striche

(14) 衬衫 chènshān (襯衫)

衬 → 衤 + 寸 8 Striche

衫 → 衤 + 彡 8 Striche

(15) 绿 lǜ (綠)

绿 → 纟 + 录 11 Striche

(16) 售货员 shòuhuòyuán (售貨員)

售 → 隹 + 口 11 Striche

货 → 化 + 贝 8 Striche

(17) 合适 héshì (合適)

适 → 舌 + 辶 9 Striche

(18) 短 duǎn

短 → 矢 + 豆 12 Striche

(19) 麻烦 máfan (麻煩)

麻 → 广 + 林 11 Striche

烦 → 火 + 页 10 Striche

fán

(20) 丝绸 sīchóu (絲綢)

绸 → 纟 + 冂 + 土 + 口 11 Striche

Im städtischen Personenverkehr sind in China hauptsächlich Busse und U-Bahnen im Einsatz. Peking hat ein gut ausgebautes öffentliches Nahverkehrssystem. Es gibt so viele Buslinien, dass man leicht den falschen Bus nehmen kann. Ma Dawei ist mit dem falschen Bus gefahren, weil er sich nicht richtig an den Namen seines Zieles erinnern konnte.

第十八课 Lektion 18

我听懂了，可是记错了

一. 课文 Text

(一)

马 大 为：小姐，我要寄这个包裹。

工作人员：好，我看一下。

马 大 为：这些书都是新的。[1] 这四本书是中文的，那两本书是英文的。这本大词典是旧的……

【在邮局】
auf der Post

工作人员：好了，[2] 请包好。

马 大 为：对不起，这是我刚学的课文，我想练习练习。

工作人员：您汉语说得很流利。您要往哪儿寄？③

马 大 为：美国。

工作人员：您寄航空还是海运？

马 大 为：寄航空比海运贵，可是比海运快多了。寄航空吧。

工作人员：邮费是 106 块。请在这儿写上您的名字。

马 大 为：小姐，我还要取一个包裹。

工作人员：请把包裹通知单给我。对不起，您的包裹不在我们邮局取，您得去海关取。④

【提醒】
jn. an etw. erinnern

马 大 为：请问，海关在哪儿？

工作人员：在建国门。别忘了把您的护照带去。⑤

马 大 为：谢谢。

工作人员：不客气。

国内普通包裹详情单 （通知单联）

收件人 100080
详细地址：北京语言学院留学生宿舍 15楼 204号
姓名：马大为 电话：010-82301234

寄件人
详细地址：上海外国语学院第二宿舍楼 307号
姓名：王文清
邮政编码：200030 电话：021-64131234

寄件人声明
如包裹无法投递，请
1. 退还寄件人
2. 抛弃处理
3. 改寄

内装何物

保价金额： 元

包裹号码：
接收局号码：
收寄人员签章：
检查人员签章：
重量： 克
单价： 元
保价费： 元
其他： 元
共计： 元

领取人证件内容
证件名称：
证件号码：
发证机关：

领取人签章
收件单位公章

①投递局存 一式四份，请用力填写

填写本单前，请认真阅读背面的“使用须知”，若认可并遵守，请在此签字

生词 Neue Vokabeln

1. 记	V	jì	sich etw. merken; etw. notieren 记生词,记汉字,记得快,记得慢
2. 错	Adj	cuò	falsch 记错,听错,写错,说错,做错,坐错
3. 包裹	N	bāoguǒ	Paket 寄包裹,一个包裹,寄这个包裹
4. 些	ZEW	xiē	einige(s) 一些,这些,那些,这些书,那些学生
5. 英文	N	Yīngwén	Englisch 英文书,这些英文书,那些英文课本,英文的
6. 词典	N	cídiǎn	Wörterbuch 英文词典,中文词典,一本大词典,查词典
7. 旧	Adj	jiù	alt; abgenutzt, gebraucht 旧词典,旧书,旧衣服,旧衬衫
8. 包	V	bāo	einwickeln 包书,包包裹,包好
9. 往	Präp	wǎng	(in Richtung) auf, nach, zu 往美国,往西安,往欧洲寄,往哪儿走
10. 航空	N	hángkōng	Luftfahrt 寄航空,航空公司,航空小姐
空	N	kōng	Himmel; Luft
11. 海运	N	hǎiyùn	Seefracht 寄海运,海运公司
海	N	hǎi	Meer
12. 邮费	N	yóufèi	Porto 交邮费,多少邮费
费	N	fèi	Gebühr 车费,书费,学费,水电费
13. 取	V	qǔ	(ab)holen; sich etw. nehmen 到银行取钱,到邮局取包裹,取照片,取东西
14. 通知单	N	tōngzhīdān	Mitteilungsblatt, Information 包裹通知单,取通知单
通知	V/N	tōngzhī	mitteilen, informieren; Mitteilung, Information
单	N	dān	Liste, Aufstellung

15. 海关	N	hǎiguān	Zoll; Zollamt 去海关，海关工作人员
16. 别	Adv	bié	(sei) nicht...! 别忘了，别过期了，别写错了
17. 护照	N	hùzhào	Pass 带护照，办护照，取护照，看护照
18. 客气	Adj	kèqi	höflich; förmlich 不客气，不要客气，别客气，太客气
19. 建国门	EN	Jiànguó Mén	Jianguo Men (Ort in Peking)
门	N	mén	Tür, Tor; Zugang

(二)

丁力波：大为，现在该去海关办你的事儿了。从这儿怎么去海关？

马大为：海关在……我想想，叫什么门。

【不能确定】
Unsicherheit

丁力波：看，这儿有 803 路公共汽车，经过前门。

马大为：对，好像是前门吧。车来了，咱们先上去。⑥

售票员：请大家往里走。⑦ 下一站，前门。下车的乘客请拿好自己的东西；刚上车的请买票。⑧

马大为：小姐，请问海关是不是在前门？

售票员：海关是在建国门，不是在前门。

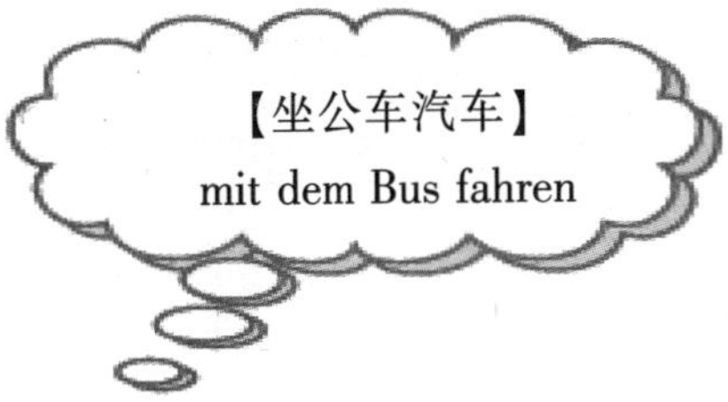

丁力波：我们坐错车了。

售票员：没关系，您可以在前门下车，在那儿换地铁到建国门。

马大为：没有坐错？好极了！买两张到前门的。

售票员：一块一张。您这是五块，找您三块。请拿好票。⑨

丁力波：大为，你说昨天邮局的工作人员告诉你了，你听懂了没有？

马大为：我听懂了，可是记错了。

丁力波：我得查一查：你把护照带来了吗？

马大为：当然带来了，你放心吧！

丁力波：包裹通知单呢？

马大为：糟糕，我把包裹通知单忘了。

生词 New Words

1. 路	N	lù	Straße; (Bus) Linie 803 路，323 路，331 路
2. 公共汽车	N	gōnggòng qìchē	Bus 810 路公共汽车，726 路公共汽车
公共	Adj	gōnggòng	öffentlich; allgemein 公共厕所

汽车	N	qìchē	Auto; Kraftfahrzeug
车	N	chē	Fahrzeug
3. 经过	V	jīngguò	durch etw. gehen, kommen, passieren 经过王府井,经过建国门,经过家美租房公司,经过美国
4. 好像	V	hǎoxiàng	zu sein scheinen, ganz aussehen wie 好像是前门,好像是陈老师,好像是《新实用汉语课本》
像	V	xiàng	es sieht so aus als ob,...; jm./etw. ähnlich sein
5. 咱们	Pr	zánmen	wir 咱们认识一下,咱们一起去
6. 售票员	N	shòupiàoyuán	Fahrkartenverkäufer (–in)
票	N	piào	Ticket, Karte 车票,汽车票,公共汽车票,电影票
7. 大家	Pr	dàjiā	alle 大家好,请大家进来,请大家多帮助
8. 里(边)	N	lǐ(bian)	in; innen 往里走
9. 站	N	zhàn	Haltestelle, Station 两站,下一站,汽车站,公共汽车站
10. 乘客	N	chéngkè	Fahrgast, Passagier 下车的乘客,刚上车的乘客,到王府井的乘客
乘	V	chéng	mit etw. fahren 乘车,乘汽车,乘公共汽车
客	N	kè	Gast
11. 地铁	N	dìtiě	U–Bahn 乘地铁,换地铁,坐地铁
12. 放心	VO	fàngxīn	erleichtert sein, sich beruhigen 请放心,放心吧,不放心
13. 糟糕	Adj	zāogāo	übel, misslich; Pech! 太糟糕,真糟糕
14. 前门	EN	Qiánmén	Qianmen (Ort in Peking)

补充生词 Zusätzliche Vokabeln

1. 公斤	N	gōngjīn	Kilogramm
2. 邮票	N	yóupiào	Briefmarke
3. 纪念	N	jìniàn	Gedenken, Andenken an
4. 然后	Adv	ránhòu	dann
5. 准备	N/V	zhǔnbèi	Vorbereitung; vorbereiten
6. 聪明	Adj	cōngming	klug, aufgeweckt
7. 儿子	N	érzi	Sohn
8. 封	ZEW	fēng	(*Zähleinheitswort* für Briefe)
9. 信封	N	xìnfēng	Briefumschlag
10. 贴	V	tiē	(auf)kleben
11. 孙子	N	sūnzi	Enkel

二. 注释 Anmerkungen

① 这些书都是新的。

"Diese Bücher sind alle neu."

"些" bezeichnet eine unbestimmte Menge und wird häufig zusammen mit "这", "那" und "哪" zur Modifizierung von Nomina verwendet. Zum Beispiel

"这些书"(diese Bücher), "那些老师"(jene Lehrer), "哪些电影" (welche Filme).

"些" kann auch zusammen mit dem Zahlwort "一" verwendet werden. Zum Beispiel:

"一些书"(einige Bücher), "一些人"(einige Menschen).

② 好了。

"In Ordnung."

"好了" wird hier verwendet, um zum Ausdruck zu bringen, dass eine Handlung nicht fortgesetzt werden soll. Zum Beispiel:

好了,不要再说了。

③ 您要往哪儿寄?

"Wohin wollen Sie das schicken?"

Die Präposition “往” bildet zusammen mit Nomina, die einen Ort oder eine Richtung bezeichnen, eine Präpositionalphrase. “Präp 往 + OA” gibt die Zielrichtung, den Zielort der Handlung an. Zum Beispiel:

往学院去，往里走，往欧洲寄.

Vergleichen Sie: “Präp 在 + OA” bezeichnet den Ort einer Handlung. Zum Beispiel:

在这儿写，在北京学习.

④ 对不起，您的包裹不在我们邮局取，您得去海关取。

“Entschuldigen Sie, Sie müssen Ihr Paket beim Zoll abholen, nicht bei uns auf der Post.”

Pakete aus dem Ausland können normalerweise auf der Post abgeholt werden. Aller- d ings ist es manchmal notwendig zum Zollamt zu gehen.

⑤ 别忘了把您的护照带去。

“Vergessen Sie nicht Ihren Pass mitzunehmen.”

“别忘了” dient hier zur Erinnerung an etwas.

⑥ 车来了，咱们先上去。

“Der Bus ist da, lass uns (zuerst) einsteigen.”

Die Bedeutung der Pronomina “咱们” und “我们” ist ähnlich. Allerdings wird “咱们” eher in der Umgangssprache benutzt. “咱们” schließt den Hörer ein, “我们” in der Regel nicht. Zum Beispiel:

A und B gehen in die Bibliothek, um Bücher auszuleihen. A sagt zum Bibliothekar: 先生，我们来借书。(Wir möchten Bücher ausleihen.)

Danach sagt A zu B: 咱们借几本书？(Wie viele Bücher leihen wir aus?)

⑦ 请大家往里走。

“Bitte treten Sie durch.”

Das Pronomen “大家” bezeichnet jede Person einer bestimmten Gruppe. Zum Beispiel:

大家好。

请大家进来。

大家都来了。

我告诉大家一件事儿。

“大家” steht häufig zur Betonung hinter den Personalpronomina “你们，我们，咱们”. Zum Beispiel:

明天我们大家都去上海。

你们大家都想学汉语吗？

In den meisten Bussen in China gibt es Fahrkartenverkäufer. In einigen großen Städten werden diese allerdings immer weniger.

⑧ 刚上车的请买票。

"Fahrgäste, die gerade eingestiegen sind, kaufen bitte einen Fahrschein."

Die Wortgruppe "刚上车的" hat die Bedeutung "刚上车的乘客". "V + 的" oder "VP + 的" können"的"-Phrasen bilden. Zum Beispiel:

这本书是借的,不是买的。

(是借的书,不是买的书: Es ist ein geliehenes Buch, kein gekauftes.)

买两张到前门的。(到前门的票: Tickets nach Qianmen)

⑨ 您这是五块,找您三块。请拿好票。

"Sie haben mir fünf *Kuai* gegeben, Ihr Wechselgeld ist drei *Kuai*. Achten Sie auf Ihren Fahrschein."

Diese Wendungen werden häufig von Fahrkartenverkäufern benutzt. In einigen chinesischen Städten werden die Fahrscheine beim Aussteigen kontrolliert, deshalb sagt der Fahrkartenverkäufer: "Achten Sie auf Ihren Fahrschein."

三. 练习与运用 Übungen und Anwendung

Schlüsselsätze

1. 这些书都是新的。
2. 这四本书是中文的,那两本书是英文的。
3. 请把包裹通知单给我。
4. 别忘了把您的护照带去。
5. 买两张到前门的。
6. 请大家往里走。
7. 下车的乘客请拿好自己的东西。
8. 我听懂了,可是记错了。

1. 熟读下列短语 Lesen Sie die folgenden Wortgruppen und prägen Sie sie sich ein

(1) 一些书　一些咖啡　这些词典　那些包裹　这些专业　那些医院

看一些课本　买一些衣服　吃这些中药　记那些生词

(2) 往里走　往这儿看　往哪儿去　往美国寄　往 33 楼来　往宿舍走

往宋华家去　往加拿大打电话

(3) 咱们先上车　咱们去锻炼身体　咱们一起去商场　咱们来念课文
咱们去海关取包裹

(4) 大家好　大家都很高兴　祝大家快乐
请大家参观　请大家喝咖啡　请大家吃烤鸭　请大家看电影
请大家放心　请大家进来　请大家帮助我　请大家参加生日聚会
你们大家都来玩儿吧　我们大家都说汉语　咱们大家一起去公园

(5) 是新的　是旧的　是贵的　是便宜的　是对的　是错的　是容易的
是我的　是咱们的　是你们大家的　是文学的　是美术的　是丝绸的
是买的　是租的　是借的　是寄的　是送的　是喝的　是吃的
是看病的　是来参观的

(6) 写上名字　带上护照　包好包裹　拿好车票　看懂英文　听懂上海话
记错名字　做错练习　写错汉字　拿错包裹　坐错公共汽车
穿错衣服

(7) 把通知单给我　把礼物送他　把课本还你　把中文词典给他
把名片拿来　把护照带去　把教授请来
把借书证带去　把新课本借来

2. 句型替换 Substitutionsübungen

(1) 你听懂他的话了吗?
我听懂了一些,一些没有听懂。

听	老师讲的语法
听	这个电影
看	今天的课文
看	这张通知单

(2) 她写对你的名字了没有?
没有,她写错了。

做对	练习	错
听错	他的话	对
记错	你的电话号	对
坐错	公共汽车	对
念对	这些生词	错
打错	电话	对

(3) 她说什么了？
她说请大家拿好自己的东西。

排	队
写	汉字
练习	口语
复习	这一课课文
带	护照和通知单

(4) 你把钱 给 司机了没有？
我把钱给他了。

票	给	售票员
那些照片	给	大家
那些书	还	图书馆
英文报	还	老师
蛋糕	送	你朋友

(5) 他想把什么寄 去？
他想把那本新书寄去。

寄	来	兵马俑的明信片
带	来	他家的小狗
带	去	那张光盘
拿	来	刚买的苹果
拿	去	这个包裹

(6) 那本词典是你的吗？
哪本词典？
那本英文的。
那不是我的，是图书馆的。

（间）	房子	大	我姐姐
（件）	衬衫	丝绸	我朋友
（套）	西服	新	我哥哥
（个）	电脑	白	办公室
（张）	明信片	兵马俑	林娜

(7) 这张票是不是你买的？
这张票不是我买的。
我买的是下星期二的。

（本）	书	你借	中文
（些）	练习	他做	翻译
（些）	苹果	你要	红
（个）	包裹	他取	海运

(8) 他往哪儿寄包裹？
他往西安寄包裹。
他给谁寄包裹？
他给他弟弟寄包裹。

寄信	公司	经理
寄钱	家	外婆
送礼物	学生宿舍	女朋友
打电话	加拿大	他妈妈

3. 课堂活动 Aktivitäten im Seminarraum

Stellen Sie Fragen und antworten Sie (A stellt die erste Frage, B antwortet darauf; B stellt die zweite Frage, C antwortet darauf; ...)

(1) 马大为要寄什么东西？
(2) 他要往哪儿寄包裹？
(3) 寄航空贵还是寄海运贵？航空比海运快吗？
(4) 邮局的工作人员让马大为去哪儿取包裹？
(5) 邮局的工作人员让马大为把什么带去？
(6) 海关是不是在前门？
(7) 马大为买了几张票？
(8) 马大为买的票是到哪儿的？
(9) 他们为什么要在那儿下车？
(10) 马大为听懂邮局工作人员的话了吗？
(11) 马大为把什么忘了？

4. 会话练习 Dialogübungen

[在邮局 Auf der Post]

(1) A：先生，我要寄这个包裹。
B：我看一下。
A：这些都是 ____________。
B：好了，请包好。您要往哪儿寄？
A：____________________________。
B：您想寄航空还是海运？
A：我要寄 ____________________。邮费多少钱？
B：你的包裹一共五公斤(gōngjīn)，邮费是 ____________。

A：请问这个包裹几天能到？

B：要一星期。

(2) A：小姐，您好。我来取一个包裹。

B：请把包裹通知单 ＿＿＿＿＿＿。

A：给您。

B：我要看一看您的护照。好，请写上您的姓名。

A：在这儿吗？

B：对。这是您的包裹，请拿好。

(3) A：我要买邮票(yóupiào)：十张八毛的，十张六毛的。

B：一共 14 块。

A：我还要买纪念(jìniàn)邮票。

B：你要什么样儿的？

A：我要买兵马俑的。

B：要几套？

A：五套。

[描述事物 Dinge beschreiben]

(1) A：我的本子在哪儿？

B：＿＿＿＿＿＿＿＿＿＿ 吗？

A：那不是我的，我的本子是新的。

B：你的本子是什么颜色的？

A：＿＿＿＿＿＿＿＿＿＿。

B：这儿有红的、白的、黑的……，这是不是你的？

A：对，这是我的。

[不能确定 Unsicherheit]

(1) A：你知道那位先生是谁？

B：他是……，我想想，好像是王什么中。

A：对，是王华中。

(2) A："休息"的"休"字怎么写？

B：先写"人"，然后(ránhòu)……，写什么？好像是"本"。

A：不对，是"木"。

[提醒 Jemanden an etwas erinnern]

(1) A：力波，下午没有课，咱们一起去图书馆吧。

B：____________________。

A：我下午等你，别忘了把要还的书带去。

B：____________________。

(2) A：我明天去邮局。

B：________________________？

A：我要取一个包裹，是朋友从美国寄来的。

B：别忘了 ____________________________。

[坐公共汽车 Mit dem Bus fahren]

(1) A：____________路公共汽车来了，咱们上去吧。

B：好。往里走，我来买票。买两张票，到 ____________。

售票员：一张 ____________。您这是 ____________，找您 ____________。请拿好票。

B：谢谢。

售票员：下一站，王府井。下车的乘客请准备(zhǔnbèi)好。王府井到了，下车的乘客请拿好自己的东西。

(2) 乘　客：小姐，请问去王府井是不是坐这路车？

售票员：这路车不到王府井。

乘　客：糟糕，我坐错车了。

售票员：您 ______________。您可以在前门下车，换810路公共汽车到王府井。

乘　客：谢谢，到站请告诉我们一下儿，好吗？

售票员：没问题，还有三站。

5. 看图说话 Beschreiben Sie die Bilder

A：这件西服是 ________ 的，
　 那件衬衫是 ________ 的。
B：那件衬衫是 ________ 的，
　 这件西服是 ________ 的。

这本书是 ________ 的，
它是 ________ 的。
那本书是 ________ 的，
它是 ________ 的。

学　　生：小姐，我来办借书证。
工作人员：请把你的 ________ 给我。
学　　生：好。
工作人员：请把你的 ________ 给我。
学　　生：好的。
工作人员：请把你的 ________ 给我。
学　　生：给您。
工作人员：请把 ________ 给我。
学　　生：给。
工作人员：好了，您的借书证办好了。

6. 交际练习 Kommunikationsübungen

(1) Sie gehen zur Post, um einem Freund in Ihrem Heimatland ein Paket zu schicken. Sie zeigen alles, was Sie schicken wollen, dem Postangestellten. Eigentlich wollten Sie das Paket per Luftpost schicken, weil es schneller ist, aber nachdem Sie erfahren haben, dass das Porto sehr hoch ist, weil Sie so viele Sachen schicken wollen, entscheiden Sie sich anders.

(2) Beschreiben Sie, wie Sie auf der Post ein Paket abgeholt oder Geld abgehoben haben.

(3) Sie steigen in einen Bus. Als Sie den Fahrschein kaufen, stellen Sie fest, dass Sie im falschen Bus sind. Der Fahrkartenverkäufer sagt Ihnen, wie Sie fahren müssen, um an Ihr Ziel zu kommen.

四. 阅读和复述 Lesen und Nacherzählen

聪明(cōngming)的爸爸和儿子(érzi)

1. 寄信

爸爸写了两封(fēng)信,一封信的信封(xìnfēng)是大的,一封信的信封是小的。他让儿子去邮局寄。过了一会儿,儿子回家了。爸爸问:"你把信寄了吗?"儿子说:"寄了。爸爸,您把邮票贴(tiē)错了。往西安寄的信是小的,您贴了五块钱邮票;往加拿大寄的信是大的,您贴了八毛钱邮票。"爸爸问儿子:"你把邮票换了吗?"儿子说:"您已经贴好了邮票了,我不能换邮票,我把里边的信换了。"

2. 把我寄去

爸爸买来一套音乐光盘,说:"把这套光盘给奶奶,她喜欢听音乐。"他包好光盘,贴上邮票,和儿子一起到邮局把光盘寄了。过了两个星期,奶奶来信了,她说:"下个月让我的小孙子(sūnzi)到上海来玩儿吧,我很想他。"爸爸想了一会儿,说:"下个月我和你妈妈都很忙,谁送你去啊?"儿子说:"没关系,爸爸,您在我身上贴上邮票,把我寄去!"

3. 爸爸没有帮我

儿子每天的练习都做得不对,可是昨天的练习都做对了。老师很高兴,问他:"每天你练习都做得不好,为什么昨天做得很好?你爸爸昨天一定帮助你了。"儿子说:"没有。老师,我爸爸昨天晚上没有回家,我想我应该自己做了。"

五. 语法 Grammatik

1. 结果补语 Das Ergebniskomplement

Das Ergebniskomplement bezeichnet das Ergebnis einer Handlung. Es besteht in der Regel aus einem Verb oder Adjektiv.

V + V / Adj

听	懂	hören und verstehen
写	上	aufschreiben
包	好	etw. gut einpacken
拿	好	festhalten
记	错	sich etw. falsch merken
坐	错	(den) falschen (Bus) nehmen

Ergebniskomplemente sind eng mit dem Verb verbunden, zwischen beide kann kein weiteres Element eingeschoben werden. Die Partikel "了" oder ein Objekt stehen hinter dem Ergebniskomplement.

Subjekt	***Prädikat***				
	V	**V/Adj(Komplement)**	**Pa "了"**	**O**	**Pa "了"**
我	听	懂			了。
马大为	包	好	了	那个包裹。	
下车的乘客	拿	好		自己的东西。	
我们	坐	错		车	了。

Verben mit Ergebniskomplement beschreiben in der Regel abgeschlossene Handlungen. Die Negation wird deshalb mit "没(有)" gebildet ; in der V/Adj–Neg–V/Adj–Frage wird "了没有" verwendet. Zum Beispiel:

你听懂了没有?

——我没听懂。

马大为包好包裹了没有?

——他没有包好包裹。

Das Adjektiv "好", das hier als Ergebniskomplement verwendet wird, bringt zum Ausdruck, dass etwas zur Zufriedenheit fertiggestellt wurde. Zum Beispiel:

我们一定要学好 汉语。

请大家坐好，现在上课。

2. “把”字句(2) Der “把”–Satz(2)

In dieser Lektion lernen Sie zwei Arten von 把–Sätzen kennen:

A. 把–Sätze, in denen das Verbalprädikat ein Verb des “Gebens” ist, wie z. B. “给”, “送”, “找(钱)”, “还”.

Diese Art von “把”–Satz bringt zum Ausdruck, dass ein bestimmtes Objekt einer bestimmten Person gegeben wird.

S +“把”+ $O_{把}$ (etw.)+ V(“geben”) + O(jm.)

Subjekt	***Prädikat***					
	Adv	“把”	**$O_{把}$ (etw.)**	**V (“geben”)**	**O (jm.)**	Pa
你		把	你的护照	给	我。	
你		把	护照	给	我。	
我	没(有)	把	包裹	给	你。	
他		把	礼物	送	我	了。
他		把	钱	找	我	了。

B. “把”–Sätze mit einfachem Richtungskomplement

Die Grundform lautet:

S + Adv +“把” + O + V + 来/去 +(了)

Subjekt	***Prädikat***					
	Adv	“把”	**O 把**	**V**	来/去	Pa
你		把	你的护照	带	去。	
我	今天	把	护照	带	来	了。
马大为	没有	把	那本书	拿	去	
我		把	借图书馆的书	拿	来	了。
我	也	把	林娜	请	来	了。

3. “是”字句(2) Sätze mit “是” (2)

Sie haben bereits Sätze mit “是” kennen gelernt, zum Beispiel “我是马大为”. Subjekt und Objekt in diesen Sätzen sind Nomina oder Pronomina. Da eine “的”–Phrase die Funktion eines Nomens übernehmen kann, kann sie auch als Subjekt oder Objekt eines Satzes mit “是” dienen.

S + 是 + N/Adj/Pr/VP + 的

Subjekt	*Prädikat*		
	Adv	“是”	**“的”-Phrase**
这张包裹通知单		是	你的。
这本大词典		是	旧的。
这四本书		是	中文的。
这本书	不	是	英文的。
英文的		是	马大为的。
中文的		是	买的。

六. 汉字 Chinesische Schriftzeichen

1. 汉字的构字法(4) Bildungsprinzipien von chinesischen Schriftzeichen (4)

Verwendung von Leihzeichen （假借法）: Form und Laut eines Schriftzeichens werden verwendet, um ein anderes Wort mit demselben Laut darzustellen. Die ursprüngliche Bedeutung von“斤” z. B. war“Axt”. Das Schriftzeichen wurde dann später als Zähleinheitswort für die gleichlautende Maßeinheit “Pfund” verwendet.“我” stellte ursprünglich eine Waffe dar, jetzt bezeichnet es das Personalpronomen der ersten Person Singular.“来” bedeutete ursprünglich “Weizen” und wurde für “kommen” verwendet, da beide Wörter ursprünglich denselben Laut hatten. Bei allen Fremdwörtern, die lautlich übernommen werden, findet dieses Prinzip auch Anwendung, zum Beispiel “沙发” (Sofa), “可乐” (Cola).

2. 认写基本汉字 Basisschriftzeichen

(1) 巳 

sì sechster der zwölf Erdzweige 3 Striche

(2) 弗 

fú nicht 5 Striche

(3) 象 

xiàng Elefant 11 Striche

(4) 聿　　㇕ ⺕ 彐 ⺻ 肀 聿

yù　　Schreibgerät　　　　6 Striche

(5) 乘　　㇒ 二 千 千 千 千 乖 乖 乖 乘

chéng　　mit etw. fahren　　　　10 Striche

(6) 失　　㇒ ㇒ 二 生 失

shī　　etw. verlieren　　　　5 Striche

3. 认写课文中的汉字 Schriftzeichen aus den Lektionstexten

(1) 记 jì (記)

记 → 讠 + 己　　　　5 Striche

(2) 包裹 bāoguǒ

包 → 勹 + 巳　　　　5 Striche

裹 → 亠 + 果 + 𧘇　　　　14 Striche

(3) 些 xiē

些 → 止 + 匕 + 二　　　　8 Striche

(4) 词典 cídiǎn (詞典)

典 → 曲 + 八　　　　8 Striche

(5) 旧 jiù (舊)

旧 → 丨 + 日　　　　5 Striche

(6) 往 wǎng

往 → 彳 + 主 8 Striche

(7) 航空 hángkōng

航 → 舟 + 亠 + 几 10 Striche

空 → 穴 + 工 8 Striche

(8) 海运 hǎiyùn (海運)

运 → 云 + 辶 7 Striche

(9) 邮费 yóufèi (郵費)

费 → 弗 + 贝 9 Striche

(10) 取 qǔ

取 → 耳 + 又 8 Striche

(11) 通知单 tōngzhīdān (通知單)

单 → 丷 + 甲 + 一 8 Striche

(12) 护照 hùzhào (護照)

护 → 扌 + 户 7 Striche

(13) 客气 kèqi (客氣)

客 → 宀 + 夂 + 口 9 Striche

(14) 建国门 Jiànguó Mén (建國門)

建 → 聿 + 廴 8 Striche

(15) 路 lù

路 → 𧾷 + 夂 + 口 13 Striche

(16) 汽车 qìchē (汽車)

汽 → 氵 + 气 7 Striche

(17) 好像 hǎoxiàng

像 → 亻 + 象 13 Striche

(18) 咱们 zánmen (咱們)

咱 → 口 + 自 9 Striche

(19) 售票员 shòupiàoyuán (售票員)

票 → 覀 + 示 11 Striche

(20) 里(边) lǐ(bian)

边 → 力 + 辶 5 Striche

(21) 站 zhàn

站 → 立 + 占 10 Striche

(22) 地铁 dìtiě (地鐵)

地 → 土 + 也 6 Striche

铁 → 钅 + 失 10 Striche

(23) 放心 fàngxīn

放 → 方 + 攵 8 Striche

(24) 糟糕 zāogāo

糟 → 米 + 一 + 曲 + 日 17 Striche

(25) 前门 Qiánmén (前門)

前 → 丷 + 一 + 月 + 刂 9 Striche

Verkehr in China

Seit Beginn der Wirtschaftreformen hat sich das chinesische Verkehrswesen schnell entwickelt. Ende 1997 umfasste das Eisenbahnnetz des Landes 57.566 Schienenkilometer. Das Netz reicht inzwischen in fast jede Provinz, Region und Stadt des Landes: die Qinghai-Tibet-Linie wurde 2007 fertiggestellt, 80% der Städte sind an das Bahnnetz angeschlossen.

Im Jahr 1997 hatte das Straßennetz eine Gesamtlänge von 1,2 Millionen Kilometern. Straßen führen in alle Städte und Kreise des Landes. 98% der Gemeinden und 80% der Dörfer werden durch das Straßennetz erreicht. Der Bau moderner Schnellstraßen begann Mitte der 1980er Jahre. Mit einer Länge von 19.000 Kilometern nimmt das Schnellstraßennetz den zweiten Platz in der Welt ein.

1997 gab es 967 Flugrouten für den Passagierverkehr, etwa das Siebenfache des Jahres 1978.

Haben Sie schon einmal traditionelle chinesische Malerei gesehen? Ding Libo mag nicht nur traditionelle chinesische Malerei, er kann sogar Bilder in diesem Stil malen. Er wird Ihnen die Unterschiede zwischen traditioneller chinesischer Malerei und westlicher Ölmalerei erläutern.

In dieser Lektion lernen Sie außerdem eine weitere Möglichkeit zum Ausdruck von Vergleichen kennen.

第十九课 Lektion 19

中国画跟油画不一样

一. 课文 Text

(一)

丁力波：咱们来早了，美术馆还没有开门呢。[1]

林　娜：来早了比来晚了好。今天我一定要参观一个上午。

【表达持续时间】
Angabe der Zeitdauer

丁力波：你真喜欢中国画！

林　娜：是啊，我非常喜欢徐悲鸿画的马。

丁力波：我跟你一样，也很喜欢中国画。从我十岁开始，妈妈就教我画中国画。你说说，我中国画画了多少年了？

林　娜：啊，已经画了十一年了！我真不知道您还是一位“老画家”。

丁力波：不敢当。② 我爸爸跟我妈妈一样喜欢中国画，可是他自己不会画。我爸爸也有很多爱好，他喜欢唱中国京剧。现在他在家还常常唱京剧。

【谈爱好】
über Hobbys sprechen

林　娜：他唱得怎么样？

丁力波：他唱京剧跟我画中国画一样，马马虎虎。

林　娜：我想买一幅中国画。大画家画的一定很贵，是不是？

丁力波：徐悲鸿画的马当然贵极了。我认识一位“老画家”，他画的

ˇ ˊ ˋ

马不贵。

ˋ ˋ ˇ ˋ ˉ ˋ ˊ

林　娜：这位老画家是谁？

ˋ ˉ ˋ ˉ　　ˇ ˇ ˇ ˇ ˇ ˋ ˇ　ˇ ˋ ˇ

丁力波：是丁力波啊！我可以把我画好的马送你。③

生词 Neue Vokabeln

1. 中国画	N	zhōngguóhuà	traditionelle chinesische Malerei 看中国画，喜欢中国画，买中国画，介绍中国画
画儿	N	huàr	Bild
2. 油画	N	yóuhuà	Ölmalerei, Ölgemälde 送油画，买油画，卖油画，看油画
油	N	yóu	Öl
3. 一样	Adj	yíyàng	ebenso, gleich 一样快，一样美，一样帅，一样高，一样糟糕
4. 美术馆	N	měishùguǎn	Galerie, Kunsthalle 参观美术馆，到美术馆去
5. 开门	VO	kāimén	die Tür aufmachen, öffnen; eröffnen 商店开门，邮局九点开门，银行不开门，还没有开门呢
6. 画	V	huà	malen, zeichnen 画画儿，画马，画中国画，画油画
7. 老	Adj	lǎo	alt; erfahren 老人，老师傅，老先生，老教授
8. 画家	N	huàjiā	Maler 老画家，年轻的画家，有名的画家
家	N	jiā	Fachmann, Experte 旅行家，文学家，美术家
9. 不敢当	R	bù gǎndāng	Zu viel der Ehre!
10. 爱好	N/V	àihào	Hobby; mögen 有很多爱好，有什么爱好，爱好画画儿
11. 唱	V	chàng	singen

*12. 京剧	N	jīngjù	Pekingoper 唱京剧
13. 马马虎虎	Adj	mǎmǎhūhū	durchwachsen, so lala 唱得马马虎虎,写得马马虎虎,翻译得马马虎虎,考得马马虎虎
马虎	Adj	mǎhu	nachlässig, unachtsam
14. 幅	ZEW	fú	(*Zähleinheitswort* für Bilder, Stoffbahnen usw.) 一幅画儿,一幅油画,两幅中国画
15. 徐悲鸿	EN	Xú Bēihóng	(Name eines berühmten chinesischen Malers)

(二)

丁力波: 咱们已经看了一个半小时的画儿了,二楼的还没有看呢。现在是不是坐电梯上楼去?④

林　娜: 好吧。力波,你觉得中国画跟油画一样不一样?

丁力波: 当然一样,都是画儿啊。

【比较】
Vergleich

林　娜: 别开玩笑。

丁力波: 我没有开玩笑,我是说中国画跟油画一样美。

林　娜: 你说说哪儿不一样?

丁力波：你找对人了，我来告诉你吧。⑤ 中国画和油画用的材料不一样。

林　娜：怎么不一样？

丁力波：中国画用纸，油画常常用布；中国画主要用墨和水画，油画一定要用油彩画。

林　娜：对，还有别的吗？

丁力波：油画没有空白，中国画常常有空白。你看这幅徐悲鸿的画儿：画家只画了一匹马，没有画别的。

林　娜：可是我们觉得还有别的东西。让我们来想像一下：那匹马往咱们这儿跑来了，我觉得它跑得非常快，好像还有风。

丁力波：对了。这就跟齐白石画的虾一样，它们游来游去，⑥真可爱！

你看，画家画水了吗？

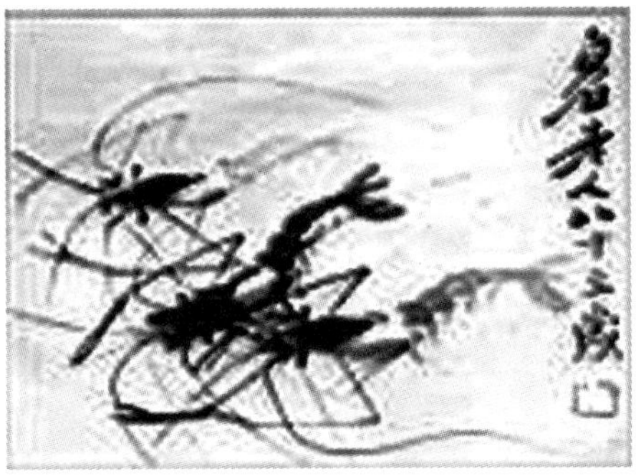

林　娜：没画，可是我觉得有水。

丁力波：中国画是不是跟油画很不一样？

林　娜：谢谢你的介绍。可是我还想看看“老画家”画的马怎么样。

生词 Neue Vokabeln

1. 电梯	N	diàntī	Fahrstuhl 坐电梯上楼，等电梯，电梯司机
2. 开玩笑	V O	kāi wánxiào	einen Scherz machen; jn. auf den Arm nehmen 别开玩笑，开我的玩笑
3. 美	Adj	měi	schön 很美的中国画，很美的姑娘，北京很美
4. 材料	N	cáiliào	Material, Rohstoff 用的材料，画画儿的材料，做衣服的材料
5. 纸	N	zhǐ	Papier 用纸，买纸，一张纸
6. 布	N	bù	Stoff 布衬衫，布衣服，用布做衣服
7. 主要	Adj	zhǔyào	hauptsächlich, wesentlich 主要用，主要是，主要有，主要的语法，主要的问题
8. 墨	N	mò	chinesische Tusche 用墨画，用墨写
9. 油彩	N	yóucǎi	Ölfarben 用油彩画
10. 别的	Pr	biéde	ein anderer, andere 别的画儿，别的画家，别的乘客，别的时间，别的颜色，别的样子
11. 空白	N	kòngbái	Lücke, Leerraum 有空白，空白的表
12. 只	Adv	zhǐ	nur 只有，只说，只觉得，只画马，只唱京剧，只考课文，只记汉字
13. 匹	ZEW	pǐ	(*Zähleinheitswort* für Pferde) 一匹马

14. 想像	V	xiǎngxiàng	sich etw. vorstellen 想像一下,喜欢想像
15. 跑	V	pǎo	laufen, rennen 跑来,跑去,跑得很快,往宿舍跑
16. 它	Pr	tā	es
17. 风	N	fēng	Wind 有风,没有风,大风
18. 虾	N	xiā	Krabbe 画虾,吃虾
19. 它们	Pr	tāmen	sie (Plural) (bezieht sich auf Dinge und Tiere)
20. 游	V	yóu	schwimmen 游得很快,游了一个小时,游来游去
21. 齐白石	EN	Qí Báishí	(Name eines berühmten chinesischen Malers)

补充生词 Zusätzliche Vokabeln

1. 骑	V	qí	fahren; reiten
2. 自行车	N	zìxíngchē	Fahrrad
3. 远	Adj	yuǎn	weit (entfernt)
4. 跑步	VO	pǎobù	laufen, rennen
5. 书法	N	shūfǎ	Kalligrafie
6. 业余	N	yèyú	Freizeit; Laie
7. 节目	N	jiémù	Programm
8. 以前	N	yǐqián	früher; vor
9. 瘦	Adj	shòu	dünn, schlank
10. 减肥	VO	jiǎnféi	abnehmen
11. 管	V	guǎn	jn. erziehen, auf jn. aufpassen
12. 生气	VO	shēngqì	aufgebracht, ärgerlich sein
13. 钢琴	N	gāngqín	Klavier
14. 孩子	N	háizi	Kind
15. 书店	N	shūdiàn	Buchladen
16. 教育	V	jiàoyù	jn. ausbilden, schulen, erziehen
17. 观点	N	guāndiǎn	Aspekt; Meinung

二.注释 Anmerkungen

① 咱们来早了,美术馆还没有开门呢。

"Wir sind zu früh gekommen. Die Galerie ist noch nicht geöffnet."

Die Konstruktion "还没 (有)+ V + 呢" drückt aus, dass etwas noch nicht passiert ist, aber passieren wird. Vergleichen Sie:

他回家了没有?

他没有回家。(Er ist nicht nach Hause gegangen.)

他还没有回家呢。(Er ist noch nicht nach Hause gegangen.)

② 不敢当。

"Zu viel der Ehre."

Diese Wendung wird als Reaktion auf ein Kompliment verwendet. Zum Beispiel:

您给了我很多帮助,您真是我的老师。

不敢当。您也常常帮助我,我非常感谢。

Lin Na macht einen Scherz, als sie Libo als "erfahrenen Maler" bezeichnet. Libos Antwort ist deshalb auch als Scherz zu verstehen.

③ 我可以把我画好的马送你。

"Ich kann dir das Pferd schenken, das ich gemalt habe."

Als Ergebniskomplement bezeichnet "好" auch die Vollendung. Zum Beispiel: 画好画儿,做好练习,写好信,填好表,办好借书证,换好人民币.

④ 现在是不是坐电梯上楼去?

"Sollen wir jetzt mit dem Fahrstuhl hochfahren?"

Sie haben bereits in Lektion 10 Fragesätze der Form "…,是不是?" kennen gelernt. "是不是" kann nicht nur am Ende eines Satzes stehen, sondern auch am Anfang oder in der Mitte eines Satzes. In der Bedeutung gibt keinen Unterschied. Zum Beispiel.

他是不是已经来了? (= 他已经来了,是不是?)

是不是林娜真去上海了? (= 林娜真去上海了,是不是?)

Als bejahte Antwort auf eine solche Frage kann "是啊" verwendet werden. Bei einer negativen Antwort muss der Satzteil verneint werden, nach dem gefragt wurde. Die negative Antwort auf die obigen Fragen kann also lauten:

——他没有来。

——(不是,)林娜没有去上海。

⑤ 我来告诉你吧。

"Ich werde es dir sagen."

Die Konstruktion "来+V/VP" wird häufig in der Umgangssprache verwendet. "来" bezeichnet hier keine konkrete Handlung, sondern hat die Bedeutung "etwas tun wollen". Ohne "来" ändert sich die Aussage nicht. Zum Beispiel:

我来介绍一下。（= 我介绍一下。）

你来试试。（= 你试试。）

⑥ 它们游来游去。

"Sie schwimmen hin und her."

三. 练习与运用 Übungen und Anwendung

<u>Schlüsselsätze</u>

1. 美术馆还没有开门呢。
2. 现在(咱们)是不是坐电梯上楼去?
3. 中国画主要用墨和水画。
4. 中国画跟油画一样不一样?
5. 中国画跟油画一样美。
6. 我爸爸跟我妈妈一样喜欢中国画。
7. 你中国画画了多少年了?
8. 咱们已经看了一个半小时的画儿了。

1. 熟读下列短语 Lesen Sie die folgenden Wortgruppen und prägen Sie sie sich ein

(1) 跟那个问题一样　跟油画不一样　跟那个公司一样不一样
跟他哥哥一样帅　跟中国人一样流利　跟那个学院一样有名
跟她一样想去旅行　跟他一样喜欢音乐　跟我一样会唱京剧

(2) 参观了一个上午了　锻炼了四十分钟了　在北京生活了一年了
汉语学习了半年了　英语教了十年了　课文念了二十分钟了
做了一个小时的练习　打了十分钟的电话　睡了八个小时的觉
排了一刻钟的队　散了一会儿步

(3) 我来查一查　我来说说　我来画　我来告诉你　我来打扫房间
我来帮助你

(4) 坐电梯上楼　　坐公共汽车去美术馆　　坐地铁去王府井
用墨画　　用油彩画　　用纸做练习　　用丝绸做旗袍

(5) 还没有呢　　还没有开门呢　　还没有写好呢　　还没有办好呢
还没有走呢　　还没有吃饭呢　　还没有复习呢　　还没有取呢
还没有懂呢　　还没有开始呢

2. 句型替换 Substitutionsübungen

(1) 这本词典跟那本(词典)一样吗？
这本词典跟那本不一样。
这本比那本新。

你的电脑	他的	新
这儿的房租	那儿的	便宜
北京的天气	你们那儿(的)	冷

(2) 这件旗袍跟那件一样长吗？
这件旗袍跟那件不一样长。
这件比那件短一点儿。

这个公园	那个	大	小一点儿
这位画家	那位	年轻	老一点儿
那个电梯	这个	快	慢多了
北京美术馆	上海美术馆	新	旧多了

(3) 你有什么爱好？
我喜欢学　中国画。
我跟你一样喜欢学中国画。

打	太极拳
唱	京剧
开	玩笑
看	电影

(4) 昨天你锻炼了多长时间？
昨天我只锻炼了半个小时。
今天你锻炼了多长时间了？
今天我锻炼了一个小时了。

跑	1 个小时
游	45 分钟
走	1.5 小时
参观	2 个小时

(5) 你做好练习了没有？
还没有做好呢。
你已经做了多长时间的练习了？
我已经做了50分钟的练习了。

画	画儿
翻译	课文
写	生词
填	表
查	词典

(6) 你(排)队排了多长时间了？
我排了一刻钟了。
是不是工作人员太慢了？

换	钱	十分钟	人	多
寄	包裹	二十分钟	工作人员	少
办	证	十天	工作人员	忙
坐	车	一个半小时	车	慢
买	衣服	两小时	好衣服	多

(7) 他用什么写课文？
他用电脑写课文。

画	中国画	墨
包	书	纸
做	衬衫	丝绸
介绍	上海	汉语
换	人民币	英镑

(8) 你每天怎么回家？
我每天坐公共汽车回家。

来学院	坐375路车
到公司	坐地铁
回家	走
去办公室	骑(qí)自行车(zìxíngchē)

3. 课堂活动 Aktivitäten im Seminarraum

(1) Bilden Sie zwei Gruppen A und B. Gruppe A wählt zwei Dinge aus, nach denen sie Gruppe B fragt: "x 跟 y 一样不一样？" Gruppe B antwortet schnell und wählt ihrerseits zwei Dinge aus, nach denen sie Gruppe A fragt.

(2) Fragen Sie sich gegenseitig nach den Gemeinsamkeiten und Unterschieden folgender Schriftzeichen (Schlüsselwörter: 左边 linke Seite, 右边 rechte Seite, 意思 Bedeutung, 读音 dúyīn Aussprache)

A 妈、吗　B 爸、吧　C 音乐、快乐　D 他、她　E 法、汉

(3) Fragen und antworten Sie abwechselnd nach folgenden Mustern:

Q：你锻炼了多长时间？　A: 我锻炼了半个小时。

Q：你写了多长时间(的)汉字？　A: 我写了一个小时(的)汉字。

4. 会话练习 Dialogübungen

[表达持续时间 Angabe der Zeitdauer]

(1) A：你汉语说得很流利，跟中国人一样。

B：不敢当，还差得远(yuǎn)呢。

A：你学了几年的中文了？

B：______________。

A：你要在中国学习几年？

B：______________，还有一年的时间。

(2) A：你(教)书教了多少年了？

B：我教了十年了。

A：啊，您是老教师了。

B：______________。

(3) A：咱们跑步(pǎobù)跑了多长时间了？

B：______________。

A：还跑不跑了？

B：再跑一会儿吧。

[谈爱好 Über Hobbys sprechen]

(1) A：你有什么爱好？

B：我喜欢中国的书法(shūfǎ)。

A：______________？

B：我学了两年了。

A：你学得怎么样？

B：马马虎虎。

(2) A：业余(yèyú)时间你常常做什么？

B：我常常看电视。

A：你喜欢什么节目(jiémù)？

B：________________________。

A：我喜欢看京剧。

[寒暄 Höflichkeiten austauschen]

(1) A：好久不见了，你还跟以前(yǐqián)一样。

B：哪里，我老多了。你比以前瘦(shòu)一点儿。

A：是啊，我减肥(jiǎnféi)了。

(2) A：您来中国多长时间了？

B：我来了一年了。

A：生活过得怎么样？

B：我过得很好，跟在英国一样。

A：你觉得这儿的天气怎么样？

B：这儿的天气跟我们那儿不一样，比我们那儿冷。

[告别 Sich verabschieden]

A：您忙吧，我该回去了。

B：还早呢，再坐一会儿吧。

A：我还有点事儿，我得回学院去。

B：在这儿吃饭吧。

A：不用了，谢谢。

B：别客气，在这儿就跟在自己家一样。

5. 看图说话 Beschreiben Sie die Bilder

他爱好……
他跑了……

她爱好……
她唱了……

他喜欢……
他打了……

他喜欢……
他画了……

6. 交际练习 Kommunikationsübungen

(1) Sprechen Sie mit Freunden über Ihre Hobbys. Finden Sie heraus, ob Sie gemeinsame Interessen haben.

(2) Sprechen Sie mit Ihren Freunden über Ihr Studium oder Berufserfahrungen.

(3) Sprechen Sie mit Freunden über ein Bild oder einen Film. Diskutieren Sie Ihre unterschiedlichen Meinungen.

四. 阅读和复述 Lesen und Nacherzählen

管(guǎn)孩子还是不管孩子

我女儿今年 14 岁，她已经开始不听我们的话了，常常让我和她妈妈生气(shēngqì)。我们让她学画画儿，每个星期天我都不休息，跟她一起坐公共汽车到老师家去。可是刚学了两个月，她说画画儿不容易，她不想学了。我们让她学钢琴(gāngqín)，把钢琴也买来了。现在刚学了一个月，她说学钢琴跟学画儿一样没意思。我们不知道该怎么办？是不是别的孩子(háizi)都跟我的女儿一样？

昨天我到书店(shūdiàn)去，想找一本怎么教育(jiàoyù)孩子的书。售货员给我找出了三本书：一本是《别管孩子》，一本是《孩子不能不管》，还有一本是《管还是不管孩子》。我把三本书都买来了，也都看了，可是三本书的观点(guāndiǎn)一本跟一本不一样。

我常常想，应该怎样教育孩子，大人的观点跟孩子不一样，外国人的观点跟中国人不一样，孩子跟孩子也不一样。大人让孩子学钢琴，可是这个孩子可能听到钢琴就头疼；大人想让孩子学画儿，可是孩子喜欢唱京剧。听说外国的孩子下课就可以做自己喜欢的事情，中国的孩子晚上 11 点还要做练习。我朋友的孩子不用她爸爸妈妈管，可是我女儿……

管孩子还是不管孩子，真是一个大问题啊！

五. 语法 Grammatik

1. "跟……(不)一样"表示比较 "跟…(不)一样" zum Ausdruck eines Vergleiches

"跟…一样" bringt zum Ausdruck, dass zwei Personen oder Dinge gleich sind. Ein Unterschied wird durch "跟…不一样" ausgedrückt. In der V/Adj–Neg–V/Adj–Frage wird "一样不一样" verwendet.

跟 + NP + (不) + 一样 + Adj/ V O

Subjekt	***Prädikat***			
	跟	**NP**	(不)一样	**Adj/V O**
这张表	跟	那张(表)	一样。	
上海话	跟	普通话	不一样。	
中国画	跟	油画	一样不一样。	
这个中学	跟	那个(中学)	一样	有名。
这件西服	跟	那件(西服)	不一样	长。
我爸爸	跟	我妈妈	一样	喜欢 中国画。

Ist das Basiswort (Determinatum) der beiden zu vergleichenden Personen/Dinge gleich, kann das zweite Basiswort weggelassen werden.

2. 时量补语（2） Das Komplement der Zeitdauer (2)

Steht in einem Satz mit einem Komplement der Zeitdauer die Partikel "了" sowohl hinter dem Verb als auch am Satzende, wird zum Ausdruck gebracht, dass die Handlung andauert. Vergleichen Sie:

(我)已经画了11年了。(Ich male seit 11 Jahren.)

(Das Malen wird weiter fortgesetzt.)

(我)已经画了11年。(Ich habe 11 Jahre lang gemalt.)

(Dieser Satz sagt nichts darüber aus, ob das Malen fortgesetzt wird.)

Hat das Verb im Satz mit einem Komplement der Zeitdauer ein nominales Objekt, kann das Komplement auch zwischen Verb und Objekt stehen. Die Partikel 的 kann zwischen Komplement und Objekt eingefügt werden.

	V		+ Komplement der Zeitdauer	+（的）+	O	
你要	听		多长时间	（的）	音乐？	
我要	听		半小时	（的）	音乐。	
你	学	了	多长时间	（的）	汉语？	
我	学	了	两年	（的）	汉语。	
你	看	了	多长时间	（的）	画儿	了？
我	看	了	一个半小时	（的）	画儿	了。

Beachten Sie: Ist das Objekt ein Personalpronomen, kann es nicht hinter dem Komplement der Zeitdauer stehen. Man kann nicht sagen: ⊗ "我等了一个小时的他。"

3. 连动句（2）：表示工具方式 3. Satz mit Verbserie (2): Art und Weise

In den Sätzen mit Verbserie, die Sie in dieser Lektion kennen lernen, bezeichnet das erste Verb die Art und Weise, in der die Handlung, die das zweite Verb benennt, geschieht. Zum Beispiel:

我们坐电梯上楼去。

他每天坐公共汽车回家。

画家用墨和水画中国画。

林娜用汉语介绍西安。

六. 汉字 Chinesische Schriftzeichen

1. 汉字的构字法(5) Bildungsprinzipien von chinesischen Schriftzeichen (5)

Bildung von Phonoideogrammen (1): Die Mehrzahl der chinesischen Schriftzeichen sind sogenannte Form-Laut-Zeichen. Die meisten haben eine lauttragende Komponente, die einen Hinweis auf die Aussprache gibt, und eine bedeutungstragende Komponente, das Radikal, die anzeigt zu welchem Bedeutungsfeld das Schriftzeichen gehört. Form-Laut-Zeichen können in verschiedene Kategorien unterteilt werden:

(1) In der Grundform steht die lauttragende Komponente auf der rechten Seite und die bedeutungstragende auf der linken. Zum Beispiel: 饭,姑,妈,吗,吧,锻,机,快,块,理,们,哪,娜,请,情,物,泳,钟,洲,住,俑,懂,把,馆,证,慢,职,极,样,幅,像,虾,衬,护,试.

2. 认写基本汉字 Basisschriftzeichen

(1) 夭　丿 二 チ 夭

yāo　jung　4 Striche

(2) 斗　丶 ⺀ 二 斗

dǒu　Kübel, Trog　4 Striche

(3) 石　一 丆 不 石 石

shí　Stein　5 Striche

(4) 氏　丿 厂 F 氏

shì　Familie　4 Striche

3. 认写课文中的汉字 Schriftzeichen aus den Lektionstexten

(1) 油画 yóuhuà (油畫)

油 → 氵 + 由　8 Striche

画 → 一 + 田 + 凵　8 Striche

⺤ (gǎnzìpáng) ㇇ ㇗ 工 干 ⺤ ⺤ ⺤ 7 Striche

(2) 不敢当 bù gǎndāng (不敢當)

敢 → ⺤ + 攵 11 Striche

(3) 唱 chàng

唱 → 口 + 日 + 曰 11 Striche

虍 (hǔzìtóu) 丨 ⺊ ⺊ 广 卢 虍 6 Striche

(4) 马马虎虎 mǎmǎhūhū (馬馬虎虎)

虎 → 虍 + 几 8 Striche

hǔ

(5) 幅 fú

幅 → 巾 + 畐 12 Striche

(6) 徐悲鸿 Xú Bēihóng (徐悲鴻)

徐 → 彳 + 人 + 一 + 朩 10 Striche

悲 → 非 + 心 12 Striche

鸿 → 氵 + 工 + 鸟 11 Striche

(7) 电梯 diàntī (電梯)

梯 → 木 + 弟 11 Striche

(8) 开玩笑 kāi wánxiào

笑 → ⺮ + 夭 10 Striche

(9) 材料 cáiliào

材 → 木 + 才 7 Strichc

料 → 米 + 斗 10 Striche

(10) 纸 zhǐ (紙)

纸 → 纟 + 氏 7 Striche

(11) 布 bù

布 → 𠂇 + 巾 5 Striche

(12) 墨 mò

墨 → 黑 + 土 15 Striche

(13) 油彩 yóucǎi

彩 → 爫 + 木 + 彡 11 Striche

(14) 匹 pǐ

匹 → 匚 + 儿 4 Striche

(15) 跑 pǎo

跑 → 𧾷 + 包 12 Striche

(16) 它 tā (牠)

它 → 宀 + 匕 5 Striche

(17) 风 fēng (風)

风 → 几 + 乂 4 Striche

(18) 虾 xiā (蝦)

虾 → 虫 + 下 9 Striche

(19) 游 yóu

游 → 氵 + 方 + 𠂉 + 子　　12 Striche

(20) 齐白石 Qí Báishí (齊白石)

齐 → 文 + 丿　　6 Striche

文化知识 Kulturnotizen

Traditionelle Chinesische Malerei

Ein traditionelles chinesisches Bild wird in traditioneller chinesischer Maltechnik mit einem chinesischen Pinsel und Tusche gemalt und unterscheidet sich vollständig von einem westlichen Ölbild. Wegen der verwendeten Geräte und Materialien wird traditionelle chinesische Malerei im Unterschied zur Ölmalerei, Malerei in Wasserfarben und Guache als Tuschmalerei (shuǐmòhuà, 水墨画) oder Farb-Tuschmalerei (cǎimòhuà, 彩墨画) bezeichnet. Dem Thema entsprechend wird traditionelle chinesische Malerei in drei Kategorien eingeteilt: Figurenmalerei, Landschaftsmalerei und Blumen- und Vogelmalerei. Bei den Maltechniken wird unterschieden zwischen Detailmalerei (gōngbǐ, 工笔) und freier Pinselführung (xiěyì, 写意).

In der traditionellen chinesischen Malerei finden sich häufig Motive wie Berge, Flüsse, Blumen und Vögel zum Ausdruck der Gefühle des Malers. Ein weiterer wichtiger Aspekt der chinesischen Malerei ist die Betonung der sogenannten "Ähnlichkeit im Geiste" (shénsì, 神似) und nicht ein striktes "Beharren auf der Ähnlichkeit des Äußeren" (xíngsì, 形似). Die Komposition eines Bildes sollte sich zwischen "Ähnlichkeit und Unähnlichkeit" bewegen. Ein traditionelles chinesisches Bild bringt Stimmung und Gefühle des Malers zum Ausdruck, weshalb Maler das, was sie aussagen möchten, besonders betonen, andere Aspekte hingegen wegfallen lassen. So hat sich die chinesische Malerei dahingehend entwickelt, dass die Darstellung realistisch ist, aber nicht jeder Aspekt der Realität dargestellt wird.

Lin Na und Ding Libo sind bei Song Hua zum Essen eingeladen – es gibt Feuertopf. Am Abend gehen Sie in ein Konzert mit traditioneller chinesischer Musik. So werden sie in China Neujahr feiern. In dieser Wiederholungslektion wird die Grammatik der letzten fünf Lektionen zusammengefasst.

第二十课 Lektion 20(复习 Wiederholung)

过新年

一. 课文 Text

王小云：中午咱们都去宋华家吃火锅，他爸爸、妈妈要我们跟他们一起过新年。

林　娜：在北京过新年一定很有意思。小云，为什么北京很多饭馆都有火锅？是不是因为现在天气冷，所以北京人常吃火锅？①

【问原因】
nach Gründen fragen

王小云：不是。北京人就爱吃火锅，主要是涮羊肉，天气热的时候也吃。② 北京的涮羊肉跟北京烤鸭一样有名。

林　娜：过新年的时候北京人都吃涮羊肉吗？

王小云：不一定。

林　娜：你说说北京人怎么过新年。

王小云：跟西方人一样，很多人去旅行。也可能开车去郊区玩儿，或者去锻炼身体。③

【催促】
jn. zur Eile mahnen

林　娜：晚上常常做些什么？

王小云：晚上看京剧、听音乐会或者跟朋友聚会。我说林娜，快点儿吧！④你化妆化了半个小时了。咱们得早点儿走。

林　娜：一会儿就好。今天晚上咱们还要去听音乐会，所以得正式一点儿。

王小云：你知道吗？今天晚上听中国民乐，它跟西方音乐很不一样。

林　娜：我知道，中国民乐主要是用民族乐器演奏的中国音乐。刚来的时候我不太习惯听民乐，可是现在我很爱听。

王小云：你喜欢《春江花月夜》吗？

林　娜：啊，《春江花月夜》美极了。⑤

我已经买了这个乐曲的光盘，今天还要再买一些，给我朋友寄去。咱们怎么去宋华家？坐出租车还是坐公共汽车？

王小云：今天路上的车一定很多。出租车比公共汽车快多了，坐出租车吧。

林　娜：咱们还没有买礼物呢。送花儿是西方人的习惯，我们参加聚会的时候也可以带吃的、喝的。中国人去朋友家的时候送什么？

王小云：过去常送一些吃的、喝的或者用的，现在的年轻人跟西方人一样，也常送花儿。

林　娜：咱们买些花儿，再带些吃的吧。

王小云：好。别忘了把照相机带去。

林　娜：我的照相机呢？⑥

王小云：在电话旁边。

林　娜：大为和力波怎么不给咱们打个电话？

王小云：我不知道大为能不能去，因为他要跟女朋友一起去旅行。

力波一定去，他说要从这儿出发。

林　娜：再等一等他吧。

王小云：好。咱们把陆雨平也叫去，让他写一篇文章，介绍留学生在

中国怎么过新年。

*　　*　　*

丁力波：小云，林娜，新年好！恭喜恭喜！⑦

林　娜：恭喜你！大为呢？

【新年祝愿】
Neujahrswunsche

丁力波：大为昨天晚上就坐火车去南方了。

王小云：你又来晚了。[8]

丁力波：真不好意思。二位小姐别着急，出租车已经来了。

王小云：你把出租车叫来了，太好了。[9] 咱们快走。

林　娜：你给宋华带什么礼物去？

丁力波：今年是马年，我又画了一匹马。你们看，画得怎么样？

生词 Neue Vokabeln

1. 新年	N	xīnnián	Neujahr, neues Jahr 新年好，过新年，祝贺新年
2. 火锅	N	huǒguō	Feuertopf　吃火锅，在饭馆吃火锅
火	N	huǒ	Feuer; Hitze
锅	N	guō	Topf
3. 饭馆	N	fànguǎn	Restaurant　有名的饭馆，去饭馆吃饭
4. 因为	Konj	yīnwèi	weil
5. 所以	Konj	suǒyǐ	deshalb
6. 爱	V	ài	lieben　爱妈妈，爱音乐，爱唱，爱画，爱开玩笑，爱吃火锅
7. 涮羊肉	N	shuànyángròu	Hammelfondue　吃涮羊肉，爱吃涮羊肉，主要是涮羊肉
涮	V	shuàn	etw. in Brühe garen
羊	N	yáng	Schaf
肉	N	ròu	Fleisch
8. 热	Adj	rè	heiß　天气很热，天热，热天

9. 开车	VO	kāichē	Auto fahren 开车去饭馆，开车到王府井，开车回学院
开	V	kāi	etw. fahren, führen 开汽车，开公共汽车，开电梯
10. 郊区	N	jiāoqū	Umland, Randbezirk 上海郊区，在郊区，去郊区玩儿，开车去郊区
11. 或者	Konj	huòzhě	oder 你或者他，今天或者明天，寄航空或者海运，去郊区玩儿或者锻炼身体
12. 音乐会	N	yīnyuèhuì	Konzert 听音乐会，参加音乐会，买音乐会的票
13. 化妆	VO	huàzhuāng	sich schminken 爱化妆，得化妆，不用化妆，化妆化了半个小时
化	V	huà	sich / etw. verwandeln
妆	N	zhuāng	Make-up
14. 正式	Adj	zhèngshì	offiziell, förmlich, formell 正式学习，正式上课，正式参加，穿得正式一点儿
15. 民乐	N	mínyuè	traditionelle chinesische Musik, Folkmusik 中国民乐，民乐光盘，听民乐，爱民乐
16. 西方	N	xīfāng	der Westen 西方人，西方音乐，西方美术，西方文学，西方电影
西	N	xī	Westen, westlich
17. 民族	N	mínzú	Nation, Volk; Nationalität 中国的民族，每个民族，民族音乐，民族音乐会
18. 乐器	N	yuèqì	Musikinstrument 民族乐器，西方乐器，主要乐器
器	N	qì	Apparat, Gerät
19. 演奏	V	yǎnzòu	etw. spielen (Musikstück, Instrument) 演奏了一个半小时，正式演奏，用民族乐器演奏
演	V	yǎn	etw. / jn. spielen; etw. / jn. darstellen
奏	V	zòu	(ein Musikstück) spielen
20. 习惯	V/N	xíguàn	sich an etw. gewöhnen / Gewohnheit 很习惯，不太习惯，习惯这儿的生活，习惯听民乐，西方人的习惯

21. 乐曲	N	yuèqǔ	Musikstück, Komposition 民族乐曲，西方乐曲，有名的乐曲
曲	N	qǔ	Melodie
22. 出租车	N	chūzūchē	Taxi 叫出租车，坐出租车，开出租车，出租车站，出租车司机
出租	V	chūzū	vermieten, verpachten
23. 路上	N	lùshang	unterwegs, auf der Straße 路上的车，路上的人，路上要多长时间
24. 花儿	N	huār	Blume 买花儿，卖花儿，送花儿，画花儿
25. 过去	N	guòqù	früher, einst 过去的事情，过去的习惯，过去的生活
26. 照相机	N	zhàoxiàngjī	Fotoapparat, Kamera 用一下照相机，带照相机
照相	VO	zhàoxiàng	fotografieren
机	N	jī	Apparat, Maschine
27. 旁边	N	pángbiān	seitlich, neben, an der Seite 旁边的画儿，旁边的厕所，商店旁边，邮局旁边，在电话旁边
28. 出发	V	chūfā	aufbrechen, sich aufmachen; von etw. ausgehen 从学院出发，从这儿出发，九点出发
29. 篇	ZEW	piān	(*Zähleinheitswort* für Aufsätze, Artikel) 一篇课文，两篇翻译
30. 文章	N	wénzhāng	Aufsatz, Artikel 写一篇文章，看文章，长文章
31. 恭喜	R	gōngxǐ	Gratuliere! Herzlichen Glückwunsch! 恭喜你，恭喜恭喜
32. 火车	N	huǒchē	Zug 坐火车去南方，开火车，火车票，火车站
33. 又	Adv	yòu	erneut, wieder 又来晚了，又去上海，又买光盘，又画了一匹马
34. 着急	VO/Adj	zháojí	nervös, aufgeregt 不用着急，别着急，很着急，非常着急
35.《春江花月夜》	EN	《Chūn Jiāng Huā Yuè Yè》	(bekanntes traditionelles chinesisches Musikstück)
春	N	chūn	Frühling
江	N	jiāng	Fluss
月	N	yuè	Mond
夜	N	yè	Nacht

补充生词 Zusätzliche Vokabeln

1. 小学	N	xiǎoxué	Grundschule
2. 辆	ZEW	liàng	(*Zähleinheitswort* für Fahrzeuge)
3. 音乐厅	N	yīnyuètīng	Konzerthaus
4. 幸福	Adj	xìngfú	glücklich
5. 万事如意	R	wàn shì rú yì	Alles Gute!
6. 条	ZEW	tiáo	(*Zähleinheitswort* für längliche, schmale Dinge wie Hosen, Röcke, Schlangen usw.)
7. 蛇	N	shé	Schlange
8. 最	Adv	zuì	meist (*Superlativ*)
9. 添	V	tiān	hinzufügen
10. 脚	N	jiǎo	Fuß
11. 完	V	wán	etw. beenden
12. 多余	Adj	duōyú	überzählig, überflüssig
13. 足	N	zú	Fuß

二. 注释 Anmerkungen

① 是不是因为现在天气冷，所以北京人常吃火锅？

"Essen die Pekinger häufig Feuertopf, weil es jetzt kalt ist?"

Die paarigen Konjunktionen "因为…所以…" verbinden zwei Sätze und kennzeichnen eine kausale Beziehung. Der Satz, der mit "因为" eingeleitet wird, gibt den Grund an und steht in der Regel zuerst. Der Satz, der mit "所以" eingeleitet wird, bezeichnet die Wirkung. Es kann auch nur eine der beiden Konjunktionen verwendet werden. Zum Beispiel:

因为大为感冒了，所以他没有来上课。

(因为)他们要去听音乐会，所以得穿得正式一点儿。

因为银行排队的人多，(所以)他想明天再去换钱。

② 北京人就爱吃火锅，主要是涮羊肉，天气热的时候也吃。

"Die Pekinger lieben einfach Feuertopf, (das ist) hauptsächlich in Brühe gegartes Hammelfleisch. Sie essen das auch, wenn es heiß ist."

Die Konstruktion "…的时候" fungiert im Satz als Adverbialbestimmung der Zeit (deutsche Entsprechungen: während, wenn, als) und bezeichnet den Zeitraum, in dem eine Handlung geschieht. Vor "的时候" können Verben, Verbalphrasen oder Subjekt–Prädikat–Konstruktionen stehen. Zum Beispiel:

上课的时候，老师让我们多说汉语。

去图书馆的时候，别忘了带你的借书证。

天气热的时候，要多喝水。

中国人去朋友家的时候，常送吃的、喝的或者用的。

③ 也可能开车去郊区玩儿，或者去锻炼身体。

"(Sie) fahren vielleicht auch in die Umgebung, um sich zu vergnügen oder gehen Sport treiben."

Die Konjunktionen "或者" und "还是" werden beide zur Aufzählung von Alternativen verwendet. "还是" steht in Fragesätzen, "或者" in der Regel in Aussagesätzen. Zum Beispiel:

明天你去找我还是我来找你？

明天我去找你，或者你到我那儿去。

④ 我说林娜，快点儿吧！

"Hey, Lin Na, beeil dich."

"我说" wird verwendet, um Aufmerksamkeit zu erregen, ein Gespräch zu unterbrechen oder ein neues Thema einzuführen.

⑤ 啊，《春江花月夜》美极了。

"*Ah! Frühling am Fluss in der Mondnacht* ist wunderschön"

Frühling am Fluss in der Mondnacht ist ein bekanntes traditionelles chinesisches Musikstück, das die wunderschöne Landschaft am Fluss in einer Mondnacht im Frühling, da alle Blumen blühen, beschreibt.

⑥ 我的照相机呢？

"Wo ist mein Fotoapparat?"

In Lektion 7 haben Sie elliptische Fragen mit "呢" kennen gelernt, wobei sich die Bedeutung von solchen Fragen deutlich aus dem vorangehenden Kontext ergibt. "呢" kann auch verwendet werden, um zu erfragen, wo sich jemand oder etwas befindet. Wie im Beispiel besteht keine Abhängigkeit vom Kontext. Die Bedeutung von "NP + 呢？" entspricht "NP 在哪儿？" Zum Beispiel:

你的文章呢？（ = 你的文章在哪儿？）
大为呢？　　（ = 大为在哪儿？）

⑦ 恭喜恭喜！

"Alles Gute (im neuen Jahr)! " (wörtlich: Gratuliere!)

Diese idiomatische Wendung wird häufig zum Ausdruck von Glückwünschen verwendet, z. B. "恭喜你！" oder "恭喜你买了新房子". "恭喜" hat hier dieselbe Bedeutung wie "祝贺", allerdings ist "祝贺" förmlicher. Zum Frühlingsfest oder an Neujahr sagt man häufig "恭喜恭喜", um Neujahrswünsche zu übermitteln ("祝贺" wird nicht so verwendet).

⑧ 你又来晚了。

"Du bist wieder zu spät."

Die Adverbien "又"(1) und "再"(1) bezeichnen beide die Wiederholung einer Handlung oder eines Zustandes. "再"(1) wird verwendet, wenn die Wiederholung noch aussteht, "又"(1) hingegen zeigt an, dass die Wiederholung bereits geschehen ist. Zum Beispiel:

他上午来了，他说下午再来。

(Die Handlung ist noch nicht geschehen, man kann also nicht sagen ⊗"他说下午又来。")

他上午来了，下午又来了。

(Die Handlung ist bereits geschehen, man kann also nicht sagen ⊗"下午再来了。")

⑨ 你把出租车叫来了，太好了。

"Du hast ein Taxi gerufen, das ist toll."

"叫出租车"bedeutet "ein Taxi rufen".

三. 练习与运用 Übungen und Anwendung

Schlüsselsätze

1. 刚来的时候我不太习惯听民乐。
2. 是不是因为现在天气冷，所以北京人常吃火锅？
3. 过去常送一些吃的、喝的或者用的。
4. 他说要从这儿出发。
5. 你又来晚了。
6. 我的照相机呢？
7. 新年好！恭喜恭喜！

1. 熟读下列短语 Lesen Sie die folgenden Wortgruppen und prägen Sie sie sich ein

(1) 开学的时候　锻炼的时候　休息的时候　感冒的时候　旅行的时候
演奏的时候　打扫的时候　上课的时候　排队的时候　打工的时候
考试的时候　挂号的时候　发烧的时候　睡觉的时候
过新年的时候　在北京的时候　取包裹的时候　画画儿的时候
坐公共汽车的时候　买衣服的时候
邮局开门的时候　银行休息的时候　天气热的时候　他住院的时候
我们去朋友家的时候

(2) 演奏中国乐曲　演奏民乐　演奏了《梁祝》　演奏了《春江花月夜》
用民族乐器演奏　演奏了两个小时　演奏得好极了　演奏得马马虎虎

(3) 开车去郊区玩儿　(开)车开得不快　(开)车开了一个上午
开了四个小时的车　把车开来

(4) 又来晚了　又去早了　又感冒了　又过期了
又学了一百个汉字　又买了一件旗袍

2. 句型替换 Substitutionsübungen

(1) 这个星期天你想去哪儿?
我想去美术馆或者去图书馆。
上午去还是下午去?
上午去。

商场	商店
银行	邮局
公司	朋友家
王府井	前门
美术学院	音乐学院

(2) 过新年的时候,你做什么了?
过新年的时候,我跟朋友去饭馆吃饭了。

过圣诞节	给爸爸妈妈打电话
过生日	跟朋友一起吃蛋糕
参观美术馆	买画儿
上语法课	问老师问题
办借书证	填表

(3) 天气热的时候，他也吃火锅吗？
天气热的时候，他也吃火锅。

天气非常冷	散步
学习忙	去公园玩儿
路上的车多	自己开车
嗓子发炎	上课

(4) 昨天你是不是去 办公室了？
是啊，今天上午我又去了。
你什么时候再去？
明天下午再去。

听	中国民乐
用	这个电脑
送	她花儿
练习	那个乐曲

(5) 你习惯吃 涮羊肉吗？
我已经习惯了。
他还有点儿不习惯。

吃	中国饭
喝	咖啡
听	中国民乐
用	这儿的电脑
坐	公共汽车

(6) 他为什么没有来参加聚会？
因为他不爱吃火锅。
(所以没有来参加聚会。)

上课	病了
回家	公司有事儿
去公园玩儿	要写一篇文章
听音乐会	没有票
开车来	身体不太舒服

3. 课堂活动 Aktivitäten im Seminarraum

Dieses Spiel wird in zwei Gruppen gespielt. Gruppe A stellt zehn Fragen zu den letzten fünf Lektionen und verwendet dabei “为什么”. Gruppe B antwortet und verwendet dabei “因为… 所以…”. Die Punkte werden wie folgt vergeben: Jedes Mal, wenn Gruppe B richtig antwortet, bekommt sie einen Punkt. Ist die Antwort falsch, darf Gruppe A antworten. Gibt sie die richtige Antwort, bekommt sie den Punkt. Sind alle zehn Fragen gestellt, wird getauscht und Gruppe B stellt 10 Fragen. Die Gruppe mit den meisten Punkten gewinnt.

4. 会话练习 Dialogübungen

［问原因 Nach Gründen fragen］

(1) A：老师，咱们为什么八点上课？

B：这是我们这儿的习惯，中学、小学(xiǎoxué)也都是八点上课。

A：这儿的商店或商场每天几点开门？

B：______________。银行、邮局、海关或者公司也是九点开始办公。

(2) A：今天你怎么没有把照相机带来？

B：因为我起(床)晚了，出来的时候我把照相机忘了。

C：没关系，我带照相机来了，你们 ______________。

［催促 Jemanden zur Eile mahnen］

(1) A：大为，你的电话。

B：等一下。

A：快，是你女朋友！

B：是吗？我就来。

(2) A：快点儿，该出发了。

B：咱们说好几点出发？

A：______________________。

B：现在五点二十五，还有五分钟呢，别着急。

A：别忘了，咱们得先到图书馆，从那儿出发！

(3) A：咱们坐几路车？

B：应该坐 ________________。

A：看，“307”来了，快跑！

B：(zum Busfahrer)师傅，请等一下。

(4) A：喂，是出租汽车公司吗？

B：是啊。您哪里？

A：我是语言学院留学生宿舍楼，我要一辆(liàng)出租车。

B：________________________？

A：我去北京音乐厅(yīnyuètīng)。能不能快点儿？

B：没问题，车一会儿就到。

［新年祝愿 Neujahrswünsche］

(1) A：新年好！

B：________________________！

(2) A：祝你新年快乐！

B：祝你全家幸福(xìngfú)！

(3) A：恭喜恭喜！

B：恭喜你新的一年万事如意(wàn shì rú yì)！

5. 看图说话 Beschreiben Sie die Bilder

(不一样)

(习惯)

(送礼物，或者)

(坐出租车)

6. 交际练习 Kommunikationsübungen

(1) Erzählen Sie Freunden, was man in Ihrer Heimatstadt zu Neujahr macht und isst.

(2) Sie warten auf Ihren Freund, um in den Park zu gehen. Wie können Sie ihn dazu bringen, sich zu beeilen?

(3) Sie müssen sich beeilen, um ins Konzert zu kommen. Wie sagen Sie das dem Taxifahrer?

四. 阅读和复述 Lesen und Nacherzählen

画 蛇 添 足

一天,几个朋友在一起喝酒。他们人很多,可是酒太少,只有一瓶。应该把这瓶酒给谁呢?一个年轻人说:"我们每人都画一条(tiáo)蛇(shé),画得最(zuì)快的人喝这瓶酒,好吗?"大家都说:"好。"

他们开始画蛇。那个年轻人比别的人画得快,他非常高兴,说:"你们画得太慢了!我比你们画得快多了!看,现在我还有时间,我再给蛇添(tiān)上脚(jiǎo)吧。"他就开始画蛇的脚了。

一会儿,他旁边的一个人说:"我画完(wán)了,这瓶酒应该给我。"年轻人听了很着急,说:"不对!你画得比我慢,我早就画完了。你看,我还给蛇添了脚呢。这瓶酒是我的。"旁边的那个人说:"大家都知道蛇没有脚,你画了脚,所以你画的不是蛇。最早画完蛇的是我,不是你。"

大家说:"他说得对。我们应该把这瓶酒给他。"

一个人做了多余(duōyú)的事儿,就叫"画蛇添足(zú)"。

五. 语法 Grammatik

1. 汉语句子的六种基本成分 Die sechs grundlegenden Bestandteile eines Satzes

Subjekt, Prädikat, Objekt, Attribut, Adverbial und Komplement sind die sechs grundlegenden funktionalen Bestandteile eines Satzes.

Wie Sie bereits wissen, können Nomina, Pronomina oder Nominalphrasen ebenso wie Verbalphrasen, Adjektivphrasen oder Subjekt-Prädikat-Konstruktionen als Subjekt dienen. Das Prädikat besteht meist aus einem Verb, Adjektiv, einer Verbal- oder Adjektivphrase.

Eine Subjekt–Prädikat–Konstruktion oder eine Nominalphrase kann ebenfalls als Prädikat dienen. Das Subjekt steht in der Regel vor dem Prädikat. Zum Beispiel:

这些书都是新的。

他 来北京了。

马大为 头疼。

白的 漂亮。

现在 七点四十。

寄航空比海运贵。

贵一点儿 没关系。

我们去打球，好吗？

Wenn der Kontext eindeutig ist, wird das Subjekt häufig weggelassen. Manchmal kann auch das Prädikat wegfallen. Zum Beispiel:

你带照片来了吗？

——(我)带来了。

谁有词典？

——我(有词典)。

Das Objekt steht meist hinter dem Verb. Das Objekt besteht in der Regel aus einem Nomen, Pronomen, einer Nominal– oder Verbalphrase oder einer Subjekt–Prädikat–Konstruktion. Zum Beispiel:

他有哥哥。

我不认识他。

买两张到前门的。

他喜欢吃烤鸭。

我觉得这件太长了。

Manche Verben haben zwei Objekte. Zum Beispiel:

谁教你 汉语？

我问老师 一个问题。

Attribute modifizieren Nomina und stehen direkt vor dem Wort, das sie modifizieren. Adjektive, Attributphrasen, Nomina oder Pronomina können als Attribute verwendet werden.

Ebenso können Verben, Verbalphrasen oder Subjekt-Prädikat-Konstruktionen als Attribut dienen (siehe Arbeitsbuch zu Band 1, Lektion 14).

Adverbiale werden verwendet, um Verben, Adjektive, Adverbien oder ganze Sätze zu modifizieren. Sie haben bisher hauptsächlich Adverbien als Adverbiale verwendet. Zeitnomina, Präpositionalphrasen oder Adjektive können ebenfalls als Adverbial fungieren. Zum Beispiel:

他们也都看了这个京剧。

力波一定去。

你今天穿得很漂亮啊！

你从那儿拿一张表来。

咱们快走。

Ein Komplement steht hinter einem Verb oder Adjektiv, um zusätzliche Informationen über dieses Verb oder Adjektiv zu geben. Zum Beispiel:

他来得很早。	(Modalkomplement)
年轻人(说)英语说得也很流利。	
我们进去吧！	(Richtungskomplement)
你带照片来了吗？	
这儿的书可以借一个月。	(Komplement der Zeitdauer)
他(画)中国画已经画了 11 年了。	
这件红的比那件绿的短两公分。	(Komplement der Quantität)
我觉得这件小一点儿。	
这件漂亮极了。	(Komplement des Grades)
这件比那件贵多了。	
我听懂了，可是记错了。	(Ergebniskomplement)

2. 动词谓语句(1) Sätze mit Verbalprädikat (1)

Im Folgenden finden Sie eine Zusammenfassung der Satztypen mit einem Verb als Hauptelement des Prädikats:

(1) Sätze mit “是”

她是英国留学生。

这四本书是中文的。

(2) Sätze mit “有”

我们系有三十五位老师。

他没有女朋友。

(3) Sätze ohne Objekt

我在北京生活。

(4) Sätze mit einem Objekt

他每天锻炼身体。

(5) Sätze mit zwei Objekten

她送他一瓶酒。

我告诉你一件事儿。

(6) Sätze mit einem Verb oder einer Verbalphrase als Objekt

现在开始工作。

北京人爱吃火锅。

我会说一点儿汉语。

(7) Sätze mit einer Subjekt-Prädikat-Konstruktion als Objekt

我不知道他是经理。

听说这两年上海发展得非常快。

(8) Sätze mit Verbserie

他去商场买东西。

现在是不是坐电梯上楼去?

(9) Sätze mit Doppelfunktionswort

他请我吃饭。

妈妈不让她喝咖啡。

(10) "把"-Sätze

我把这事儿忘了。

请把通知单给我。

他把护照拿来了。

六. 汉字 Chinesische Schriftzeichen

1. 汉字的构字法(6) Bildungsprinzipien von chinesischen Schriftzeichen (6)

Bildung von Phonoideogrammen (2): Die lauttragende Komponente steht auf der linken Seite des Schriftzeichens, die bedeutungstragende rechts. Zum Beispiel: 放,翻,刚,故,和,剧,鸭,瓶,颜,邮.

2. 认写基本汉字 Basisschriftzeichen

(1) 丸　丿 九 丸

wán　Pille　　3 Striche

(2) 曲　丨 冂 冃 冇 冊 曲

qǔ　Melodie　　6 Striche

3. 认写课文中的汉字 Schriftzeichen aus den Lektionstexten

(1) 火锅 huǒguō (火鍋)

锅 → 钅 + 口 + 内　　12 Striche

(2) 因为 yīnwèi (因爲)

因 → 囗 + 大　　6 Striche

(3) 涮羊肉 shuànyángròu

涮 → 氵+ 尸 + 巾 + 刂　　11 Striche

肉 → 冂 + 人 + 人　　6 Striche

(4) 热 rè (熱)

热 → 扌+ 丸 + 灬　　10 Striche

(5) 郊区 jiāoqū (郊區)

郊 → 交 + 阝　　8 Striche

区 → 匚 + 㐅　　4 Striche

(6) 或者 huòzhě

或 → 戈 + 口 + 一　　8 Striche

(一 𠀀 亘 或)

(7) 化妆 huàzhuāng (化妝)

化 → 亻 + 匕　　4 Striche

妆 → 丬 + 女　　6 Striche

(8) 民族 mínzú

族 → 方 + 𠂉 + 矢 11 Striche

(9) 乐器 yuèqì (樂器)

器 → 口 + 口 + 犬 + 口 + 口 16 Striche

龹 (chūnzìtóu) 一 二 三 丰 夫 5 Striche

(10) 演奏 yǎnzòu

演 → 氵 + 宀 + 一 + 由 + 八 14 Striche

奏 → 龹 + 天 9 Striche

毌 guàn ㇄ 口 毌 毌 4 Striche

(Beachten Sie den Unterschied zwischen"毌" und "母".)

(11) 习惯 xíguàn (習慣)

惯 → 忄 + 毌 + 贝 11 Striche

(12) 花儿 huār

花 → 艹 + 化 7 Striche

(13) 照相机 zhàoxiàngjī (照相機)

相 → 木 + 目 9 Striche

(14) 旁边 pángbiān (旁邊)

旁 → 立 + 方 10 Striche

冊 (biǎnzìlǐ) 丨 冂 冂 冊 冊 5 Striche

(15) 篇 piān

篇 → ⺮ + 户 + 冊 15 Striche

(16) 文章 wénzhāng

章 → 立 + 早 11 Striche

小 (shùxīndǐ) 亅 𰀁 小 小 4 Striche

(17) 恭喜 gōngxǐ

恭 → 共 + 小 10 Striche

(18) 着急 zháojí (著急)

着 → 𦍌 + 目 11 Striche

急 → ⺈ + 彐 + 心 9 Striche

夂 (yèzìlǐ) ノ ク 夕 夂 4 Striche

(19)《春江花月夜》《Chūn Jiāng Huā Yuè Yè》

春 → 𡗗 + 日 9 Striche

江 → 氵 + 工 6 Striche

夜 → 亠 + 亻 + 夂 8 Striche

文化知识 Kulturnotizen

Feste und Feiertage in China

Außer dem Nationalfeiertag (1. Oktober) und dem Internationalen Tag der Arbeit (1. Mai), den zwei staatlichen Feiertagen, die im ganzen Land begangen werden, gibt es eine Vielzahl von traditionellen Festen und Feiertagen in China.

Das Frühlingsfest (das chinesische Neujahr) fällt auf den ersten Tag des ersten Monats nach dem Mondkalender (meist im Januar oder Februar nach dem gregorianischen Kalender), der Vorabend des Frühlingsfestes ist der chinesische Silvesterabend. Zum Frühlingsfest brennen die *Han* und Angehörige der nationalen Minderheiten Feuerwerkskörper ab (in einigen Städten ist das verboten), hängen *chunlian* (paarweise Spruchbänder auf rotem Papier) an die Türen, gratulieren den Nachbarn und führen den *yangge*– (wörtlich Reissetz- lings–Lied) und Löwen–Tanz auf.

Am 15. Tag des ersten Mondmonats ist das Yuanxiao-Fest, auch Laternenfest oder Shangyuan-Fest genannt. An diesem Fest werden *yuanxiao* gegessen, Bällchen aus Klebreismehl mit einer Füllung aus süßem Sesam oder Fleisch.

Das Qingming-Fest ist am vierten oder fünften April. An diesem Tag gehen die Chinesen zu Gräbern und Gedenkstätten, um ihren Toten und Nationalhelden zu gedenken.

Das Duanwu- oder Drachenbootfest wird am fünften Tag des fünften Mondmonats begangen. Dieses Fest ist dem Gedenken an Qu Yuan, einen Dichter und Staatsmann aus dem Staat Chu zur Zeit der Streitenden Reiche gewidmet. Der Legende zufolge ertränkte sich Qu Yuan aus Protest gegen die korrupte Regierung des Königs von Chu. Die Menschen fürchteten, dass Qu Yuans Leichnam von den Fischen gefressen würde, deshalb wickelten sie Klebreis in Bambusblätter, ruderten mit ihren Booten zu der Stelle, an der Qu Yuan sich ertränkt hatte, und warfen die Klebreisbällchen in den Fluss, um die Fische von dem Leichnam fernzuhalten. Daraus entwickelte sich die Tradition, aus Anlass dieses Festes *zongzi* zu machen. Das Bootsrennen, um Qu Yuans Leichnam zu bergen, ist der Ursprung der Drachenbootrennen, die jedes Jahr an diesem Tag abgehalten werden.

Das Mitherbstfest am 15. Tag des achten Mondmonats (September nach dem gregorianischen Kalender) ist ein Fest der Familienzusammenführung. Die ganze Familie kommt zusammen, um den Vollmond zu betrachten und Mondkuchen zu essen.

Ein Lied

茉 莉 花

1= ${}^{b}E$

江苏民歌

中速

Der Journalist Lu Yuping macht ein Interview, um herauszufinden, wie das Fuβballteam der ausländischen Studenten das der chinesischen Studenten besiegt hat. In dieser Lektion lernen Sie Ort, Zeit und Art und Weise vergangener Geschehnisse hervorzuheben. Auβerdem lernen Sie, Richtungs- und Ortsangaben zu machen.

第二十一课 Lektion 21

我们的队员是从不同国家来的

一. 课文 Text

(一)

陆雨平：听说上星期你们留学生队赢了一场足球比赛。我想写一篇文章，介绍一下留学生足球队的事儿。

丁力波：太好了。你是怎么知道的？

陆雨平：我是听你的同学说的。①别忘了我是记者，我今天是来问你们问题的。你们留学生队是跟谁比赛的？

丁力波：我们队是跟中国大学生队比赛的。

陆雨平：你们是在哪儿比赛的？

【谈论过去的时间、地点】
Hervorhebung von Ort und Zeit vergangener Geschehnisse

王小云：是在我们学校比赛的。

陆雨平：中国大学生队的水平比你们高吧？②

丁力波：他们的水平比我们高多了。

王小云：宋华说，大学生队的教练是从国家队来的。

陆雨平：他是什么时候从国家队下来的？

王小云：他是去年从国家队下来的。这位教练来了以后，大学生队的水平提高得很快。③

丁力波：大学生队的10号踢得很好。左边的5号、右边的12号跑得都很快。

陆雨平：你们留学生队呢？

hēiqiú: Manipulation

丁力波：我们的队员是从不同国家来的，我们不常练习。

陆雨平：你们是怎么赢的？

【谈体育比赛】über Sportwettkämpfe sprechen

丁力波：上半场0比0。下半场他们帮助我们进了一个球，是1比0赢的。④

生词 Neue Vokabeln

1. 队员	N	duìyuán	Mannschaftsmitglied 我们的队员，有名的队员，年轻的队员，很多队员，老队员，新队员，一个队员
队	N	duì	Mannschaft 你们队，我们队，中国队，留学生队，语言学院队
2. 不同	Adj	bùtóng	unterschiedlich, verschieden 不同的人，不同的学生，不同时间，不同语言，不同岁数
3. 国家	N	guójiā	Land, Staat 国家队，不同国家，我们国家，一个国家，哪个国家
4. 赢	V	yíng	gewinnen, siegen 我赢，他赢，赢他们，赢了没有
5. 场	ZEW	chǎng	(*Zähleinheitswort* für Sportwettkämpfe, Filme, Vorführungen) 一场电影，上半场，下半场
6. 足球	N	zúqiú	Fußball 足球队，足球队员，看足球，一场足球
足	N	zú	Fuß
球	N	qiú	Ball 打球，看球，进了一个球
7. 比赛	N/V	bǐsài	Wettkampf / wetteifern 一场比赛，一场足球比赛，赢了一场比赛，比赛足球，跟留学生队比赛
赛	N/V	sài	Wettkampf / wetteifern 足球赛，看了一场足球赛
8. 同学	N	tóngxué	Kommilitone, Kommilitonin; Klassenkamerad (-in) 你的同学，女同学，男同学，新同学，老同学，同学们

*9. 记者	N	jìzhě	Reporter (–in), Journalist (–in) 一个/位记者，别的记者，外国记者
10. 大学生	N	dàxuéshēng	Student (–in) 大学生队，一个/位大学生，中国大学生
11. 学校	N	xuéxiào	Schule, Bildungsanstalt 我们学校，这个学校，有名的学校，学校办公室
12. 水平	N	shuǐpíng	Niveau 大学生队的水平，普通话水平，汉语水平高，专业水平不高
13. 教练	N	jiàoliàn	Trainer (–in) 大学生队的教练，足球队的教练，那位教练
14. 去年	N	qùnián	letztes Jahr 去年三月，去年圣诞节，去年开始，去年认识
15. 以后	N	yǐhòu	dann, später 来了以后，走了以后，开学以后
16. 提高	V	tígāo	erhöhen, steigern, anheben 提高得很快，提高水平，提高房租
提	V	tí	etw. anheben
17. 踢	V	tī	treten, kicken, (Ball) schießen 踢足球，踢球，踢得很好
18. 左边	N	zuǒbian	links, die linke Seite 左边的队员，左边的书，队员左边，书左边，在学校左边
左	N	zuǒ	links
19. 右边	N	yòubian	rechts, die rechte Seite 右边的队员，右边的房子，我右边，在饭馆右边
右	N	yòu	rechts

(二)

陆雨平：我还要问问你们：你们去看大为租的房子了没有？房子在哪儿？

王小云：去了，房子在学校东边，⑤离学校不太远。⑥那儿叫花园小区，大为住八号楼。

陆雨平：你们是怎么去的？

丁力波：我们是坐公共汽车去的。车站就在小区前边。下车以后先往右拐，再往前走三分钟，就到八号楼了。⑦

陆雨平：那儿怎么样？

丁力波：很好。八号楼下边是一个小花园，左边有一个商店，商店旁边是书店。右边是银行和邮局。大为的房子在八号楼九层，上边还有六层。

【谈方位】
Ortsangaben

陆雨平：房子不大吧？

王小云：那套房子一共有 56 平方米。

丁力波：进门以后，左边是卫生间，右边是客厅。

陆雨平：厨房在哪儿？

王小云：厨房在客厅北边，卧室在客厅东边。卧室外边有一个大阳台。

丁力波：记者先生，你问了很多问题，你也要写一篇文章介绍马大为租的房子吧？

陆雨平：问问题是记者的职业习惯啊。

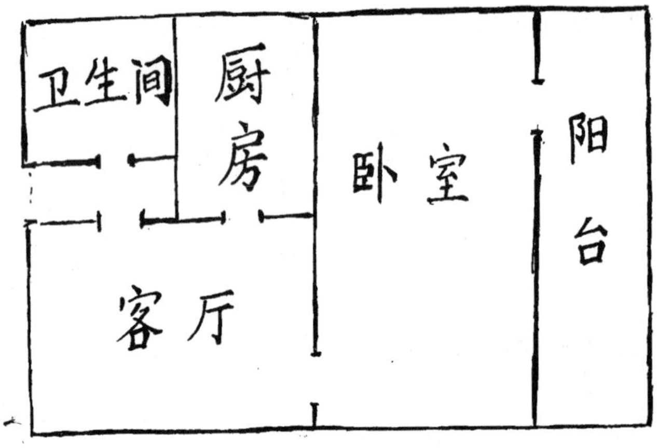

生词 Neue Vokabeln

1.	东边	N	dōngbian	Osten, östlich 东边的商场，学校东边，美术馆东边，在中国银行东边
	东	N	dōng	Osten 往东走
2.	离	Präp	lí	entfernt sein von 离学校，离这儿，离那儿，离商店
3.	远	Adj	yuǎn	weit (entfernt) 不远，很远，非常远，太远，离学院不太远
4.	花园小区	N	huāyuán xiǎoqū	Garten–Viertel 叫花园小区，住花园小区
	花园	N	huāyuán	Garten 花园东边，花园里边，花园左边，大花园，一个漂亮的花园
	区	N	qū	Gebiet, Bereich, Areal 学院区，宿舍区

5. 车站	N	chēzhàn	(Bus) Haltestelle
6. 前边	N	qiánbian	vorn, Vorderseite 前边的公园，前边的人，花园小区前边，图书馆前边，在宿舍前边
前	N	qián	vorn, vor 往前走
7. 拐	V	guǎi	einbiegen, abbiegen 往右拐，往左拐，往东拐，先往右拐
8. 下边	N	xiàbian	unten, unter 楼下边，床下边，在书下边，下边的生词，下边的纸
下	N	xià	unten, unter
9. 书店	N	shūdiàn	Buchladen 外文书店
10. 上边	N	shàngbian	oben, über 上边的衣服，上边的报，九层上边，邮局上边，在本子上边
上	N	shàng	oben, über 往上走
11. 平方米	ZEW	píngfāngmǐ	Quadratmeter 56平方米，多少平方米，有100平方米
平方	N	píngfāng	Quadrat (fläche)
米	ZEW	mǐ	Meter 56米，多少米
12. 卫生间	N	wèishēngjiān	Toilette 一个卫生间，一间卫生间，一间小卫生间
卫生	N	wèishēng	Hygiene
13. 客厅	N	kètīng	Wohnzimmer 一个客厅，一间客厅，一间大客厅
14. 北边	N	běibian	der Norden, nördlich 北边的房子，卫生间北边，客厅北边，在花园小区北边
北	N	běi	Norden 北楼，往北走，往北拐
15. 卧室	N	wòshì	Schlafzimmer 一个卧室，一间卧室，一间新卧室
卧	V	wò	sich hinlegen, liegen
16. 外边	N	wàibian	außen, außerhalb, Außenseite 去外边玩儿，去外边看看，到外边走走
17. 阳台	N	yángtái	Balkon 一个阳台，一个大阳台

补充生词 Zusätzliche Vokabeln

1. 电影院	N	diànyǐngyuàn	Kino
2. 咖啡馆	N	kāfēiguǎn	Café
3. 南边	N	nánbian	Süden, südlich
4. 足球场	N	zúqiúchǎng	Fußballfeld, Fußballplatz
5. 出差	V	chūchāi	auf Dienstreise gehen
6. 后边	N	hòubian	hinten, hinter
7. 输	V	shū	verlieren
8. 天堂	N	tiāntáng	Paradies
9. 苏杭	EN	Sū Háng	Suzhou und Hangzhou
苏州	EN	Sūzhōu	Suzhou
杭州	EN	Hángzhōu	Hangzhou
10. 城市	N	chéngshì	Stadt
11. 山水	N	shānshuǐ	Landschaft
山	N	shān	Berg
12. 园林	N	yuánlín	Park, Garten
13. 修建	V	xiūjiàn	etw. anlegen, errichten, bauen
14. 诗人	N	shīrén	Dichter (–in)
15. 设计	V	shèjì	etw. entwerfen, konzipieren
16. 建筑师	N	jiànzhùshī	Architekt (–in)

二. 注释 Anmerkungen

① 我是听你的同学说的。

"Ich habe das von deinen Kommilitonen gehört."

Schüler oder Studenten einer Klasse oder einer Bildungseinrichtung nennen sich "同学", z. B. "他是我同学","这是宋华同学". Lehrer und andere Personen nennen die Schüler/Studenten auch "同学", z. B. "同学们".

② 中国大学生队的水平比你们高吧？

"Die chinesische Studentenmannschaft ist doch besser als eure, oder?"

Die Modalpartikel "吧" mildert den Ton in Sätzen, die eine Bitte, Aufforderung oder einen Ratschlag zum Ausdruck bringen. Sie steht auch in Fragesätzen zum Ausdruck einer Vermutung. Zum Beispiel:

我是马大为，您是家美租房公司的经理吧？

今天是十九号吧？

你喜欢听音乐会吧？

③ 这位教练来了以后，大学生队的水平提高得很快。

"Seit dieser Trainer da ist, hat sich die Studentenmannschaft schnell verbessert."

"以后" bezeichnet einen Zeitpunkt in der Zukunft oder nach einem bestimmten anderen Zeitpunkt. "以后" fungiert im Satz als Adverbial. "以后" kann auch (wie "以前", das Sie in der nächsten Lektion kennen lernen) mit Nomina, Verbalphrasen, Subjekt-Prädikat-Konstruktionen Wortgruppen bilden, z. B. "新年以后，五年以后，开学以后". "以后" kann sowohl für Handlungen und Geschehnisse in der Vergangenheit als auch in der Zukunft verwendet werden. Zum Beispiel:

我认识你以后，汉语口语水平提高得很快。

以后我要跟你一起练习普通话。

④ 上半场 0 比 0。下半场他们帮助我们进了一个球，是 1 比 0 赢的。

"Zur Halbzeit stand es 0:0. In der zweiten Halbzeit haben sie uns geholfen, ein Tor zu schießen. (Wir) haben mit 1:0 gewonnen."

"比" bezeichnet hier den Spielstand ("zu"). Nach dem Spielstand kann mit "几比几？" gefragt werden.

⑤ 房子在学校东边。

"Die Wohnung befindet sich östlich der Hochschule."

Chinesen sind es gewohnt, Orte und Richtungen mit "东，西，南，北" anzugeben. Zum Beispiel: "学院东边，厨房西边，在医院北边". Für Orts- und Richtungsangaben können auch "前，后，左，右" verwendet werden. Zum Beispiel: "客厅前边，卧室左边，卫生间右边".

⑥ 离学校不太远。

"Sie ist nicht weit von der Hochschule entfernt."

Die Präposition "离" bildet häufig zusammen mit einem Nomen, das einen Ort bezeichnet, eine Präpositionalphrase "离 + OA" und dient vor Verben oder Adjektiven zu Angabe der Entfernung. Zum Beispiel:

语言学院 离王府井很远。

北京图书馆 离中国银行不太远。

Sie haben bereits gelernt: "在 + OA" bezeichnet den Ort der Handlung, "从 + OA" den Ausgangspunkt einer Handlung, "往 + OA" die Zielrichtung einer Handlung.

⑦ 下车以后先往右拐,再往前走三分钟,就到八号楼了。

"Nachdem wir aus dem Bus ausgestiegen waren, sind wir zuerst nach rechts gegangen, dann drei Minuten geradeaus gelaufen und dann sind wir bei Haus Nummer 8 angekommen."

Das Adverb "再" (2) kann anzeigen, dass eine Handlung nach dem Abschluss einer anderen Handlung oder nach einer gewissen Zeit stattfindet. (Das Adverb "先" steht häufig vor dem ersten Verb und so entsteht die Konstruktion "先…再…"). Zum Beispiel:

我们上课以后先翻译生词,再复习课文。

看完电影再走吧。

三. 练习与运用 Übungen und Anwendung

Schlüsselsätze

1. 我们的队员是从不同国家来的。
2. 你们是在哪儿比赛的?
3. 他是去年从国家队下来的。
4. 我们是坐公共汽车去的。
5. 房子离学校不太远。
6. 下车以后先往右拐,再往前走三分钟,就到八号楼了。
7. 八号楼下边是一个小花园,左边有一个商店。
8. 卧室在客厅东边,卧室外边有一个大阳台。
9. 房子不大吧?

1. 熟读下列短语 Lesen Sie die folgenden Wortgruppen und prägen Sie sie sich ein

(1) 十分钟以后　半小时以后　三天以后　一星期以后　两个月以后
看了以后　写了以后　听了以后　懂了以后
复习以后　考试以后　上课以后　认识他以后　回答问题以后
练习汉字以后　取了包裹以后　提高了水平以后

(2) 离商场　离医院　离宿舍　离公司　离邮局　离北楼　离南方
离广州很远　离王府井不远　离北京图书馆不太远
离中国美术馆非常远

(3) 九点钟再来　明天再交　复习了课文再睡觉　打了电话再去
翻译了句子再休息
先办证,再借书　先买票,再参观　先锻炼,再休息
先介绍汉字,再学习生词

(4) 是去年认识的　是新年寄的　是星期五晚上走的　是1980年10月25号出生的
是在海关取的　是在加拿大买的　是在家里写的　是在图书馆查的
是坐公共汽车去的　是用墨画的　是用民族乐器演奏的　是用英文说的

(5) 前边有一个公园　左边有一个公司　右边有一个商场　上边还有两层
里边是厨房　外边是阳台　东边是宿舍　北边是邮局　下边就是大为的新房子
客厅在卧室北边　卫生间在阳台东边　花园小区在语言学院东边

(6) 中式衣服不便宜吧　他们队的水平不太高吧
您就是留学生队的教练吧

2. 句型替换 Substitutionsübungen

(1) 她去西安了没有?
她去西安了。
她是什么时候去西安的?
她是昨天去西安的。
她先去西安,再去上海。

上海	上星期五	美国
美术馆	上午	王府井
学校	下午3:00	银行
医院	上午9:00	公司

(2) 他是从哪儿来的？
他是从国家队来的。
他是跟谁一起来的？
他是跟教练一起来的。

美国	他同学
加拿大	他弟弟
英国	一位记者
欧洲	一位画家

(3) 他去办公室了没有？
他去办公室了。
他是怎么去的？
他是坐公共汽车去的。

南方	坐火车
王府井	坐出租车
花园小区	开车
十楼	坐电梯

(4) 他们是来工作的吧？
他们不是来工作的，
他们是来旅行的。

学习	参观
玩儿	比赛
找你	找宋华
学汉语	学音乐
借书	还书

(5) 卫生间在里边吗？
卫生间不在里边，在外边。

阳台	东边	北边
饭馆	上边	下边
客厅	前边	那儿
卧室	左边	右边

(6) 宿舍楼前边有什么？
楼前边有一个花园。
这个花园大不大？
这个花园不太大。

银行旁边	邮局
商店左边	书店
商场东边	医院
图书馆北边	饭馆

(7) 学校里边有邮局吗？
有一个邮局。
请问邮局在哪儿？
邮局在宿舍楼东边。
离这儿远不远？
不太远。

银行	商店旁边
图书馆	办公楼左边
饭馆	花园北边
医院	汉语系前边

(8) 学校东边是什么地方？
学校东边是美术馆。

前边	电影院(diànyǐngyuàn)
北边	咖啡馆(kāfēiguǎn)
南边(nánbian)	足球场(zúqiúchǎng)

3. 课堂活动 Aktivitäten im Seminarraum

Als Journalist befragen Sie einen Ihrer Kommilitonen oder Lehrer zu einem Ereignis, das in der Vergangenheit stattgefunden hat. Verwenden Sie "是…的". Zum Beispiel: Die Mutter von Frau Chen war krank, deshalb ist Frau Chen nach Xi'an gefahren, um sie zu besuchen. Drei Tage später ist sie mit einem Freund zusammen nach Peking zurückgekommen.

4. 会话练习 Dialogübungen

[谈论过去的时间、地点 Hervorhebung von Ort und Zeit vergangener Geschehnisse]

(1) A: 您的孩子今年几岁了？
B: 他今年 ______________。
A: 他是 __________ 年出生的吧？
B: 对，他是 ________________________ 的。
A: 他是在哪儿出生的？
B: 他是 ______________________ 的。

(2) A：你是什么时候到北京的？怎么不先给我打个电话？
B: 我打电话了，你不在。我是 _________________ 到这儿的。

A: 你是怎么来的？

B: 我是坐火车来的。

A: 你是来旅行的吧？

B: 不是，我这次是来出差(chūchāi)的，只在这儿住三天。

A: 太短了！晚上有时间吗？到我家去玩儿，好吗？

B: 一定去。我是跟一位教授一起来的，我先打电话告诉他一下儿。

［谈方位 Ortsangaben］

(1) A：您是租房公司吗？我想租一套50平方米的房子。

B: 我查一下。有，白石小区有一套55平方米的，在建国门北边。

A: 那很好，离我们公司不远。那儿怎么样？

B: 那儿很好：小区东边有一个大公园，前边不远就有一个大商场。小区旁边就是公共汽车站。

A: 那儿 ____________________？

B: 有，医院在后边(hòubian)。医院旁边还有银行和邮局。

A: 房租是多少？

B: 每月两千五。

A: 房租有点儿贵。我们想想，再给您打电话。

(2) B: 这是六号楼十五层，上边还有三层。

A: 我想看看房子。

B: 请进。

A: 厨房在哪儿？

B: 厨房在右边，左边是客厅，客厅有26平方米。

A: 卧室呢？

B: 有两个卧室，都在客厅南边(nánbian)。大卧室外边还有一个阳台。

A: 这儿是卫生间吗？卫生间小一点儿。

B: 这个卫生间是五平方米。

A: 好吧，我们先到别的楼看看。

[问路 Nach dem Weg fragen]

(1) A: 请问,新邮局在哪儿?

B: 对不起,我不住这儿,我也不知道。

A: 麻烦您,这儿有一个新邮局吗?

B: 有,在前边。中国银行的北边就是新邮局。

A: 谢谢您。

B: 不客气。

(2) A: 请问,去花园小区怎么走?

B: 从这儿坐 945 路公共汽车,到花园路下车。下车以后先往前走,再往左拐,走 10 分钟就到了。

A: 谢谢。

[谈体育比赛 Über Sportwettkämpfe sprechen]

A:昨天你去看足球赛了吗?

B: 没有。谁跟谁赛?

A: 咱们系足球队跟外语系队比赛。

B: 咱们系队赢了吗?

A: 输(shū)了! 0 比 2。两个球都是下半场进的。

B: 咱们系队怎么踢得这样糟糕?

5. 看图说话 Beschreiben Sie die Bilder

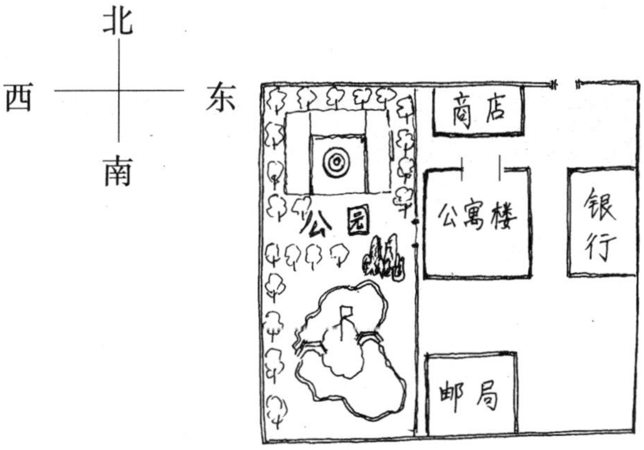

我住的楼前边有__________。

东边是__________,

西边是__________,

__________在__________。

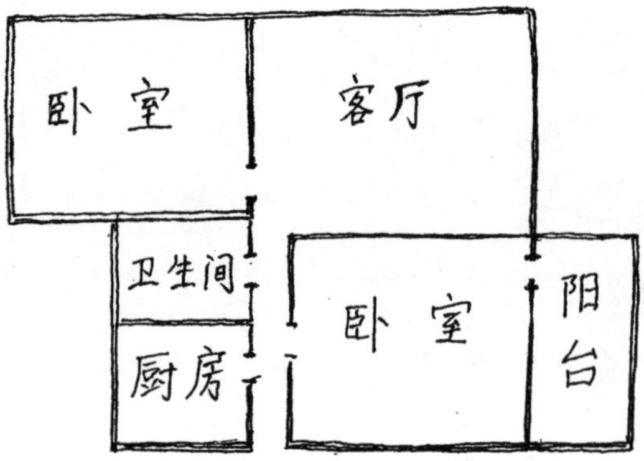

客厅在厨房________，

卫生间在客厅________，

房子里有两个________，

大卧室在________，

小卧室在________，

________还有一个阳台。

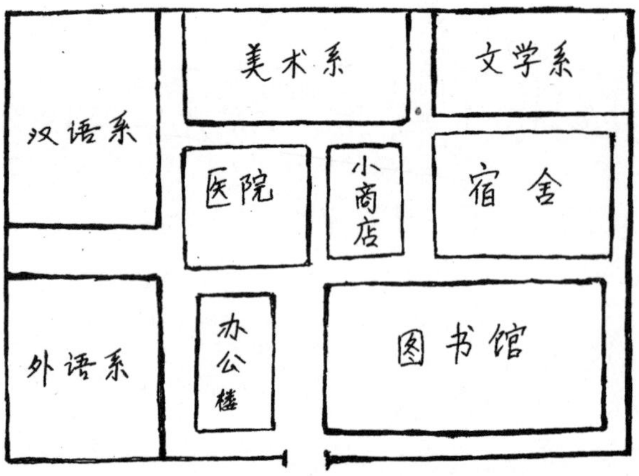

我们学校不太大，

一共有________个系。

汉语系在外语系________，

文学系________是________。

办公楼____有一个大图书馆。

宿舍________还有________

和________。

6. 交际练习 Kommunikationsübungen

(1) Sie haben gehört, dass einer Ihrer Kommilitonen nach Europa gefahren ist. Sie fragen die anderen nach Details seiner Abreise.

(2) Fragen Sie mindestens fünf Kommilitonen nach Geburtstag und Geburtsort.

(3) Sie schließen eine neue Freundschaft. Sie laden ihn/sie zu Ihrer Familie nach Hause ein. Sie beschreiben ihm/ihr die Umgebung Ihrer Wohnung und den Grundriss der Wohnung.

四. 阅读和复述 Lesen und Nacherzählen

南方的花园

中国人常说："上有天堂(tiāntáng)，下有苏杭(Sū Háng)。"意思是：苏州和杭州这两个城市(chéngshì)跟天堂一样美。它们都在中国的南方，是中国南方的"花园"。它们的美在哪儿呢？——杭州的山水(shānshuǐ)和苏州的园林(yuánlín)。苏州的园林非常有名。那些园林是过去一些有钱人请人修建(xiūjiàn)的。园林里边有山、有水、有花儿,真是一幅非常美的山水画。中国的园林跟西方的园林很不一样。中国的园林好像是一幅中国画,是用水和墨画的;西方的园林好像是油画,是用油彩画的。因为中国的园林常常是画家和诗人 (shīrén) 设计 (shèjì) 的, 西方的园林常常是建筑师(jiànzhùshī)设计的,所以它们的美很不同。

五. 语法 Grammatik

1. "是……的"句 Die "是…的"–Konstruktion

Die "是…的"–Konstruktion wird verwendet, um Zeit, Ort oder Art und Weise einer abgeschlossenen Handlung hervorzuheben. "是" steht vor dem Satzteil, der betont werden soll (manchmal wird es auch ausgelassen). "的" steht am Ende des Satzes. Die negative Form lautet "不是…的".

Subjekt	"是"	**Ort, Zeit, Art und Weise**	**V**	**O**	"的"
他	是	去年	来		的。
你们	是	在学院	比赛		的吗?
我们的队员	是	从不同国家	来		的。
你	是	怎么	知道	这件事儿	的?
我们	不是	坐出租车	去	大为家	的。

Einige Sätze mit Verbalprädikat bringen lediglich zum Ausdruck, dass etwas in der Vergangenheit geschehen ist. Sätze dieser Art unterscheiden sich von Sätzen mit der "是…的"–Konstruktion als Prädikat. Vergleichen Sie:

他是去年来的。(betont, dass er letztes Jahr gekommen ist)

去年他来了。 (beschreibt, was letztes Jahr passiert ist)

Sätze mit "是…的" können ebenfalls Ziel, Zweck oder Ursprung einer Handlung hervorheben. Zum Beispiel:

我今天是来问你们问题的。

我是听朋友说的。

2. 方位词 Positionsnomina

“里边”,“外边”,“左边”,“右边”,“上边”,“下边”,“前边”,“后边”,“东边”,“西边”,“南边” und “北边” sind Nomina, die eine Richtung oder einen Ort bezeichnen, sie können als Subjekt, Objekt oder Attribut verwendet werden. Sie können auch durch Attribute modifiziert werden. Zum Beispiel:

里边有什么?

邮局在前边。

左边的床是我的。

图书馆外边有很多人。

Beachten Sie:

(1) Wird ein Positionsnomen als Attribut verwendet, muss “的” hinter dem Positionsnomen stehen. Zum Beispiel: “上边的报, 前边的花园”. Wird das Positionsnomen durch ein Attribut modifiziert, steht“的” in der Regel nicht. Zum Beispiel: “厨房里边,银行北边”.

(2) “里边” kann nicht hinter Länderbezeichnungen, Ortsnamen oder der Bezeichnung des Arbeitsplatzes stehen. Man kann z. B. nur sagen“在中国/北京”, aber nicht ⊗ “在中国/北京里边”; man sagt “我在中国银行工作”, aber nicht ⊗ “我在中国银行里边工作”.

3. 表示存在的句子 Existenzsätze

Sie haben gelernt, dass das Verb “在” verwendet wird, um anzuzeigen, dass sich jemand oder etwas an einem bestimmten Ort befindet. In solchen Säzen ist das Subjekt eine Person oder Sache, das Objekt ist ein Nomen oder eine Wortgruppe, die einen Ort bezeichnet.

S (Person oder Sache)	V“在”	O (Lokalobjekt)
我	在	他右边。
大为的房子	在	八号楼九层吗?
厨房	不在	客厅的北边。

Um anzugeben, dass sich an einem bestimmten Ort jemand oder etwas befindet, werden die Verben “有” oder “是” verwendet. Als Subjekt dient ein Nomen oder eine Wortgruppe, die einen Ort bezeichnet, Objekt ist eine Person oder Sache.

S (Lokalsubjekt)	V"有"/"是"	O (Person oder Sache)
卧室外边	有	一个大阳台。
办公室里边	没有	老师。
前边	有没有	一个小花园?
图书馆后边	是	英语系。
阳台东边	不是	卫生间。
你前边	是	谁?

Beachten Sie die Unterschiede zwischen Existenzsätzen mit "是" und "有":

(1) Ein Satz mit "有"gibt nur an, dass etwas an einem bestimmten Ort existiert. Ein Satz mit "是" hingegen gibt nicht nur an, dass etwas an einem bestimmten Ort vorhanden ist, sondern definiert, was es ist, das sich an einem Ort befindet.

(2) Das Objekt eines Satzes mit "有" ist in der Regel unbestimmt, das eines Satzes mit "是" bestimmt. Man also sagen "图书馆前边有一个学院"; aber nicht ⊗ "图书馆前边有我们学院". Statt dessen kann man sagen "图书馆前边是我们学院" oder "我们学院在图书馆前边".

六. 汉字 Chinesische Schriftzeichen

1. 汉字的构字法(7) Bildungsprinzipien von chinesischen Schriftzeichen (7)

Bildung von Phonoideogrammen (3): Die bedeutungstragende Komponente steht oben, die lauttragende unten. Zum Beispiel: 花, 寄, 蕉, 篇, 苹, 舍, 药.

2. 认写基本汉字 Basisschriftzeichen

(1) 凡 丿 几 凡

fán jede(r) 3 Striche

(2) 臣 一 丆 五 五 五 臣

chén Amtsträger 6 Striche

3. 认写课文中的汉字 Schriftzeichen aus den Lektionstexten

(1) 不同 bùtóng

同 → 冂 + 一 + 口 6 Striche

(2) 赢 yíng (贏)

赢 → 亡 + 口 + 月 + 贝 + 凡 17 Striche

𡗗 (sàizìyāo) 一 二 𠀆 卄 龷 ⿱龷丿 𡗗 7 Striche

(3) 比赛 bǐsài (比賽)

赛 → 宀 + 𡗗 + 贝 14 Striche

(4) 学校 xuéxiào (學校)

校 → 木 + 交 10 Striche

(5) 以后 yǐhòu (以後)

后 → 𠂆 + 一 + 口 6 Striche

(6) 提高 tígāo

提 → 扌 + 是 12 Striche

(7) 踢 tī

踢 → 𧾷 + 日 + 勿 15 Striche

(8) 左边 zuǒbian (左邊)

左 → 𠂇 + 工 5 Striche

(9) 右边 yòubian (右邊)

右 → 𠂇 + 口 5 Striche

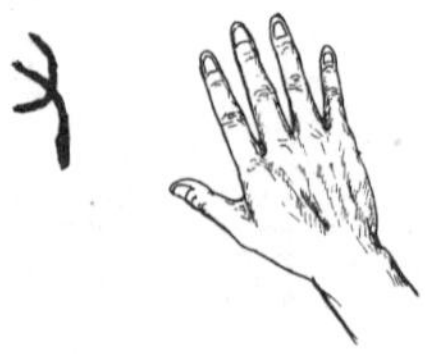

(10) 离 lí (離)

离 → 亠 + 凶 + 内 10 Striche

(11) 远 yuǎn(遠)

远 → 元 + 辶　　7 Striche

(12) 拐 guǎi

拐 → 扌 + 口 + 力　　8 Striche

(13) 卫生间 wèishēngjiān (衛生間)

卫 → 卩 + 一　　3 Striche

(14) 卧室 wòshì (臥室)

卧 → 臣 + 卜　　8 Striche

(15) 阳台 yángtái (陽臺)

阳 → 阝 + 日　　6 Striche

台 → 厶 + 口　　5 Striche

文化知识 Kulturnotizen

Sport in China

Zu den traditionellen Sportarten in China gehören Kampfsport, Ringen, Qigong und Trapezartistik. Chinesische Kampfkunst wird von Ausländern meist *gongfu* genannt. Die Hauptfunktion der chinesischen Kampfkunst besteht darin, die Gesundheit und körperliche Stärke zu verbessern.

Moderne Sportarten hielten recht spät Einzug in China, verbreiteten sich aber sehr schnell. Der erste Weltrekord für China wurde 1956 vom Gewichtheber Chen Jingkai aufgestellt. Tischtennis, Badminton, Turnen, Wasserspringen und Mittel– und Langstreckenlauf sind Sportarten, in denen China sehr stark ist. Bei den Weltmeisterschaften im Tischtennis 1982 belegte die chinesische Mannschaft alle ersten und zweiten Plätze. In den 1980er Jahren gewann die chinesische Frauen–Volleyballmannschaft fünfmal nacheinander bei Welt– und anderen internationalen Titelkämpfen. Bei den Olympischen Spielen in Sydney im Jahr 2000 belegte China in der Länderwertung Platz drei hinsichtlich der Zahl der Goldmedaillen und Gesamtzahl der gewonnenen Medaillen. Bis jetzt haben chinesische Athleten 1317 Weltmeistertitel errungen und 1026 Weltrekorde aufgestellt.

Im Jahr 2008 ist Peking der Austragungsort der Spiele der 29. Olympiade.

Wussten Sie, dass es außer der Pekingoper verschiedene regionale Opern, wie z. B. die Shaoxing-Oper, gibt? Kennen Sie den berühmten klassischen Roman *Der Traum der roten Kammer*? In dieser Lektion werden Ihnen Song Hua und Lin Na Informationen zu diesen Themen geben. Sie werden lernen, über Ihre Erfahrungen in der Vergangenheit zu sprechen, sich mit jemandem zu verabreden und Ihre Meinung zu verschiedenen Themen zu äußern.

第二十二课 Lektion 22

你看过越剧没有

一. 课文 Text

(一)

【谈过去的经历】über Erfahrungen in der Vergangenheit sprechen

宋　华：林娜，你看过越剧没有？①

林　娜：没有。来中国以后，我听过两次音乐会，看过一次京剧。我虽然去过南方，但是没有看过越剧。昨天的报上说，南方的一个越剧团到北京来了。②

宋　华：是啊，越剧是中国有名的地方戏。这个剧团是从上海来的，现在在长安大戏院上演《红楼梦》。③

林　娜：上演《红楼梦》吗？太好了！我知道《红楼梦》是中国有名的古典小说，我看过一遍，是用英文翻译的。

宋　华：你觉得这部小说怎么样？

林　娜：我觉得小说里的爱情故事非常感人。

宋　华：你想不想再看一次越剧的《红楼梦》？我有两张票。

林　娜：当然想看。是什么时候的票？

【约会】
eine Verabredung treffen

宋　华：是明天晚上七点一刻的。座位很好，楼下五排八号和十号。

林　娜：我没去过长安大戏院。这个戏院在哪儿？

宋　华：我去过啊，长安大戏院离建国门不远，就在建国门的西边。咱们一起打的去。

ˇ ˊ ˉ ˋ

林 娜：好，明天见。

生词 Neue Vokabeln

1. 过	AsPa	guo	(zur Kennzeichnung einer Erfahrung) 看过，听过，去过，写过，试过，踢过
2. 越剧	N	yuèjù	Shaoxing-Oper 看过越剧，看过一次越剧，一场越剧，两张越剧票
剧	N	jù	Schauspiel, Theaterstück
3. 虽然	Konj	suīrán	zwar, obwohl
4. 但是	Konj	dànshì	aber
5. 剧团	N	jùtuán	Theatertruppe, Ensemble 越剧团，京剧团，一个剧团，南方的剧团
6. 地方戏	N	dìfāngxì	regionale Oper 有名的地方戏，地方戏剧团
戏	N	xì	Stück 看戏，听戏，唱戏，南方的戏，一场戏
7. 上演	V	shàngyǎn	etw. aufführen, vorführen 上演越剧，上演地方戏，上演京剧
演	V	yǎn	jmd. / etw. spielen, jmd. / etw. darstellen 演戏，演电影，演大学生，演记者
8. 古典	Adj	gǔdiǎn	klassisch 古典音乐，古典乐曲，古典音乐会，古典文学
9. 小说	N	xiǎoshuō	Roman, Erzählung 看小说，写小说，看过一遍小说，古典小说
*10. 遍	ZEW	biàn	-mal (*Zähleinheitswort* für die Häufigkeit von Handlungen) 一遍，几遍，多少遍，看过一遍，听过一遍
11. 部	ZEW	bù	(*Zähleinheitswort* für Filme, Bücher) 一部小说，一部电影
12. 爱情	N	àiqíng	Liebe 爱情小说，爱情戏，他们的爱情
13. 故事	N	gùshi	Geschichte, Erzählung 爱情故事，留学生的故事，足球队的故事，租房子的故事，一个有意思的故事

14. 感人	A	gǎnrén	beeindruckend, ergreifend, bewegend 感人的故事,感人的爱情,非常感人,演得很感人,唱得很感人
15. 座位	N	zuòwèi	Sitzplatz 好座位,有座位,一个座位
16. 排	N	pái	Reihe 五排,八排,几排
17. 西边	N	xībian	Westen, westlich 厨房西边,医院西边,在公园西边,西边的书店
18. 打的	VO	dǎdī	mit dem Taxi fahren 一起打的,打的去,是打的来的
19. 见	V	jiàn	jn. / etw. sehen, jn. treffen 见过,再见,明天见,下星期见,什么时候见
20. 长安大戏院	EN	Cháng'ān Dà Xìyuàn	Chang'an Theater
戏院	N	xìyuàn	Theater
21.《红楼梦》	EN	《Hónglóu Mèng》	*Der Traum der roten Kammer* 上演《红楼梦》,看一次越剧的《红楼梦》
梦	N	mèng	Traum 做梦,好梦,一个梦,我的梦

(二)

宋　华：你觉得越剧《红楼梦》怎么样？

【评价】etw. beurteilen

林　娜：我从来没有看过这么感人的戏。④ 两个主角演得好极了。

我觉得越剧的音乐特别优美，越剧的风格跟京剧很不一样。

宋　华：你说得很对。你可能还不知道，很早以前京剧里没有女演员，都是男演员演女角色。越剧跟京剧不同，以前没有男演员，让女演员演男角色。所以越剧的风格跟京剧很不一样。

林　娜：听说中国地方戏的种类很多，每个地方都有吧？

宋　华：是啊，每种地方戏都有自己的风格，每个地方的人都习惯看自己的地方戏，但是京剧是全中国的，喜欢京剧的人特别多。

林　娜：中国京剧团两年以前到英国访问过，我跟爸爸妈妈一起去看过一次。他们都觉得京剧很美。

宋　华：很多外国朋友都喜欢中国京剧，一些外国留学生还到北京来学京剧。现在他们有的人会唱京剧，有的人还会演京剧。⑤

林　娜：我有一个朋友，也是英国留学生，他就会演京剧。

宋　华：我还从来没听过外国留学生唱越剧。你这么喜欢越剧的音乐，应该学一学越剧。

林　娜：我虽然喜欢越剧音乐，可是我觉得唱越剧太难了。

宋　华：你的嗓子很好。你可以先多听听，再学唱。⑥

生词 Neue Vokabeln

1. 从来	Adv	cónglái	schon immer, seit jeher　从来没有看过，从来没有见过，从来没有演过，从来没有说过
2. 这么	Pr	zhème	so, auf diese Art　这么感人，这么有名，这么流利，这么容易，这么喜欢，这么放心，这么着急
3. 主角	N	zhǔjué	Hauptrolle　两个主角，电影主角，男主角，女主角
4. 特别	Adv	tèbié	besonders, ungemein　特别感人，特别高兴，特别远，特别愿意，特别喜欢，特别想

5. 优美	Adj	yōuměi	rei: end, bezaubernd, bildschön 特别优美，这么优美，优美的音乐，优美的故事
6. 风格	N	fēnggé	Stil, Eigenart 越剧的风格，小说的风格，不同的风格
7. 以前	N	yǐqián	früher, vorher, vor 两年以前，三天以前，上课以前，开学以前，认识你以前
8. 演员	N	yǎnyuán	Schauspieler (–in), Darsteller (–in) 越剧演员，电影演员，一位男演员
9. 角色	N	juésè	Rolle, Figur, Part 男角色，女角色，演一个角色，电影角色
10. 种类	N	zhǒnglèi	Art, Sorte, Spezies 地方戏的种类，语言的种类，乐曲的种类，不同的种类，别的种类
种	ZEW	zhǒng	Art, Sorte 每种地方戏，这种照相机，一种乐器
11. 地方	N	dìfang	Ort, Stelle 每个地方，这个地方，很多地方，什么地方
12. 访问	V	fǎngwèn	besuchen, aufsuchen 访问过，访问过一次，访问英国，访问上海，访问中国京剧团，访问老画家
13. 有的	Pr	yǒude	manche 有的人，有的学生，有的演员，有的剧团，有的故事，有的特别优美，有的非常感人
14. 难	Adj	nán	schwierig, schwer 太难了，特别难，这么难，难学，难唱，难演，难极了

补充生词 Zusätzliche Vokabeln

1. 研究	V	yánjiū	etw. erforschen, untersuchen, studieren
2. 顿	ZEW	dùn	(*Zähleinheitswort* für Mahlzeiten)
3. 便饭	N	biànfàn	einfaches Essen, Hausmannskost
4. 太太	N	tàitai	Ehefrau, (Anrede) Frau
5. 不怎么样	R	bù zěnmeyàng	nicht besonders, mittelmäßig
6. 悲伤	Adj	bēishāng	traurig, betrübt, bekümmert
7. 贾宝玉	EN	Jiǎ Bǎoyù	(Name der männlichen Hauptfigur in *Der Traum der roten Kammer*)
8. 聪明	Adj	cōngming	klug, intelligent
9. 林黛玉	EN	Lín Dàiyù	(Name der weiblichen Hauptfigur in *Der Traum der roten Kammer*)
10. 诗	N	shī	Gedicht
11. 相爱	V	xiāng'ài	sich lieben
12. 结婚	VO	jiéhūn	heiraten, sich verheiraten
13. 骗	V	piàn	jn. betrügen, prellen
14. 烧	V	shāo	etw. verbrennen, abbrennen
15. 哭	V	kū	weinen
16. 死	V	sǐ	sterben
17. 回忆	V	huíyì	an etw. / jn. zurückdenken, sich erinnern
18. 离开	V	líkāi	von jm. /etw. weggehen, sich von jm. / etw. trennen, verlassen

二. 注释 Anmerkungen

① 林娜，你看过越剧没有？

"Lin Na, hast du schon mal eine Shaoxing-Oper gesehen?"

Die Shaoxing-Oper ist eine Regionaloper aus der Provinz Zhejiang. Sie entstand aus regionalen Volksweisen und ist hauptsächlich in den Provinzen Jiangsu und Zhejiang sowie in Shanghai verbreitet. Die Shaoxing-Oper ist eine sehr bekannte Regionaloper mit wunderschönen, angenehmen Melodien.

② 昨天的报上说，南方的一个越剧团到北京来了。

"Gestern stand in der Zeitung, dass ein Shaoxing–Opernensemble aus dem Süden nach Peking gekommen ist."

Steht vor den Positionsnomina "上边","外边","里边" ein Nomen, wird in der Regel "边" weggelassen. Zum Beispiel: 报上, 书上, 头上, 小说里, 家里, 楼里, 系里.

Steht "上" hinter einem Nomen wird entweder die Lage eines Objektes beschrieben, z. B. 头上，身（体）上, oder es hat eine übertragene Bedeutung und bezeichnet einen bestimmten Bereich 书上,报上.

③ 现在在长安大戏院上演《红楼梦》。

"*Der Traum der roten Kammer* wird im Chang'an Theater gespielt."

Der Traum der roten Kammer ist einer der vier bekanntesten klassischen Romane. Der Roman beschreibt den Aufstieg und Fall der Familien Jia, Wang, Shi und Xue und ist somit eine Chronik der Sp ätphase der chinesischen Feudalgesellschaft. Die Liebesgeschichte zwischen der männlichen Hauptfigur Jia Baoyu und der weiblichen Lin Daiyu bildet den roten Faden des Romans.

④ 我从来没有看过这么感人的戏。

"Ich habe noch nie eine so bewegende Oper gesehen."

Das Demonstrativpronomen "这么", das in der Umgangssprache häufig "zème" gesprochen wird, bezeichnet einen Grad, ein Ausmaß oder eine Art und Weise. Es modifiziert in der Regel Verben oder Adjektive. In diesem Satz wird ein Ausmaß bezeichnet. Weitere Beispiele sind: 这么好的课本，这么美的油画. In den Wortgruppen "这么写","这么念" und "这么做" beschreibt "这么" die Art und Weise.

⑤ 现在他们有的人会唱京剧，有的人还会演京剧。

"Heutzutage können einige von ihnen Pekingoper singen, andere können sie spielen."

Das Pronomen "有的" wird als Attribut verwendet und bezeichnet einen Teil einer Gruppe von Menschen oder Dingen. Es kann einmal im Satz stehen, aber auch mehrmals in einzelnen Teilsätzen. Zum Beispiel:

有的人喜欢看小说,有的人喜欢听音乐。

有的书是中文的,有的书是英文的,有的书是日文(Japanisch)的。

Wurde das Nomen, das durch "有的" modifiziert werden soll, bereits genannt, kann es hinter "有的" weggelassen werden. Zum Beispiel:

这些衣服有的太长,有的太短。

Beachten Sie: Ein durch "有的" modifiziertes Nomen kann nicht als Objekt hinter einem Verb stehen. Mann kann also nicht sagen ⊗"我不太喜欢有的地方戏", sondern nur "有的地方戏我不太喜欢".

⑥ 你可以先多听听,再学唱。

"Du kannst (sie) dir erst gut anhören und dann lernen, (sie) zu singen."

In diesem Satz wurde das Objekt "越剧" weggelassen. Vollständig lautet der Satz:

你可以先多听听越剧,再学唱越剧。

三. 练习与运用 Übungen und Anwendung

Schlüsselsätze X2

1. 你看过越剧没有?
2. 来中国以后,我听过两次音乐会,看过一次京剧。
3. 我从来没有看过这么感人的戏。
4. 我觉得小说里的爱情故事非常感人。
5. 你想不想再看一次越剧的《红楼梦》?
6. 我虽然去过南方,但是没有看过越剧。
7. 我虽然喜欢越剧音乐,可是我觉得唱越剧太难了。
8. 现在他们有的人会唱京剧,有的人还会演京剧。

1. **熟读下列短语 Lesen Sie die folgenden Wortgruppen** und **prägen Sie sie sich ein**

(1) 报上 书上 课本上 本子上 词典上 电影上 名片上 光盘上
照片上 护照上 借书证上 明信片上 包裹通知单上 你填的表上

(2) 没有去过 没有学过 没有送过 没有拿过 没有写过
从来没听说过 从来没进去过 从来没参加过 从来没打扫过
从来没见过他 从来没有访问过画家 从来没赢过足球比赛
从来没有穿过旗袍 从来没有看过《红楼梦》

(3) 这么容易 这么难 这么热 这么冷 这么早 这么晚
这么快 这么慢 这么新 这么旧
这么放心 这么爱 这么习惯 这么着急 这么愿意
这么喜欢 这么想
从来没有看过这么好的小说 从来没翻译过这么难的句子
从来没听过这么优美的音乐

(4) 特别贵 特别便宜 特别多 特别少 特别年轻 特别长 特别短
特别愿意 特别喜欢 特别想 特别放心 特别习惯 特别着急

(5) 有的朋友 有的角色 有的同学 有的队员 有的司机 有的语言
有的专业 有的乐曲 有的文章 有的课本 有的中学 有的民族
有的职业 有的地方 有的时候
有的特别优美 有的非常流利 有的合适极了
有的锻炼身体 有的演奏民乐

(6) 回答过问题 开过车 唱过越剧 画过中国画 查过词典 借过书
上过课没有 演过京剧没有 坐过火车没有 参观过兵马俑没有

(7) 听过一次 开过一次玩笑 去过一次西安 换过一次人民币
看过一遍 念过一遍课文 写过一遍汉字 听过一遍生词

(8) 虽然合适,但是太贵了 虽然有意思,可是特别难
虽然从来没去过英国,但是很喜欢英国文学
虽然从来没有学过京剧,可是觉得京剧的音乐特别优美

2. 句型替换 Substitutionsübungen

(1) 你看过京剧吗？
我看过京剧。
你是在哪儿看京剧的？
我是在北京看京剧的。

学	汉语	美国
听	中国民乐	上海
吃	北京烤鸭	加拿大
喝	中国红葡萄酒	宋华家

(2) 你知道《红楼梦》吗？
我知道，我看过这部小说。
你是什么时候看的？
我是三年以前看的。

徐悲鸿	看	他画的马	来中国以后
兵马俑	参观	那个地方	去西安旅行的时候
《春江花月夜》	听	这个乐曲	来中国以前
建国门	去	那儿	取包裹的时候

(3) 你去过长安大戏院没有？
我没有去过，
我很想去。

学	太极拳
看	这部小说
用	这种照相机
演	戏

(4) 你以前访问过那位老画家没有？
我访问过（那位老画家）。
你访问过他几次？
我访问过他两次。

见	那位演员
找	那位经理
麻烦	那位师傅
问	张教授
帮助	你同学

(5) 这课 汉字你写过几遍了？
我写过两遍了，
我要再写一遍。

本	小说	看
个	乐曲	听
篇	课文	念
部	电影	看

(6) 剧院里有什么？

剧院里有中国大学生，

也有外国留学生。

包裹里	书	词典
书店里	大学课本	中学课本
楼上	卧室	卫生间
汉语课本里	故事	小说

(7) 过新年的时候你的同学们做什么？

有的人去看京剧，有的人去听音乐会。

过生日的时候	吃蛋糕	去吃寿面
过圣诞节的时候	旅行	回家
下午四点以后	踢足球	去打太极拳
星期天	看朋友	去商场买东西

(8) 今天天气这么不好，别去公园玩儿了。

虽然天气不好，可是我女朋友一定要去。

排队的人这么多	在这儿换钱	现在我就要用钱
衣服这么贵	在这儿买	衣服的样子好
他们队的水平这么高	跟他们比赛	我们应该试试
公共汽车这么多	打的	车上的人也多

3. 课堂活动 Aktivitäten im Seminarraum

A stellt B eine Frage, B antwortet. Dann stellt B C eine Frage und C antwortet ...

(1) 林娜看过越剧没有？

(2) 来中国以后，林娜听过音乐会吗？

(3) 她听过几次音乐会？

(4) 来中国以前，林娜听说过京剧没有？

(5) 中国京剧团到英国访问过没有？

(6) 林娜在英国看过京剧吗？

(7) 来中国以后，林娜看过京剧没有？

(8) 林娜看过小说《红楼梦》没有?

(9) 她看过几遍?

(10) 林娜看过中文的《红楼梦》没有?

(11) 林娜以前去过长安大戏院没有?

(12) 宋华去过吗?

(13) 林娜去过中国南方没有?

(14) 林娜看过越剧吗?

(15) 宋华听过外国留学生唱越剧没有?

(16) 你学习过中国美术吗?

(17) 你以前看过中文小说没有?

(18) 你听过中国地方戏没有?

(19) 你买过中国音乐光盘没有?

(20) 你听过《梁祝》没有?

4. 会话练习 Dialogübungen

[谈过去的经历 Über Erfahrungen in der Vergangenheit sprechen]

(1) A：你去过欧洲没有?

B：我去过三次。

A：你到过英国吗?

B：(虽然)我去过很多欧洲国家,可是我还没去过英国。

A：下次你到英国,一定给我打电话。

(2) A：你访问过那位老画家没有?

B：________________。

A：你是在哪儿访问他的?

B：________________。

A：________________?

B：我访问过他两次。

A：你来中国以前听说过他没有?

B：我很早以前就听说过他。

(3) A：啊，王明，你刚才去哪儿了？

B：我____________________了。有事儿吗？

A：你老同学来找过你三次，你都不在。

B：糟糕，上星期四我给他打过一次电话，让他今天下午来我这儿，可是我把这事儿忘了。

A：你可以去他那儿找他。

B：不行，我从来没有去过他那儿，我不知道他住哪儿。

[找工作 Eine Arbeit suchen]

(1) A：张先生，您想来我们公司工作，是吗？

B：是的。

A：你以前学过什么？

B：我的专业是_______________，我还学习过_______________。

A：张先生，您学过电脑没有？

B：我虽然没有正式学习过，但是我看过一些电脑的书，也用过电脑。

A：很好。请下星期五再来见我们一次。

(2) A：我的朋友很愿意来你们学院工作，她想在英语系工作两年。

B：____________________？

A：不，她是美国人。

B：她以前做过什么工作？

A：她一年以前在美国一个大学教过语言课，去年到中国以后教过英语语法。

B：她会说汉语吗？

A：她会说一点儿汉语。大学的时候她学过汉语口语。

B：谢谢您的介绍，我们研究(yánjiū)一下儿以后再告诉您。

[约会 Eine Verabredung treffen]

(1) A：你还没有来过我的新家呢，星期六晚上到我家来玩儿，吃顿

(dùn)便饭(biànfàn)，好吗？

B：我很想来，可是这个星期六我有点事儿。

A：星期天怎么样？

B：那好，我一定来。几点？

A：__________。你太太(tàitai)能一起来吗？

B：我想没问题。

A：那太好了。

(2) A：(打电话)喂，请问田小姐在家吗？

B：我就是。您是哪一位？

A：__________。田小姐，你看过电影《爱情故事》吗？

B：没有看过，可是我听说过，好像是一部很好的电影。

A：是啊，大家都说这部电影好。你想不想看？

B：想看。什么时候演啊？

A：______________，不知道你有没有时间。

B：我看看。可以，明天晚上我没有事儿。

A：我已经买了两张电影票，座位是十二排一号和三号。

B：好极了！咱们怎么去？

A：咱们一起打的去吧。七点半我在你家东边的商场等你。

B：好，明天七点半见。

[评价 Etwas beurteilen]

A：《爱情故事》这部电影太感人了，我已经看了两遍，以后还想再看一遍。你觉得怎么样？

B：我觉得不怎么样(bù zěnmeyàng)。

A：为什么？你知道吗？女主角和男主角都很有名。

B：演员虽然有名，但是这次他们演得不好。

A：我觉得这部电影的音乐特别优美。

B：可是这部电影的故事太没有意思，我也不喜欢它的风格。

5. 看图说话 Beschreiben Sie die Bilder

你吃过北京烤鸭没有？

我__________________________。

你__________________________？

我吃过九次北京烤鸭。

你们__________________________？

我们跟中国大学生队比赛过足球。

你们比赛过几次？

我们__________________________。

力波看过这篇文章没有？

他__________________________。

他看过几遍？

__________________________。

大为__________________________？

他复习过那篇课文。

__________________________？

__________________________三遍课文。

6. 交际练习 Kommunikationsübungen

(1) Erzählen Sie Ihren Kommilitonen von einem interessanten Erlebnis letzte Woche.

(2) Sie haben zwei Kinokarten gekauft. Laden Sie einen Freund zum Kinobesuch ein.

(3) Nach dem Film sprechen Sie mit Ihrem Freund darüber. Diskutieren Sie Handlung, Musik, Stil, Schauspieler, Darstellung, Make–up usw.

四. 阅读和复述 Lesen und Nacherzählen

《红楼梦》里的爱情故事

中国古典小说《红楼梦》里有一个优美、悲伤(bēishāng)的爱情故事。

故事里的男主角叫贾宝玉(Jiǎ Bǎoyù),是在有钱人的家里出生的。他很漂亮,也很聪明(cōngming)。故事里的女主角是一个非常美的姑娘,叫林黛玉(Lín Dàiyù),她从南方来到贾家生活。她比贾宝玉小一岁,看过很多书,写诗(shī)写得很好,还会画画儿。他们每天一起吃饭、看书,一起写诗、画画儿。贾宝玉很爱林黛玉,林黛玉也特别喜欢贾宝玉。可是贾宝玉的奶奶和爸爸妈妈都不愿意他们相爱(xiāng'ài),他们一定要让他和别的姑娘结婚(jiéhūn)。贾宝玉不愿意,在他生病的时候,奶奶骗(piàn)他,让他跟别的姑娘结了婚。就在贾宝玉结婚的时候,林黛玉在自己的卧室里把她写给贾宝玉的诗都烧(shāo)了,也烧了他送给她的礼物。她哭(kū)了一天,就死(sǐ)了。林黛玉死了以后,贾宝玉到她的房子去过很多次,每次都悲伤极了。他回忆(huíyì)他们有过的每一次聚会,回忆他们有过的快乐。他不愿意和那个跟他结婚的姑娘一起生活。他离开(líkāi)了家。

五. 语法 Grammatik

1. 过去的经验或经历 Erfahrung in der Vergangenheit

Die Aspektpartikel "过", die direkt hinter dem Verb steht, bezeichnet eine Handlung, die in der Vergangenheit stattgefunden hat. Sie wird häufig verwendet, um eine Erfahrung zu betonen. Beispiele hierfür sind:

他来过北京,他知道怎么坐车去王府井。

我朋友足球踢得很好,他参加过很多比赛。

Die negative Form lautet "没(有)…过". Zum Beispiel:

没有来过,没有参加过.

Die V/Adj–Neg–V/Adj–Frage lautet "…过…没有". Zum Beispiel:

来过没有?

参加过比赛没有?

V + 过 + (O)

Subjekt	*Prädikat*				
	Adverbial	**V**	"过"	**O**	"没有"
她		看	过	越剧《红楼梦》。	
丁力波	在加拿大	学	过	中国画。	
我	没有	开	过	车。	
他	从来 没有	用	过	电脑。	
你		唱	过	京剧	没有?
你	以前	去	过	中国美术馆	没有?

Beachten Sie:

(1) "过" muss unmittelbar hinter dem Verb stehen. Hat das Verb ein Objekt, steht "过" immer vor dem Objekt. Man kann nicht sagen: ⊗ "我看那部电影过", es muss heißen "我看过那部电影".

(2) In einem Satz mit Verbserie steht "过" hinter dem zweiten Verb, um eine vergangene Erfahrung zu kennzeichnen. Zum Beispiel:

他去西安参观过兵马俑。

(Es ist falsch, zu sagen: ⊗他去过西安参观兵马俑。)

我们去花园小区看过大为的新房子。

(Es ist falsch, zu sagen: ⊗我们去过花园小区看大为的新房子。)

2. 动量补语 Das Komplement der Häufigkeit

Um die Häufigkeit einer Handlung anzugeben, stehen die Zähleinheitswörter "次" oder "遍" zusammen mit einem Zahlwort als Komplement der Häufigkeit hinter einem Verb. "遍" gibt die Häufigkeit einer von Anfang bis Ende durchgeführten Handlung an. Zum Beispiel:

我上星期六打扫过一次。

这部小说我又看了两遍。

Ist das Objekt des Verbs ein Nomen, steht das Komplement der Häufigkeit vor dem Objekt; ist das Objekt ein Pronomen, steht das Komplement dahinter.

Subjekt	*Prädikat*					
	Adverbial	**V**	**“过”**	**O(Pr)**	**ZW+ZEW**	**O(N)**
林娜		去	过		两次	上海。
丁力波	今天下午 又	写	过		一遍	课本上的汉字。
我	以前	来	过	这儿	三次。	
王小云	到学院以后	找	过	他	几次？	

Das Komplement der Häufigkeit “一下儿” wird außer zur Angabe der Häufigkeit auch verwendet, um der Aussage einen informellen Ton zu geben oder um auszudrücken, dass eine Handlung nur kurz andauert (siehe Anmerkung 1 in Lektion 7). Zum Beispiel: 介绍一下儿, 等一下儿.

3. 虽然…但是/可是… Die Konstruktion “虽然…但是/可是…”

“虽然…但是/可是…”, (zwar... aber...) verbindet zwei gegensätzliche Aussagen. “虽然” kann vor oder hinter dem Subjekt des ersten Teilsatzes stehen. “但是” (oder “可是”) hingegen steht immer am Anfang des zweiten Teilsatzes. Zum Beispiel:

虽然他从来没有看过这部小说，但是他很早就听说过。

我虽然喜欢西方的油画，可是不会画油画。

“虽然” kann auch ausgelassen werden. Zum Beispiel:

他（虽然）学汉语的时间不长，但是学得很好。

六. 汉字 Chinesische Schriftzeichen

1. 汉字的构字法(8) Bildungsprinzipien von chinesischen Schriftzeichen (8)

Bildung von Phonoideogrammen (4): Die bedeutungstragende Komponente steht unten, die lauttragende oben. Zum Beispiel: 帮, 婆, 华, 照, 您, 愿.

2. 认写基本汉字 Basisschriftzeichen

(1) 旦 丨 冂 冃 日 旦

dàn Tagesanbruch 5 Striche

(2) 戉 一 𠂆 戈 戊 戉

yuè Streitaxt im alten China 5 Striche

3. 认写课文中的汉字 Schriftzeichen aus den Lektionstexten

(1) 越剧 yuèjù （越劇）

越 → 走 + 戉　　12 Striche

(2) 虽然 suīrán (雖然)

虽 → 口 + 虫　　9 Striche

(3) 但是 dànshì

但 → 亻 + 旦　　7 Striche

(4) 剧团 jùtuán (劇團)

团 → 囗 + 才　　6 Striche

(5) 地方戏 dìfāngxì (地方戲)

戏 → 又 + 戈　　6 Striche

(6) 遍 biàn

遍 → 户 + 冊 + 辶　　12 Striche

(7) 部 bù

部 → 立 + 口 + 阝　　10 Striche

(8) 爱情 àiqíng (愛情)

情 → 忄 + 青　　11 Striche

(9) 故事 gùshi

故 → 古 + 攵　　9 Striche

(10) 座位 zuòwèi

座 → 广 + 坐　　10 Striche

(11)《红楼梦》Hónglóu Mèng（紅樓夢）

梦 → 林 + 夕　　11 Striche

(12) 主角 zhǔjué

角 → ⺈ + 用　　7 Striche

(13) 特别 tèbié

特 → 牜 + 土 + 寸　　10 Striche

(14) 优美 yōuměi（優美）

优 → 亻 + 尤　　6 Striche

(15) 风格 fēnggé（風格）

格 → 木 + 夂 + 口　　10 Striche

(16) 种类 zhǒnglèi（種類）

种 → 禾 + 中　　9 Striche

类 → 米 + 大　　9 Striche

(17) 访问 fǎngwèn（訪問）

访 → 讠 + 方　　6 Striche

(18) 难 nán（難）

难 → 又 + 隹　　10 Striche

文化知识 Kulturnotizen

Klassische chinesische Dichtung und Prosa

Die chinesische Literatur kann auf eben eine so lange Geschichte wie die griechische, arabische und Sanskrit-Literatur zurückblicken. In der klassischen Literatur ist die Gattung Lyrik am entwickeltsten. Die älteste Sammlung chinesischer Dichtung, das *Buch der Lieder*, enthält 305 Gedichte, die zwischen dem 11. Jahrhundert v.u.Z. und dem 6. Jahrhundert v.u.Z. entstanden sind. In der Tang- und Song-Zeit erreichte die Dichtkunst ihre Blüte. Die Lyrik von Qu Yuan, Li Bai, Du Fu, Bai Juyi und Su Shi zählt zu den größten Errungenschaften dieser Gattung.

Die chinesische Prosa hat ebenfalls eine sehr lange Geschichte. Die frühesten Prosastücke sind historische Aufzeichnungen aus dem 11. Jahrhundert v.u.Z. Es folgten eine Vielzahl von Prosatexten der verschiedenen philosophischen Schulen. Während der Tang und Song wie auch in den Ming und Qing Dynastien entstand eine Vielzahl hervorragender Prosatexte.

Romane, vor allem solche, deren Autoren bekannt sind, entstanden relativ spät. Die vier bekanntesten klassischen chinesischen Roman sind *Die Geschichte der Drei Reiche*, *Die Reise nach dem Westen*, *Die Räuber vom Liangshan-Moor* und *Der Traum der roten Kammer*.

Die Pekinger besteigen gern die Große Mauer. Ding Libo und seine Freunde fahren noch einmal vor Ferienbeginn zusammen mit ihrer Lehrerin Frau Chen zur Großen Mauer. Sie werden mit ihnen zusammen den Ausflug zur Großen Mauer machen und dabei lernen, Pläne zu besprechen, Vorschläge zu machen, über die Landschaft und das Wetter zu sprechen.

第二十三课 Lektion 23

我们爬上长城来了

一. 课文 Text

(一)

陈老师：要放假了，同学们有什么打算？

林　娜：有的同学去旅行，有的同学回家。

【谈计划】
über Pläne sprechen

陈老师：小云，你呢？

王小云：我打算先去泰山，再回家看我爸爸妈妈。[1] 林娜，你去过泰山没有？

林　娜：泰山我去过一次了。这次我想去海南岛旅行。

王小云：你跟宋华一起去吧？

林　娜：是啊，去海南岛旅行就是他提出来的。②

王小云：你们坐飞机去还是坐火车去？

林　娜：坐飞机去。机票已经买好了。③ 力波呢？去不去泰山？

王小云：去。他说他要从山下爬上去，再从山顶走下来。他还说，先爬泰山，再去参观孔子教书的地方。④

林　娜：对了，大为想去哪儿？⑤

王小云：小燕子建议大为也去海南岛。她说现在那儿天气好，气温合适，能去游泳，还可以看优美的景色。现在北京是冬天，可是在海南岛还可以过夏天的生活，多有意思啊！⑥

林　娜：小燕子是导游小姐，旅行的事儿她知道得很多，应该听她的。大为可以跟我们一起去。

王小云：大为还建议放假以前咱们一起去长城。陈老师，您能不能跟我们一起去？

陈老师：行。我很愿意跟你们一起去爬一次长城。

生词 Neue Vokabeln

1. 爬	V	pá	besteigen, klettern auf 爬上来，爬上去，爬一次
2. 放假	VO	fàngjià	Urlaub / Ferien haben 要放假了，开始放假，放假的时候，放假以前，放假以后
假	N	jià	Ferien, Urlaub 请假
3. 打算	N/V	dǎsuan	Plan; vorhaben 我的打算，放假的打算，有什么打算，打算去看越剧，打算去旅行
4. 提	V	tí	etw. vorbringen 提出，提出来，提问题
5. 飞机	N	fēijī	Flugzeug 坐飞机，开飞机，上飞机，下飞机
飞	V	fēi	fliegen 飞到北京，飞回加拿大
机	N	jī	Flugzeug, Maschine
6. 山	N	shān	Berg 高山，山上，山下，山里，爬山，爬上山来，爬上山去
7. 顶	N	dǐng	Spitze 山顶，楼顶，头顶
8. 教书	VO	jiāoshū	lehren
9. 建议	V/N	jiànyì	vorschlagen; Vorschlag 建议去爬山，建议坐飞机，提建议，有一个建议
10. 气温	N	qìwēn	Lufttemperatur 气温合适，气温不太高，气温这么高，气温怎么样，今天的气温，北京的气温
11. 景色	N	jǐngsè	Landschaft, Szenerie 优美的景色，山顶的景色，看景色
景	N	jǐng	Landschaft 美景，全景，远景
色	N	sè	Aussehen, Anblick
*12. 游泳	V	yóuyǒng	schwimmen 去游泳，打算游泳，建议游泳，游泳队，游泳教练

13. 冬天	N	dōngtiān	Winter 在冬天,冬天的气温,冬天的景色,冬天的时候
14. 夏天	N	xiàtiān	Sommer 喜欢夏天,夏天的生活,夏天的天气,夏天的衣服
15. 导游	N	dǎoyóu	Reiseführer (-in) 导游小姐,导游先生,一位导游,女导游,男导游
导	V	dǎo	jn. leiten, führen
游	V	yóu	reisen
*16. 行	V	xíng	in Ordnung sein
17. 长城	EN	Chángchéng	Große Mauer 爬长城,看长城,参观长城,爬一次长城
18. 泰山	EN	Tàishān	Taishan (ein Berg) 爬泰山,画泰山,去泰山,爬上泰山去
19. 海南岛	EN	Hǎinán Dǎo	Insel Hainan 去海南岛旅行,海南岛的景色
20. 孔子	EN	Kǒngzǐ	Konfuzius
21. 小燕子	EN	Xiǎo Yànzi	(Name einer chinesischen Reiseführerin)

(二)

Lehrer Chen, Lin Na, ihr schafft das. Kommt schnell hoch.

王小云：陈老师、林娜，加油！快上来！

Was ist mit Libo & Dawei?

陈老师：力波、大为他们呢？⑦

Sie sind bereits hochgelaufen/geklettert

王小云：他们已经爬上去了。咱们也快要到山顶了。

Wir werden auch gleich am Gipfel ankommen.

陈老师：别着急。我觉得有点儿累，林娜也累了，咱们就坐下来休息一会儿吧。[8] 先喝点儿水再往上爬。

林　娜：这儿的景色多美啊！长城好像一条龙。[9] 看，下边都是山，火车从山里开出来了。我要多拍些照片寄回家去。

王小云：你来过这儿吗？

林　娜：来过。是秋天来的。那时候长城的景色跟现在很不一样。

王小云：是啊。现在是冬天，今天还是阴天，要下雪了。

林　娜：在长城上看下雪，太美了。

【谈天气】
über das Wetter sprechen

陈老师：今天这儿的气温是零下十度。可是你们知道吗？广州今天是零上二十度。

林　娜：中国真大。北方还是这么冷的冬天，可是春天已经到了南方。你们看，力波怎么走下来了？

丁力波：喂，你们怎么还没上来？要帮忙吗？[10]

ˊˋ ˇˊˋˇ ˇ ˋˇˊˋ ˊˇˉ ˊˉ ˇ

王小云：不用。你不用跑过来，我们自己能上去。陈老师，您休息好了吗？

ˉ ˇ ˇˊ ˇˉˇˋ

陈老师：休息好了。小云，你帮我站起来……

ˋ ˇ ˊˋˊˊ

林　娜：啊！我们爬上长城来了！

生词 Neue Vokabeln

1. 加油	VO	jiāyóu	größere Anstrengungen machen; jn. anfeuern 给我们加油，给男同学加油
加	V	jiā	etw. hinzufügen; etw. vermehren
2. 累	Adj	lèi	müde (sein) 有点儿累，特别累，这么累，从来不累，觉得很累
3. 条	ZEW	tiáo	Streifen (*Zähleinheitswort* für Flüsse, Drachen, Hosen usw.) 一条狗
4. 龙	N	lóng	Drache 一条龙，好像龙，画龙，龙的故事
5. 拍	V	pāi	(mit der Handfläche auf etw.) schlagen; fotografieren 拍照片，拍一张照片，拍山顶的景色，给他们拍照片
6. 秋天	N	qiūtiān	Herbst 在秋天，喜欢秋天，北京的秋天，秋天的天气
7. 阴天	N	yīntiān	bedeckt 今天阴天，阴天的时候
8. 下雪	VO	xià xuě	schneien 要下雪了，可能下雪，下雪的天气
雪	N	xuě	Schnee 雪人，雪景，一场大雪
9. 零(下)	N	líng(xià)	Null (unter Null)
10. 度	ZEW	dù	Grad (*Zähleinheitswort* für Temperaturangaben) 十度，零下五度，气温是多少度
11. 北方	N	běifāng	der Norden 在北方，到北方，北方人，北方话
12. 春天	N	chūntiān	Frühling 春天到了，春天的时候，南方的春天，春天的气温

13. 帮忙	VO	bāngmáng	jm. helfen 要帮忙,不用帮忙,请帮(个)忙,常常帮忙
帮	V	bāng	jm. helfen, unterstützen 请帮我一下,帮同学
14. 站	V	zhàn	stehen
15. 起	V	qǐ	aufstehen, sich erheben 起来,起床,站起来,坐起来
16. 广州	EN	Guǎngzhōu	Guangzhou, Kanton

补充生词 Zusätzliche Vokabeln

1. 天气预报	N	tiānqì yùbào	Wetterbericht, Wettervorhersage
2. 晴天	N	qíngtiān	sonnig, Sonnentag
3. 中国民航	EN	Zhōngguó Mínháng	Generalverwaltung der Chinesischen Zivilluftfahrt (CAAC)
4. 起飞	V	qǐfēi	abfliegen, starten
5. 停车场	N	tíngchēchǎng	Parkplatz
6. 菜单	N	càidān	Speisekarte
7. 渴	Adj	kě	durstig
8. 熊	N	xióng	Bär
9. 害怕	V	hàipà	Angst haben, sich fürchten
10. 棵	ZEW	kē	(*Zähleinheitswort* für Bäume, Pflanzen)
11. 树	N	shù	Baum
12. 死	V	sǐ	sterben
13. 装	V	zhuāng	etw. vorgeben, simulieren
14. 动	V	dòng	bewegen
15. 危险	Adj	wēixiǎn	gefährlich

二、注释 Anmerkungen

① 我打算先去泰山,再回家看我爸爸妈妈。

"Ich habe vor, zuerst zum Taishan zu fahren und dann nach Hause, um meine Eltern zu besuchen."

Der Taishan ist ein berühmter Berg in der Provinz Shandong. Er ist eine der großen Touristenattraktionen in China. Er ist auch als "östlicher" der fünf berühmten Berge Chinas bekannt.

② 是啊，去海南岛旅行就是他提出来的。

"Stimmt, es war seine Idee auf die Insel Hainan zu fahren."

Die Insel Hainan gehört zur Provinz Hainan. Die tropische Landschaft zieht viele Touristen an.

③ 他还说，先爬泰山，再去参观孔子教书的地方。

"Außerdem hat er gesagt, dass wir zuerst den Taishan besteigen und dann den Ort besichtigen, an dem Konfuzius gelehrt hat."

Konfuzius ist ein berühmter Denker und Erzieher der Frühlings- und Herbstperiode. Er gilt als Begründer des Konfuzianismus. Seine Philosophie und sein Denken haben Generationen von Chinesen beeinflusst.

④ 对了，大为想去哪儿？

"Übrigens, wohin möchte Dawei fahren?"

"对了" wird verwendet, um etwas in einem Gespräch zu ergänzen oder das Thema zu wechseln. In der Regel wird es verwendet, um anzuzeigen, dass dem Sprecher gerade etwas eingefallen ist oder dass er seine Aussage ergänzen oder korrigieren möchte.

Zum Beispiel:

对了，你刚才说你想买什么？

对了，他是昨天上午来的，不是昨天下午来的。

⑤ 多有意思啊！

"Wie interessant!"

"多+Adj/V+啊！" wird ist Ausrufesätzen verwendet, die ein starkes Gefühl zum Ausdruck bringen. Das Adverb "多" steht dabei als Adverbial vor Adjektiven oder bestimmten Verben. Die Modalpartikel "啊" steht meist am Satzende. Zum Beispiel:

她的汉字写得多漂亮啊！

《红楼梦》这部小说多感人啊！

我多喜欢长城的景色啊!

Die Konstruktion "太…了", die Sie bereits kennen, steht ebenfalls in Ausrufesätzen.

⑥ 力波、大为他们呢?

"Wo sind Libo und Dawei?"

"力波、大为" ist Apposition zu "他们". Die Apposition "力波、大为" beschreibt das Beziehungswort "他们" näher. Zum Beispiel: 小云她们,我们大家. "张介元教授","王经理" sind ebenfalls Appositionen.

⑦ 我觉得有点儿累,林娜也累了,咱们就坐下来休息一会儿吧。

"Ich bin ein bisschen müde. Lin Na ist auch müde. Lasst uns uns setzen und eine Weile Pause machen."

Das Adverb "就" (3) knüpft an das vorher Gesagte an und bringt eine Schlussfolgerung zum Ausdruck. Zum Beispiel:

爬上山以后,他们都觉得有点儿累,就坐下来休息。

王贵觉得很不好意思,就问张才:"刚才它跟你说什么了?"

⑧ 长城好像一条龙。

"Die Große Mauer sieht wie ein Drache aus."

Der Drache ist ein übernatürliches Geschöpf in der chinesischen Mythologie. Er hat einen langen Körper, Schuppen, Hörner und Füße. Er kann gehen, fliegen und schwimmen, die Wolken und Regen befehlen. Mit dem Ende der feudalen Periode war der Drache nicht länger das Symbol des Kaisers. Trotzdem sehen sich alle Chinesen weltweit weiterhin als "Nachkommen des Drachen". Überall in China findet man Drachendarstellungen und Einflüsse der "Drachenkultur".

⑨ 喂,你们怎么还没上来?要帮忙吗?

"Hallo, warum seid ihr noch nicht hochgekommen? Braucht ihr Hilfe?"

Achten Sie auf den Unterschied zwischen "帮忙" und "帮助". Hinter dem Verb "帮助" kann ein Objekt stehen (zum Beispiel: 帮助我,帮助他们). Hinter "帮忙" hingegen kann kein Objekt stehen. Es muss zum Beispiel heißen "要帮忙","来帮忙" und nicht ⊗ "帮忙我".

三. 练习与运用 Übungen und Anwendung

Schlüsselsätze

1. 要放假了。 x2
2. 咱们也快要到山顶了。
3. 我们爬上长城来了。
4. 他说他要从山下爬上去,再从山顶走下来。
5. 我要多拍些照片寄回家去。
6. 这儿的景色多美啊!
7. 机票已经买好了。
8. 我觉得有点儿累,林娜也累了,咱们就坐下来休息一会儿吧。

1. 熟读下列短语 Lesen Sie die folgenden Wortgruppen und prägen Sie sie sich ein

(1) 有一个打算　有什么打算　说说你的打算
打算拍照片　打算游泳　打算爬山　打算去长城　打算踢足球
打算锻炼身体

(2) 建议去打工　建议多练习　建议听音乐会　建议访问老演员
建议去看越剧
提建议　有一个建议　好建议　新建议　合适的建议

(3) 写好汉字　画好画儿　复习好课文　做好练习　拍好照片
化好妆　填好表　办好借书证　借好书　打好电话
买好衣服　换好钱　租好房子

(4) 多好啊　多漂亮啊　多流利啊　多帅啊　多便宜啊　多合适啊
多热啊　多高啊　多远啊　多优美啊　多难啊　多累啊
多高兴啊　多可爱啊　多感人啊　多容易啊

(5) 林娜她们　陈老师他们　爸爸妈妈他们　姐姐她们

(6) 要开学了　要复习了　要考试了　要放假了　要过圣诞节了
快要上课了　快要开始了　快要开门了　快要爬上山顶了
快要到广州了

(7) 爬上来 走上去 坐下来 送下去 提出来 开出去 拐过来
游过去 站起来 爬上长城来 走下楼去 跑回学院来
寄回家去 提出问题来 送出国去

(8) 西安我去过 电影票买好了 太极拳学过 汉字写过一遍
生词念过两遍

2. 句型替换 Substitutionsübungen

(1) 现在几点？
七点五十。
要上课了，快走吧。
等一下儿，我就来。

8:45	出发
9:10	上车
11:55	吃饭
4:20	去游泳
3:25	踢足球
5:12	拍照片

(2) 他们快要去泰山了吧？
他们明天就要去泰山了。
他们去过泰山没有？
他们没有去过。

来北京	下星期
去访问广州	下个月
来参观花园小区	星期五
到山顶	一会儿

(3) 谁从长城上 走下来了？
大为他们从长城上走下来了。

山下	爬上来
楼里	走出来
外边	走进来
前边	跑过来

(4) 宋华他们呢？
他们爬上 山去了。

陈老师	走进	饭馆
你朋友	跑下	楼
你同学	住进	宿舍楼
你外婆	走回	家

(5) 他从邮局 寄出 一些照片去了吗？
他没有从邮局寄出一些照片去。

商场	买回	两件旗袍来
右边	踢进	一个球去
海关	取回	一个包裹来
老师那儿	拿回	本子去
楼下	拿上	一些书来
外边	带回	烤鸭来

(6) 机票已经买好了吗？
还没有买好呢。
买机票多难啊！

课文	复习	不容易
客厅	打扫	累
文章	写	难
饭	做	累

(7) 圣诞节 过得怎么样？
圣诞节过得很好。

那部小说	写	很感人
这部电影	拍	特别糟
衣服	洗	马马虎虎
那部乐曲	演奏	很优美
那条龙	画	很可爱

(8) 旅行的事儿她知道得多不多？
旅行的事儿她知道得不多。

汉语语法	考	好
生活口语	说	流利
学过的汉字	写	漂亮
老师的问题	回答	快
这一课的生词	用	对

3. 课堂活动 Aktivitäten im Seminarraum

Unterhalten Sie sich mit einem Kommilitonen. A hat vor, etwas zu tun, B sagt, warum das nicht geht und verwendet dabei “可是要…了”. Zum Beispiel:

A：我打算从现在开始在系办公室打工。

B：可是要放假了。

4. 会话练习 Dialogübungen

[谈计划 Über Pläne sprechen]

(1) A：快要放假了，你有什么打算？

B：我打算＿＿＿＿＿＿＿＿＿＿＿＿＿＿。你呢？

A：去年我去过一次上海，今年我想先＿＿＿＿＿＿，再＿＿＿＿＿＿。

B：你打算在家里住多长时间？

A：我想住十天。

(2) A：要开学了！

B：是啊。＿＿＿＿＿＿＿＿＿＿＿？

A：上次我的汉语语法考得糟糕极了，我打算用一个星期的时间先复习一下。

B：你打算怎么复习？

A：我去图书馆借了＿＿＿＿＿＿＿＿，我想在这个星期看一遍。

B：要我帮忙吗？

A：你能帮助我当然好极了。

[提建议 Vorschläge machen]

(1) A：你要提高汉语水平，我有一个好建议。

B：什么好建议？快说说。

A：我建议你放假的时候到北京去旅行一次，在那儿学习一个月汉语。

B：＿＿＿＿＿＿＿＿＿＿＿＿＿＿＿＿＿＿。

(2) A：新年你打算去哪儿？

B：我还没有想好呢。你帮我提提建议吧。

A：我打算去广州旅行，看看那儿的花儿。我建议你也＿＿＿＿＿＿。

B：太好了！咱们一起去吧！我特别喜欢花儿。

[谈天气 Über das Wetter sprechen]

(1) A：今天多冷啊，你听天气预报(tiānqì yùbào)了没有？

B：＿＿＿＿＿＿＿＿，天气预报说今天是阴天，中午以后还要下雪。

A：气温是多少？

B：气温是零下十二度。这儿的冬天你习惯吗？

A：这么冷，我有点儿不习惯，可是我很想看下雪的景色。

(2) A：今年夏天太热了！我每天都得去游泳。

B：是啊。我听说今年夏天的气温比去年高多了。

A：明天天气怎么样？

B：天气预报说明天上午是晴天(qíngtiān)，可是下午是阴天。

A：太好了，阴天气温不会这么高了吧？

[买飞机票 Flugtickets kaufen]

A：先生，我要买两张去海南岛的飞机票。

B：您要哪一天的？

A：我要十二月十六号中国民航(Zhōngguó Mínháng)628次的，还有票吗？

B：还有。

A：请问飞机什么时候起飞(qǐfēi)？

B：________。

A：谢谢你。

[去饭馆 In ein Restaurant gehen]

(1) A：先生，请等一下儿。车不能开进王府井来。

B：好吧。我们走进去吃一点儿东西，请问停车场(tíngchēchǎng)在哪儿？

A：在东边，车得开过去。

(2) A：您好，两位请到楼上去，楼上有座位。

B：谢谢。大明，你今天累了，快坐下来吧。小姐，有菜单(càidān)吗？

A：有，我给您拿过来。

B：你想吃什么？

C：先来点儿水吧，我渴(kě)极了。

B：好。咱们吃火锅，怎么样？

C：没问题。小姐，我们吃涮羊肉。能不能快点儿？

A：行，一会儿就给您送上来。

5. 看图说话 Beschreiben Sie die Bilder

爬上去

走过来

跑下楼来

寄回英国去

6. 交际练习 Kommunikationsübungen

(1) Bald sind Sommerferien. Sie und Ihre Freunde sprechen über Ihre Pläne für den Sommer.

(2) Machen Sie einem Kommilitonen drei Vorschläge und versuchen Sie ihn zu überzeugen, Ihren Rat zu befolgen.

(3) Sprechen Sie über das Wetter in Ihrer Heimatstadt während der vier Jahreszeiten.

四. 阅读和复述 Lesen und Nacherzählen

大黑熊(xióng)跟你说什么了

很早以前,有两个年轻人,一个叫王贵,一个叫张才。王贵比张才大。因为他们常在一起玩儿,是很好的朋友,大家都说王贵、张才两个人就好像哥哥弟弟一样。

一天,他们上山去玩儿。爬上山以后,他们都觉得有点儿累,就坐下来休息。这时候,他们看见一个大黑熊走过来了。他们都很害怕(hàipà)。旁边有一棵(kē)大树(shù),王贵很快就爬上去了。张才不会爬树,非常着急。可是他听奶奶说过,熊不吃死(sǐ)人,他就装(zhuāng)死人。大黑熊在张才旁边走过来走过去,看他不动(dòng),它想这一定是个死人,就走了。王贵看见大黑熊走远了,就从树上爬下来,张才也站了起来。王贵觉得很不好意思,就问张才:"刚才大黑熊跟你说什么了?"

张才有点儿不高兴,他说:"大黑熊刚才跟我说:年轻人,我告诉你,在危险(wēixiǎn)的时候,就能知道谁是你的真朋友!"

五. 语法 Grammatik

1. 动作即将发生 Eine Handlung, die unmittelbar bevorsteht

"要…了" kennzeichnet eine Handlung oder Situationsänderung, die in Kürze eintreten wird. Vor "要" können "就" oder "快" als Adverbial stehen, um die Unmittelbarkeit zu betonen. Das Subjekt wird in Sätzen dieser Art häufig weggelassen.

要 + **V/Adj** + (**O**) + 了

Subjekt	***Prädikat***				
	Adverbial	**"要"**	**V/Adj**	**(O)**	**"了"**
		要	开学		了。
(天气)		要	热		了。
他们	明天 就	要	去	泰山	了。
我们	快	要	到	山顶	了。

Fragesätze werden in der Regel durch Anfügen der Fragepartikel “吗” gebildet. Eine negative Antwort kann “没有” oder “还没有呢” lauten. Zum Beispiel:

火车要开了吗？

——没有。

我们就要到海南岛了吗？

——还没有呢。

Beachten Sie:

(1) Vor “要…了” oder “就要…了” können Temporalangaben stehen. Zum Beispiel: “他们明天要走了” oder “他们明天就要走了”. Vor “快要…了” hingegen nicht. Man kann also nicht sagen ⊗ “他们明天快要走了”.

(2) “要…了” kann durch “快…了” ersetzt werden, ohne dass sich der Sinn des Satzes ändert. Zum Beispiel: “要放假了” = “快放假了”.

2. 复合趋向补语 Zusammengesetztes Richtungskomplement

Richtungsverben (上，下，进，出，回，过，起), auf die ein einfaches Richtungskomplement (来，去) folgt, können als zusammengesetzte Richtungskomplemente verwendet werden. Diese Richtungskomplemente beschreiben die Richtung, in die die Handlung verläuft, noch genauer. Zum Beispiel:

我从山上跑下去。

他们从外边走进来了。

Häufig gebrauchte zusammengesetzte Richtungskomplemente sind:

	上	下	进	出	回	过	起
来	上来	下来	进来	出来	回来	过来	起来
去	上去	下去	进去	出去	回去	过去	×

Grundbedeutung der zusammengesetzten Richtungskomplemente

上来 —— heraufkommen　　上去—— hinaufgehen

下来 —— herunterkommen　　下去—— hinuntergehen

进来 —— hereinkommen　　进去—— hineingehen

出来 —— herauskommen　　出去—— hinausgehen

回来 —— zurückkommen　　回去—— zurückgehen

过来 —— herüberkommen　　　　过去—— hinübergehen

起来 —— aufstehen　　　　×

Wie beim einfachen Richtungskomplement (Lektion 16) wird die Richtung der Handlung in Bezug auf den Sprecher (oder das Satzthema) durch 来 oder 去 angegeben.

Folgt auf das Verb ein Objekt, das einen Ort bezeichnet, muss das Objekt vor 来 oder 去 stehen. Zum Beispiel:

我们爬上长城来了。

我要多拍些照片寄回家去。

3. 无标志被动句 Logische Passivsätze

In einigen Sätzen ist das Subjekt des Satzes das semantische Objekt der Handlung. Von der Struktur unterscheidet sich ein solcher Satz nicht von einem Aktivsatz, dessen Subjekt Agens ist. Ein logischer Passivsatz wird verwendet, um das Objekt einer Handlung hervorzuheben. Das Subjekt des Satzes ist in der Regel ein bestimmtes Objekt. Zum Beispiel:

越剧票已经买好了。

那部小说看过没有?

饭已经做好了,还没有拿进去。

旅行的事儿她知道得很多。

六. 汉字 Chinesische Schriftzeichen

1. 汉字的构字法 (9) Bildungsprinzipien von chinesischen Schriftzeichen (9)

Bildung von Phonoideogrammen (5): Die bedeutungstragende Komponente steht innen, die lauttragende außen. Zum Beispiel: 问, 闷, 闻. Es gibt nur sehr wenige solcher Zeichen.

2. 认写基本汉字 Basisschriftzeichen

(1) 山 丨 山 山

shān Berg 3 Striche

(2) 飞(飛) 乙 飞 飞

fēi fliegen 3 Striche

(3) 义(義) 丿 乂 义

yì Bedeutung 3 Striche

(4) 龙(龍) 一 ナ 九 龙 龙

lóng Drache 5 Striche

(5) 雨 一 丅 冂 币 币 雨 雨 雨

yǔ Regen 8 Striche

(6) 成 一 厂 万 成 成 成

chéng vollbringen 6 Striche

3. 认写课文中的汉字 Schriftzeichen aus den Lektionstexten

(1) 爬 pá

爬 → 爪 + 巴 8 Striche

叚 jiǎ

(Achten Sie auf den Unterschied zu "段".) 9 Striche

(2) 放假 fàngjià

假 → 亻 + 叚 11 Striche

廾 (suànzìdǐ) 一 ナ 廾 3 Striche

(3) 打算 dǎsuan

算 → ⺮ + 目 + 廾 14 Striche

(4) 顶 dǐng (頂)

顶 → 丁 + 页 8 Striche

(5) 建议 jiànyì (建議)

议 → 讠 + 义 5 Striche

(6) 气温 qìwēn (氣溫)

温 → 氵 + 日 + 皿 12 Striche

(7) 景色 jǐngsè

景 → 日 + 京 12 Striche

(8) 游泳 yóuyǒng

泳 → 氵 + 永 8 Striche

(9) 冬天 dōngtiān

冬 → 夂 + ⺀ 5 Striche

(10) 夏天 xiàtiān

夏 → 一 + 自 + 夊 10 Striche

(11) 导游 dǎoyóu (導遊)

导 → 巳 + 寸 6 Striche

(12) 长城 chángchéng (長城)

城 → 土 + 成 9 Striche

(13) 泰山 Tàishān

泰 → 夫 + 氺 10 Striche

乌(niǎozìtóu) ′ ㄅ 㐅 乌 4 Striche

(14) 海南岛 Hǎinándǎo (海南島)

岛 → 乌 + 山 7 Striche

(15) 孔子 Kǒngzǐ

孔 → 子 + 乚 4 Striche

(16) 小燕子 Xiǎo Yànzi 16 Striche

燕 → 廿 + 口 + 丬 + 匕 + 灬

(In der ursprünglichen Schreibweise des Schriftzeichens "燕" stellt "廿" den Kopf der Schwalbe dar, "口" den Körper , "北" ist durch "口" geteilt und stellt die beiden Flügel dar. Die vier Punkte bilden den Schwanz.)

(17) 累 lèi

累 → 田 + 糸 11 Striche

(18) 条 tiáo (條)

条 → 夂 + 朩 7 Striche

(19) 拍 pāi

拍 → 扌 + 白 8 Striche

(20) 秋天 qiūtiān

秋 → 禾 + 火 9 Striche

(21) 阴天 yīntiān (陰天)

阴 → 阝 + 月 6 Striche

(22) 下雪 xià xuě

雪 → 雨 + ヨ 11 Striche

(23) 零(下) líng(xià)

零 → 雨 + 令 13 Striche

(24) 度 dù

度 → 广 + 廿 + 又 9 Striche

文化知识 Kulturnotizen

Chinas Osten und Westen

China ist ein riesiges Land: Mit einer Fläche von 9,6 Millionen Quadratkilometern ist es hinter Russland und Kanada das drittgrößte Land der Welt.

Chinas Westen liegt höher als der Osten. Mehr als zwei Drittel der Gesamtfläche sind Bergland und weniger als ein Drittel Tiefebenen, die sich hauptsächlich im Osten des Landes befinden.

Die geografischen und klimatischen Bedingungen im Osten des Landes sind vergleichsweise gut. Aus historischen Gründen lebt der Großteil der chinesischen Bevölkerung im Osten. Chinas Landwirtschaft und Industrie, wirtschaftliche und finanzielle Aktivitäten konzentrieren sich in dieser Region. Aus diesem Grund ist der Osten besser als der Westen entwickelt.

China hat mit der Entwicklung der westlichen Regionen begonnen. Mit seiner Größe und Ressourcenvielfalt hat der Westen sehr gute Entwicklungschancen.

Xiaoyun und Libo holen Xiaoyuns Onkel vom Bahnhof ab. Sie erfahren von ihm, dass sich das Leben der Shanghaier Bauern sehr verändert hat. In dieser Lektion lernen Sie, über Situationsveränderungen und Handlungen, die gerade stattfinden, zu sprechen.

第二十四课 Lektion 24

你舅妈也开始用电脑了

一. 课文 Text

(一)

丁力波：小云，火车快到了吧？

王小云：从上海到北京的T23次八点四十分到，① 现在八点半，快到了。

丁力波：你舅舅是农民吗？

王小云：是。他过去是上海郊区的农民，现在当蔬菜公司的经理了。

丁力波：他来过北京吗？

王小云：他来过两次，可是我都不在。上次他来的时候，我正在南方旅行呢。

【谈正在进行的动作】
über eine Handlung sprechen, die gerade stattfindet

丁力波：看，那个人正在问路呢。我们过去看看，那是不是你舅舅。

王小云：好像是吧。我十年以前见过他，这十年变化很大。不但他不认识我了，而且我也可能不认识他了。

丁力波：可不。[2] 那时候你还是个小孩，现在是大姑娘了。

王小云：是啊，我舅舅也老了。那个人在看地图吗？

丁力波：他没在看地图，他好像在看照片。他向我们走过来了。[3]

王小云：他很像我舅舅。不错，是我舅舅。舅舅，您好！

舅　舅：小云！十年不见，你是大学生了。你今年上几年级了？

王小云：上大学三年级了。

【谈变化】
über Veränderungen sprechen

舅　舅：有男朋友了吗？[4]

王小云：舅舅，这是我同学丁力波。他是加拿大留学生。

丁力波：您好，路上辛苦了。⑤ 快要下雨了，请上车吧！

生词 Neue Vokabeln

1. 舅妈	N	jiùmā	Tante (Ehefrau des Bruders der Mutter) 你舅妈，舅妈家，有舅妈，叫舅妈
2. 舅舅	N	jiùjiu	Onkel (Bruder der Mutter) 你舅舅，是我舅舅，等舅舅，有两个舅舅
3. 农民	N	nóngmín	Bauer 郊区的农民，一个农民
4. 当	V	dāng	tätig sein als, arbeiten als 当经理，当老师，当农民，当导游，当演员，当教练，当售货员，当司机，当教授，当医生
5. 蔬菜	N	shūcài	Gemüse 蔬菜公司，一些蔬菜，买一斤蔬菜，吃一点儿蔬菜
菜	N	cài	Speise; Gericht; Gemüse 吃菜，买菜，做菜
6. 正在	Adv	zhèngzài	gerade (bei ... sein) (zur Kennzeichnung des progressiven Aspekts) 正在南方旅行，正在等舅舅，正在上课，正在考试，正在爬山
在	Adv	zài	(zur Kennzeichnung des progressiven Aspekts) 在访问，在比赛，在化妆，在看照片，在等舅舅
7. 问路	VO	wèn lù	nach dem Weg fragen 正在问路，在问路，去问路，应该问路
8. 变化	N	biànhuà	Veränderung 变化很大，变化不多，有一个小变化
9. 不但	Konj	búdàn	nicht nur
10. 而且	Konj	érqiě	(sondern) auch, zudem
11. 可不	R	kěbù	genau!, eben! (als Bestätigung)
12. 小孩	N	xiǎoháir	Kind 是个小孩，有小孩，要小孩，一个小孩
13. 地图	N	dìtú	Landkarte 看地图，查地图，买地图，一张地图，中国地图
14. 向	Präp	xiàng	in Richtung auf, nach, zu 向我们走过来，向他跑过去，向你问好，向她介绍

15. 像	V	xiàng	jm. /etw. ähneln; etw. sieht nach etw. aus 像我舅舅，很像那部电影的女主角，有点儿像售票员，不太像工作人员
16. 上	V	shàng	(zu einer bestimmten Zeit) bei etw. sein, mit etw. beschäftigt sein 上中学
17. 年级	N	niánjí	Jahrgang 三年级，大学四年级，上一年级，二年级同学
18. 大学	N	dàxué	Universität 上大学，念大学，北京大学，一个大学，有名的大学，大学生活，大学的变化
19. 辛苦	Adj	xīnkǔ	mühsam, strapaziös, beschwerlich 路上辛苦了，特别辛苦，这么辛苦，辛苦极了
20. 下雨	VO	xià yǔ	regnen 要下雨了，可能下雨，下雨的天气
雨	N	yǔ	Regen 一场大雨，下小雨

（二）

王小云：舅妈呢？怎么没有来？她说过要跟您一起来北京。

舅　舅：你舅妈在种温室蔬菜呢。她现在很忙，这次不来了。

王小云：现在你们种蔬菜的收入怎么样？

舅　舅：我们种温室蔬菜，收入比以前好多了。

【谈生活情况】
über Lebensbedingungen sprechen

王小云：家里的生活怎么样？⑥

舅　舅：生活还可以。⑦前年我们盖了一座两层的小楼，去年还买了一辆汽车。现在我们去别的城市也方便了。

丁力波：您的生活水平比城里人的还高。[8]

舅　舅：我们村吃的、穿的、住的都不比城里差。问题是我们农民的文化水平还比城里人的低一些。[9]

王小云：现在农民没有文化真不行。

舅　舅：你说得很对，农民也都要学习新技术。温室蔬菜是用电脑管理的。你舅妈也开始用电脑了。

王小云：今年我一定要去看看你们。

生词 Neue Vokabeln

1. 种	V	zhòng	etw. anbauen, pflanzen 种菜，种蔬菜，种花儿，正在种，打算种，建议种
2. 温室	N	wēnshì	Gewächshaus 温室蔬菜，郊区的温室，种温室蔬菜
温	Adj	wēn	warm 温水
3. 收入	N	shōurù	Einnahmen, Einkünfte 种蔬菜的收入，农民的收入，一些收入，主要收入，别的收入，提高收入
收	V	shōu	bekommen, annehmen
入	V	rù	hineingehen, hereinkommen
4. 前年	N	qiánnián	vorletztes Jahr 前年的收入，前年的生活

5. 盖	V	gài	bauen 盖楼，盖房子，盖温室，盖商店，盖宿舍，盖医院
6. 座	ZEW	zuò	(*Zähleinheitswort* für Berge, Gebäude und ähnliche unbewegliche Objekte) 一座楼，一座山，一座两层的小楼，盖一座大楼
7. 辆	ZEW	liàng	(*Zähleinheitswort* für Fahrzeuge) 一辆车，一辆出租车，一辆公共汽车
8. 城市	N	chéngshì	Stadt 城市的生活，城市里的人，一个大城市
城	N	chéng	Stadt 城里，城外，去城里买东西
9. 方便	Adj	fāngbiàn	praktisch, bequem 很(不)方便，不太方便，方便的时候
10. 村	N	cūn	Dorf 村里，村里的农民，向村里走去
11. 文化	N	wénhuà	Kultur, Bildung 中国文化，民族文化；文化水平，大学文化，有文化，没有文化，学文化
12. 低	Adj	dī	niedrig, tief 水平低，收入低，气温低，房租低
13. 技术	N	jìshù	Technik, Kunst(fertigkeit) 新技术，电脑技术，有技术，要技术，学习技术，发展技术，提高技术水平
14. 管理	V	guǎnlǐ	etw. verwalten, bewirtschaften, managen 用电脑管理，管理大学，管理银行，提高管理水平

补充生词 Zusätzliche Vokabeln

1. 暖和	Adj	nuǎnhuo	warm, mild
2. 凉快	Adj	liángkuai	(angenehm) kühl
3. 机场	N	jīchǎng	Flughafen
4. 接(人)	V	jiē (rén)	jn. abholen
5. 行李	N	xíngli	Gepäck
6. 箱子	N	xiāngzi	Koffer, Kiste, Kasten
7. 一路平安	R	yílù píng'ān	Gute Reise!
8. 停	V	tíng	anhalten; stoppen, aufhören
9. 爱人	N	àiren	Ehemann oder Ehefrau, Ehepartner

10. 士兵	N	shìbīng	Soldat
11. 将军	N	jiāngjūn	General
12. 站岗	VO	zhàngǎng	Wache / Posten stehen
13. 冻	V	dòng	frieren; etw. gefriert
14. 发抖	V	fādǒu	zittern, bibbern; erschauern
15. 生火	VO	shēnghuǒ	Feuer machen
16. 正常	Adj	zhèngcháng	normal, regulär
17. 声	N	shēng	Laut, Ton, Geräusch

二. 注释 Anmerkungen

① 从上海到北京的T23次八点四十分到。

"Der Zug T23 von Shanghai nach Peking kommt um 8:40 an."

In der Konstruktion "从…到…" können auf "从" und "到" Orts- oder Zeitangaben folgen. Zum Beispiel:

从美国到中国很远。

从广州到海南岛不太远。

他从去年9月到今年6月在语言学院学习中国文学。

我每天从下午1点到3点去锻炼身体。

Eine Zugnummer wird im Chinesischen mit "次" hinter dem Zahlwort angegeben. "T" (tè gelesen) steht vor der Zugnummer und verweist auf einen Expresszug ("tèkuài"). Zum Beispiel: T23次, T14次

② 可不。

"Genau! "

"可不" bringt Zustimmung zur Äußerung einer anderen Person zum Ausdruck. Man kann auch "可不是" verwenden. Zum Beispiel:

您有七十岁了吧？

——可不(是)，今年五月就到七十岁了。

③ 他向我们走过来了。

"Er kam auf uns zugelaufen."

Die Präposition “向” bezeichnet die Zielrichtung einer Handlung. Zum Beispiel: 向东看, 向图书馆走去, 向他问好.

④ 有男朋友了吗？

“Hast du einen (festen) Freund?”

Fragt in China eine ältere Person (vor allem ein älteres Familienmitglied) eine jüngere Person nach ihrem Alter, Beruf, Einkommen, Familienverhältnissen und Familienstand ist das ein Ausdruck von Interesse und nicht als Verletzung der Privatsphäre zu verstehen. Deshalb sollten solche Fragen nicht als Tabu betrachtet werden. Natürlich muss man nicht direkt und ausführlich antworten.

⑤ 您好，路上辛苦了。

“Guten Tag, hatten Sie eine gute Reise? (wörtlich: Es war unterwegs sehr beschwerlich.)”

“路上辛苦了” wird verwendet, um jemanden, der von einer Reise zurückkehrt, zu begrüßen und Interesse zum Ausdruck zu bringen. Gleichbedeutende Wendungen sind “一路辛苦”, “一路上一定很辛苦吧？” oder “辛苦了”.

⑥ 家里的生活怎么样？

“Wie sind die Lebensbedingungen zu Hause?”

⑦ 生活还可以。

“Die Lebensbedingungen sind ganz passabel.”

Die Familie von Wang Xiaoyuns Onkel lebt in einem Vorort von Shanghai, einer der wirtschaftlich entwickeltsten Regionen Chinas. Aus diesem Grund ist der Lebensstandard seiner Familie recht hoch. Um bescheiden zu sein, sagte er allerdings “生活还可以”.

⑧ 您的生活水平比城里人的还高。

“Ihr Lebensniveau ist noch höher als das von Städtern.”

Das Adverb “还”(3) im Vergleichssatz betont einen höheren Grad. Zum Beispiel:

今天比昨天还冷。 (Gestern war es schon sehr kalt.)

您的生活水平比城里人的还高。(Der Lebensstandard der Stadtbewohner ist bereits sehr hoch.)

⑨ 问题是我们农民的文化水平还比城里人的低一些。

"Das Problem ist, dass das Bildungsniveau von uns Bauern immer noch um einiges niedriger ist, als das der Städter."

"文化水平" meint hier Bildungsniveau.

三. 练习与运用 Übungen und Anwendung

Schlüsselsätze

XL

1. 我舅舅也老了。
2. 他现在当蔬菜公司的经理了。
3. 你舅妈也开始用电脑了。
4. 你是大学生了，今年上几年级了？
5. 看，那个人正在问路呢。
6. 你舅妈在种温室蔬菜呢。
7. 不但他不认识我了，而且我也可能不认识他了。
8. 从上海到北京的T23次八点四十分到。

1. 熟读下列短语 Lesen Sie die folgenden Wortgruppen und prägen Sie sie sich ein

(1) 当演员　当教授　当售票员　当导游　当画家　当记者　当男主角
当出租车司机　当办公室工作人员　当商场售货员　当公司经理

(2) 从中国到欧洲　从前门到王府井　从花园小区到长安大戏院
从东边到西边　从汉语系到英语系　从山顶到山下　从城里到村里
从阳台到客厅　从银行到邮局
从八点到十点　从上午到下午　从昨天到今天　从圣诞节到新年
从前年到去年　从春天到秋天　从去年冬天到今年夏天　从早到晚

(3) 向他走过去　向我们跑过来　向山顶爬去　向他学习　向她介绍

(4) 老了　热了　高了　难了　累了　低了　对了　合适了　便宜了
上四年级了　上大学了　当教授了　租新房子了
是大学生了　是蔬菜公司经理了　是越剧团演员了
是有名的画家了　是足球队教练了

有女朋友了　有孙女儿了　有小孩了　有变化了　有电脑课了

(5) 在说　在想　在用　在喝　在找　在查词典　在看地图　在打电话　在打扫房子　在买东西

正在听　正在唱　正在演　正在办　正在等人　正在练习汉字

在写呢　在画呢　在游泳呢　在上课呢　在问路呢　在爬山呢

正在念呢　正在睡觉呢　正在填表呢　正在寄包裹呢

正在种蔬菜呢　正在拍照片呢

(6) 不但旧而且脏　不但对而且快　不但感人而且优美　不但年轻而且漂亮

不但喜欢音乐，而且喜欢美术　不但学习汉语，而且学习中国文化

不但盖了新楼，而且买了汽车　不但种温室蔬菜，而且用电脑管理

2. 句型替换 Substitutionsübungen

(1) 现在是冬天了。

是啊，天气冷了。

春天	暖和(nuǎnhuo)
夏天	热
秋天	凉快(liángkuai)
十月	很舒服

(2) 已经两点了，怎么还不开始呢？

我们在等小燕子呢。

她有事儿，今天不来了。

出发	病了	去
开车	有点儿累	去参观
比赛	去郊区了	能来参加

(3) 他正在做什么？

他正在种蔬菜。

他跟谁一起种蔬菜？

他跟村里的农民一起种蔬菜。

看电视	他朋友
看球赛	他同学
听音乐	他舅舅
游泳	教练
拍照片	导游

(4) 他们在唱歌吗？

他们没在唱歌，他们在唱京剧呢。

(没有，他们唱京剧呢。)

比赛	练习
参观	工作
复习	写汉字
散步	打太极拳

(5) 他们正在哪儿盖楼呢？
他们正在城里盖楼呢。
你去过他们那儿吗？
我没有去过。

吃饭	饭馆里	那个饭馆
访问	村里	他们村
玩儿	花园里	那个花园
演奏	戏院里	那个戏院

(6) 你给她打电话的时候，她正在做什么呢？
我给她打电话的时候，她正在看地图呢。

去看她	睡觉
找车站	问路
到她家	给朋友写信
走进办公室	用电脑

(7) 你们下午从几点到几点上课？
我们从两点到四点上课。

办公	1:30	5:30
锻炼	4:00	6:00
参观	1:00	5:00
赛球	3:45	6:00

(8) 你弟弟上几年级了？
他上二年级了。
他学习好吗？
他不但学习好，而且身体也很好。

会打太极拳	会游泳
喜欢看电影	喜欢看戏
学习汉语	学习中国文化
常常踢足球	参加足球赛

3. 课堂活动 Aktivitäten im Seminarraum

A stellt B eine Frage, B antwortet, dann stellt B C eine Frage und C antwortet ....

(1) T23次是从哪儿到哪儿的火车？
(2) 火车快到了吗？
(3) 小云的舅舅是上海人吗？
(4) 他现在是种蔬菜的农民吗？
(5) 他来过北京吗？
(6) 那个中年人正在做什么？

(7) 小云什么时候见过舅舅？
(8) 舅舅还认识小云吗？小云呢？
(9) 舅舅有什么变化？
(10) 那个中年人在看地图吗？
(11) 小云今年上大学几年级了？
(12) 小云的舅妈来北京了吗？
(13) 她在做什么？
(14) 现在舅舅他们种蔬菜的收入怎么样？
(15) 舅舅家里的生活怎么样？
(16) 现在的温室蔬菜是用什么管理的？
(17) 舅妈有什么变化？
(18) (问你同学)你今年上几年级了？

4. 会话练习 Dialogübungen

[接人和送行 Jemanden abholen und verabschieden]

(1) A：请问，从北京来的飞机到了没有？
B：快要到了，还有__________分钟。
A：谢谢。

A：啊，张先生，您来了。
C：你好！谢谢你来机场(jīchǎng)接(jiē)我。
A：别客气，张先生。您的行李(xíngli)都到了吗？
C：两个箱子(xiāngzi)都到了。
A：您在这儿等一等，我去要出租车。
C：____________________。

(2) A：雨平，我在这儿呢！
B：小白！怎么样？路上辛苦吧？
A：还可以。你等了很长时间了吧？
B：可不，火车晚了半个小时。
A：我也非常着急，想早点儿到北京。
B：来，把箱子给我，我帮你拿。

(3) A：这次在___________的时间太短了，以后我一定再来。

B：我有时间也一定去北京看你。火车六点十分就要开了，上车吧。

A：好，我到了北京就给你打电话。

B：别忘了，我等你的电话。祝你一路平安(yílù píng'ān)！

A：谢谢。_____________！

B：再见！

[谈变化 Über Veränderungen sprechen]

(1) A：糟糕，下雪了。

B：是吗？我们不能去长城了。

A：下雪的时候长城_________________，我们应该去拍些照片。

B：可是外边真冷。

A：可不，到零下十度了。咱们等雪停(tíng)了再去吧。

(2) A：不下雨了吧？

B：还在下呢。但是雨小点儿了。

A：现在已经九点半了，我们该走了。

B：好吧。这儿的冬天真冷。

A：你不习惯吧？

B：开始我觉得太冷，现在已经有点儿习惯了。

[谈生活情况 Über Lebensbedingungen sprechen]

A：王先生，好久不见！还在大学____________吗？

B：我前年就不当老师了，现在开了一家翻译公司。

A：啊，当经理了。收入一定不少吧？

B：还可以。公司跟大学很不一样，我开始不太习惯，现在______了。

A：听说你买了新房子？

B：是去年刚买的，在建国门。有时间你和你爱人(àiren)到我家去坐坐。

A：好，有时间我们一定去。

5. 看图说话 Beschreiben Sie die Bilder

以前他不忙，现在他______。

虽然现在刚到五月，但是天气已经_____。

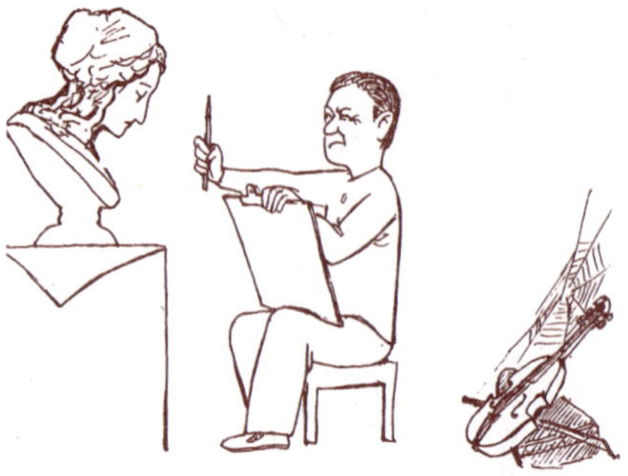

去年他学习音乐，今年他____。

他以前是游泳队队员，可是现在他___。

看

考

6. 交际练习 Kommunikationsübungen

(1) Sie fahren zum Flughafen, um einen Freund zu verabschieden, der in die USA fliegt. Dann eilen Sie zum Bahnhof, um Ihren jüngeren Bruder abzuholen.

(2) Erzählen Sie Ihren Kommilitonen von den Veränderungen, die Sie in den letzten Jahren erlebt haben.

(3) Sprechen Sie über Ihre jetzigen Lebensbedingungen und vergleichen Sie diese mit denen guter Freunde.

四. 阅读和复述 Lesen und Nacherzählen

士兵(shìbīng)和将军(jiāngjūn)的故事

一个冬天的晚上,天气非常冷,不但风很大,而且雪也很大。路上已经没有人了,可是有一个士兵正在外边站岗(zhàngǎng)。从下午到现在他还没有吃一点儿东西。他穿得又很少,胳膊和腿都冻(dòng)得发抖(fādǒu)。

这时候,就在离他不远的客厅里,将军在喝酒呢。桌上有很多吃的、喝的,士兵还给他生了火(shēng le huǒ),客厅里非常暖和。将军喝了很多酒,觉得非常热,有点儿不舒服。他很不高兴,说:"已经十二月了,应该冷了,可是现在还这么热,天气真不正常(zhèngcháng)!"

外边站岗的士兵听到了这些话,就大声(shēng)说:"将军,您那儿的天气不正常,可是我这儿的天气很正常。您喜欢正常的天气,咱们就换一换地方,请您到外边来站一站吧。"

五. 语法 Grammatik

1. 情况的变化(1) Situationsveränderung (1)

Die Partikel "了" ② steht am Ende eines Satzes, um anzuzeigen, dass eine Zustandsänderung oder neue Situation eingetreten ist. Diese Funktion hat "了" häufig in Sätzen mit Adjektivprädikat oder in Sätzen mit den Verben "是" oder "有". Zum Beispiel:

你舅舅也老了。 (以前不老)

现在天气冷了。 (以前不冷)

雪大了。 (以前不大)

你是大学生了。 (以前不是)

我有男朋友了。 (以前没有)

In Sätzen mit Verbalprädikat bestätigt die Partikel "了" ② den Abschluss einer Handlung (siehe Lektion 15). Manchmal kennzeichnet sie aber auch eine Situationsveränderung. Zum Beispiel:

现在他当蔬菜公司的经理了。(以前没当)

你舅妈也开始用电脑了。　(以前没用)

(她)上大学二年级了。　(以前没上)

In Sätzen mit dem Negationsadverb "不" vor dem Verbalprädikat kennzeichnet die Partikel "了" am Satzende ebenfalls eine Veränderung. Zum Beispiel:

她这次不来了。　(以前打算来)

他不认识我了。　(以前认识)

2. 动作的进行 Der progressive Aspekt einer Handlung

Um zu kennzeichnen, dass eine Handlung gerade stattfindet, können die Adverbien "在" oder "正在" vor dem Verb oder die Partikel "呢" am Satzende stehen. "正在" betont, dass eine Handlung zu einem bestimmten Zeitpunkt im Geschehen begriffen ist. "在" oder "正在" können zusammen mit "呢" verwendet werden.

正在 / 在 + V + O + (呢)

Subjekt	***Prädikat***			
	Adv	**V**	**O**	**Pa**
你	在	做	什么?	
我	在	写	汉字。	
力波	(现在) 正在	念	课文。	
林娜她们	正在	看	越剧《红楼梦》	呢。
你舅妈		种	温室蔬菜	呢。

"没有" kann als Negation des progressiven Aspekts verwendet werden. Ebenfalls gebräuchlich sind "没有 + V" oder "没(有) + V". Zum Beispiel:

他在看地图吗?

——没有,他在看照片。

——没有。

——他没在看地图,他在看照片。

——他没(有)看地图,他在看照片。

Eine Handlung kann in der Gegenwart, Vergangenheit und Zukunft im Geschehen begriffen sein. Zum Beispiel:

小云,你在写什么呢? 我在写文章呢。　(Gegenwart)

昨天下午他给我打电话的时候,我正在看报。　(Vergangenheit)

下星期六晚上你去找他的时候，他一定在复习语法呢。 (Zukunft)

3. 不但…而且… Die Konstruktion “不但…而且…”

Die Konstruktion “不但…而且…” wird in komplexen Sätzen verwendet. Haben die beiden Teilsätze dasselbe Subjekt (es steht in der Regel im ersten Teilsatz), steht “不但” normalerweise hinter dem Subjekt. Haben die Teilsätze unterschiedliche Subjekte, stehen “不但” und “而且” jeweils vor den Subjekten. Zum Beispiel:

张教授不但是我的汉语老师，而且也是我的中国朋友。

我们不但盖了一座小楼，而且还买了一辆汽车。

不但他不认识我了，而且我也可能不认识他了。

不但中国人喜欢《红楼梦》，而且外国人也很喜欢这部小说。

Im zweiten Teilsatz wird “而且” häufig zusammen mit dem Adverb “也” oder “还” verwendet.

六. 汉字 Chinesische Schriftzeichen

1. 汉字的构字法(10) Bildungsprinzipien von chinesischen Schriftzeichen (10)

Bildung von Phonoideogrammen (6): Die bedeutungstragende Komponente umschließt die lauttragende ganz oder teilweise. Zum Beispiel: 园, 房, 府, 厅, 进, 历, 座, 裹.

2. 认写基本汉字 Basisschriftzeichen

(1) 农 (農) 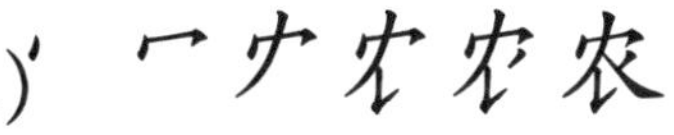

nóng Landwirtschaft 6 Striche

(2) 而 

ér und; aber 6 Striche

(3) 入 

rù hineingehen, –kommen 2 Striche

(Beachten Sie den Unterschied zwischen “入” und “人”)

3. 认写课文中的汉字 Schriftzeichen aus den Lektionstexten

臼 ノ 亻 𠂆 𦥑 𦥑 臼
jiù — 6 Striche

(1) 舅妈 jiùmā (舅媽)

舅 → 臼 + 男 — 13 Striche

𤴔 (shūzìpáng) ㇇ + 止 — 5 Striche

(2) 蔬菜 shūcài

蔬 → 艹 + 𤴔 + 㐬 — 15 Striche

菜 → 艹 + 采 — 11 Striche

亦 (biànzìtóu) 丶 亠 亣 亣 亦 亦 — 6 Striche

(3) 变化 biànhuà (變化)

变 → 亦 + 又 — 8 Striche

(4) 小孩 xiǎoháir

孩 → 子 + 亥 — 9 Striche

(5) 向 xiàng

向 → 丿 + 冋 — 6 Striche

(6) 年级 niánjí (年級)

级 → 纟 + 及 — 6 Striche

(7) 辛苦 xīnkǔ

辛 → 立 + 十 — 7 Striche

苦 → 艹 + 古 — 8 Striche

(8) 收入 shōurù

收 → 丩 + 攵 — 6 Striche

(9) 盖 gài (蓋)

盖 → 𦍌 + 皿　　11 Striche

(10) 辆 liàng (輛)

辆 → 车 + 两　　11 Striche

(11) 城市 chéngshì

市 → 亠 + 巾　　5 Striche

(12) 村 cūn

村 → 木 + 寸　　7 Striche

氐 ㇒ 𠂆 𠂉 氏 氐

dī　　5 Striche

(13) 低 dī

低 → 亻 + 氐　　7 Striche

(14) 技术 jìshù (技術)

技 → 扌 + 十 + 又　　7 Striche

(15) 管理 guǎnlǐ

管 → ⺮ + 官　　14 Striche

文化知识 Kulturnotizen

Die administrative Gliederung Chinas

Einteilung	Ortsbezeichnung	Abkürzung	Hauptstadt	Einteilung	Ortsbezeichnung	Abkürzung	Hauptstadt
Regierungsunmittelbare Stadt	北京市 Běijīng Shì	京 Jīng	北京 Běijīng	Provinz	湖南省 Húnán Shěng	湘 Xiāng	长沙 Chángshā
	上海市 Shànghǎi Shì	沪 Hù	上海 Shànghǎi		广东省 Guǎngdōng Shěng	粤 Yuè	广州 Guǎngzhōu
	天津市 Tiānjīn Shì	津 Jīn	天津 Tiānjīn		海南省 Hǎinán Shěng	琼 Qióng	海口 Hǎikǒu
	重庆市 Chóngqìng Shì	渝 Yú	重庆 Chóngqìng		四川省 Sìchuān Shěng	川 Chuān	成都 Chéngdū
Provinz	河北省 Héběi Shěng	冀 Jì	石家庄 Shíjiāzhuāng		贵州省 GuìzhōuShěng	黔 Qián	贵阳 Guìyáng
	山西省 ShānxīShěng	晋 Jìn	太原 Tàiyuán		云南省 Yúnnán Shěng	滇 Diān	昆明 Kūnmíng
	辽宁省 Liáoníng Shěng	辽 Liáo	沈阳 Shěnyáng		陕西省 Shǎnxī Shěng	陕 Shǎn	西安 Xī'ān
	吉林省 Jílín Shěng	吉 Jí	长春 Chángchūn		甘肃省 Gānsù Shěng	甘 Gān	兰州 Lánzhōu
	黑龙江省 Hēilóngjiāng Shěng	黑 Hēi	哈尔滨 Hā'ěrbīn		青海省 QīnghǎiShěng	青 Qīng	西宁 Xīníng
	江苏省 Jiāngsū Shěng	苏 Sū	南京 Nánjīng		台湾省 Táiwān Shěng	台 Tái	台北 Táiběi
	浙江省 Zhèjiāng Shěng	浙 Zhè	杭州 Hángzhōu	Autonomes Gebiet	内蒙古自治区 Nèiměnggǔ Zìzhìqū	内蒙古 Nèiměnggǔ	呼和浩特 Hūhéhàotè
	安徽省 Ānhuī Shěng	皖 Wǎn	合肥 Héféi		广西壮族自治区 Guǎngxī Zhuàngzú Zìzhìqū	桂 Guì	南宁 Nánníng
	福建省 Fújiàn Shěng	闽 Mǐn	福州 Fúzhōu		西藏自治区 Xīzàng Zìzhìqū	藏 Zàng	拉萨 Lāsà
	江西省 Jiāngxī Shěng	赣 Gàn	南昌 Nánchāng		宁夏回族自治区 Níngxià Huízú Zìzhìqū	宁 Níng	银川 Yínchuān
	山东省 Shāndōng Shěng	鲁 Lǔ	济南 Jǐnán		新疆维吾尔自治区 Xīnjiāng Wéiwú'ěr Zìzhìqū	新 Xīn	乌鲁木齐 Wūlǔmùqí
	河南省 Hénán Shěng	豫 Yù	郑州 Zhèngzhōu	Sonderverwaltungszone	香港特别行政区 Xiānggǎng Tèbié Xíngzhèngqū		香港 Xiānggǎng
	湖北省 Húběi Shěng	鄂 È	武汉 Wǔhàn		澳门特别行政区 Àomén Tèbié Xíngzhèngqū		澳门 Àomén

Manchmal passieren einem unangenehme Dinge, wie z.B. Lin Na, die mit ihrem Fahrrad mit einem Auto zusammengestoßen ist, oder Dawei, dessen Fahrrad gestohlen wurde. In dieser Lektion lernen Sie, ein Geschehnis zu beschreiben, Ihr Mitgefühl bei einem Krankenbesuch zu äußern und wie man sich auf Chinesisch über etwas beklagt.

第二十五课 Lektion 25

司机开着车送我们到医院

一. 课文 Text

(一)

王小云：宋华，你来帮我们一下，好吗？

宋　华：你们怎么了？[1] 现在你在哪儿？

王小云：林娜被撞伤了，正在第三医院检查呢。[2]

宋　华：她伤了哪儿了？伤得重吗？

王小云：还没有检查完呢。你带点儿钱来。

宋　华：好的，你们等着，我马上就来。

（在第三医院）

【叙述事情的经过】
über ein Geschehnis sprechen

宋　华：林娜，你怎么样？伤得重不重？

林　娜：伤得不太重。我的胳膊被撞伤了，右腿也有点儿疼。

宋　华：你是怎么被撞伤的？

林　娜：怎么说呢？③下午我和小云看完电影，骑着自行车回学院。我们说着、笑着，往右拐的时候没有注意，撞到了车上。那辆车停在路（旁）边，司机正在从车上拿东西。

宋　华：你们是怎么到医院来的？④

林　娜：那位司机看到我被撞伤了，就马上开着车送我们到医院。

宋　华：那位司机真不错。

林　娜：我们带的钱不多，医药费都是他帮我们交的。他还给了我一张名片。

宋　华：真应该谢谢那位司机，明天我去把钱还他。刚才我还以为你被汽车撞了。⑤

林　娜：还好，汽车被我撞了。⑥如果我被汽车撞了，就糟糕了。

生词 Neue Vokabeln

1. 着	Pa	zhe	(zur Kennzeichnung des durativen Aspekts) 说着，笑着，等着，开着车，带着花儿，穿着旗袍
2. 送	V	sòng	jn. begleiten 送我回家，开着车送我们到医院，送我到门外(边)，送我到火车站
3. 被	Präp	bèi	von, durch (zur Kennzeichnung des Passivs) 被问，被踢，被访问，被罚款
4. 撞	V	zhuàng	mit etw. zusammen stoßen, auf jn. stoßen 被车撞，撞车，撞人
5. 伤	V	shāng	sich / jn. verletzen 被撞伤，撞伤人
6. 第	Präf	dì	(Präfix für Ordinalzahlen) 第一，第十二，第二十五课，第三医院
7. 检查	V	jiǎnchá	untersuchen, prüfen, durchsehen 检查身体，检查电脑，检查汽车，检查练习

8. 重	Adj	zhòng	schwer; ernsthaft 伤重，伤不重；衣服很重，包裹不重，工作不重
9. 完	V	wán	beenden; (etw. ist) ausgegangen 看完电影，做完练习，用完钱，吃完饭
10. 马上	Adv	mǎshàng	sofort, gleich 马上就来，马上去，马上看完，马上出发
11. 胳膊	N	gēbo	Arm 胳膊被撞伤，胳膊疼
12. 腿	N	tuǐ	Bein 撞伤腿，腿有点儿疼
13. 骑	V	qí	reiten, (Rad) fahren 骑马，骑车
14. 自行车	N	zìxíngchē	Fahrrad 骑自行车，买自行车，骑着自行车回学院
15. 笑	V	xiào	lachen, lächeln 笑着，笑着说，别笑了，喜欢笑，大笑
16. 注意	V	zhùyì	beachten, berücksichtigen 没有注意，注意语法，注意听，注意看
17 停	V	tíng	anhalten, parken 停在路旁边，停车，停课
18. 医药费	N	yīyàofèi	Behandlungs- und Medikamentenkosten 交医药费
19. 以为	V	yǐwéi	meinen, glauben (sehr subjektiv) 我以为，别以为，都以为
20. 如果	Konj	rúguǒ	wenn, falls

（二）

陆雨平：大为，林娜宿舍的门开着，她躺着看电视呢。

林　娜：啊，陆雨平、大为，快进来。

【问候病人】
einen Krankenbesuch machen

马大为：林娜，你怎么样？好点儿了吗？⑦

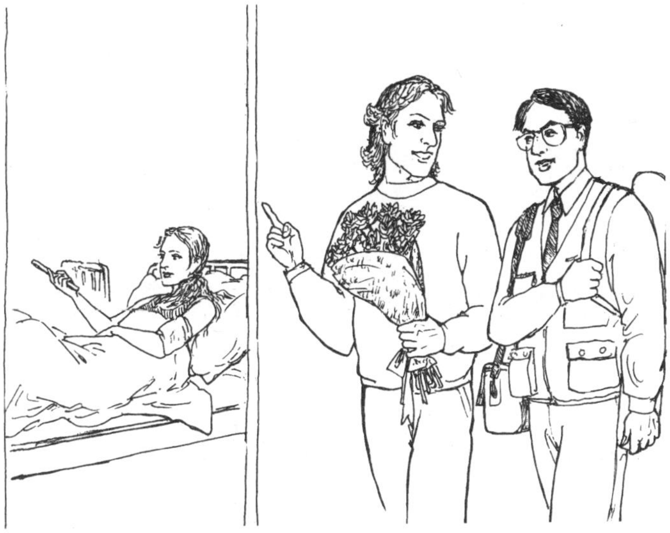

林　娜：好多了。你们这么忙，还带着花儿来看我，谢谢你们。这束花儿真漂亮，放在桌(子)上吧。

马大为：检查的结果怎么样？

林　娜：医生说没有大的问题，他让我躺在床上休息休息。大为，你把电视关了吧，咱们说会儿话。

【抱怨】
sich beklagen

陆雨平：现在胳膊还疼不疼？

林　娜：不疼了。可是胳膊这么弯着，写字很不方便。上星期我汉字没有考好，现在又撞伤了胳膊，真倒霉！⑧ 这两天都是坏消息。

马大为：别着急，我有一个好消息。

林　娜：什么好消息？

马大为：上星期六晚上，我的自行车被小偷偷走了。

林　娜：自行车被偷了，这是什么好消息？

马大为：你听着，来你这儿以前，派出所给我打了一个电话，让我去一下。⑨

林　娜：你去派出所做什么？

马大为：小偷被抓到了，我丢的车也找到了，现在在派出所呢。你说，这是不是好消息？

林　娜：是个好消息。

陆雨平：真应该祝贺你！

生词 Neue Vokabeln

1. 躺	V	tǎng	liegen, sich hinlegen 躺着看书，躺在床上，躺一会儿，躺一躺

2. 电视	N	diànshì	Fernseher 看电视,开电视,买电视,用电视, 上电视
视	V	shì	etw. ansehen, anschauen
3. 束	ZEW	shù	Strauß (Blumen) 一束花儿
4. 放	V	fàng	stellen, legen 放花儿,放东西,放衣服,放在床上,放在包裹里
5. 桌子	N	zhuōzi	Tisch 一张桌子,桌子上,放在桌子上
6. 结果	N	jiéguǒ	Ergebnis, Resultat 检查的结果,考试的结果,比赛的结果
7. 关	V	guān	schließen; ausschalten 关门,关电视
8. 弯	V	wān	etw. biegen, beugen 弯着胳膊,弯着腿,弯着身体
9. 倒霉	Adj	dǎoméi	Pech haben; dummerweise 真倒霉,特别倒霉,倒霉极了
10. 坏	Adj	huài	schlecht; kaputt 坏苹果,电视坏了,自行车坏了,撞坏,考坏,用坏
11. 消息	N	xiāoxi	Nachricht, Information 好消息,一个坏消息,有消息,没有消息,听到消息,看到消息
12. 小偷	N	xiǎotōu	Dieb 一个小偷,被小偷偷走
偷	V	tōu	stehlen 偷钱,偷东西,偷汽车,偷电视,偷自行车
13. 派出所	N	pàichūsuǒ	Polizeirevier 去派出所
14. 抓	V	zhuā	jn. / etw. packen, ergreifen 小偷被抓到,抓住,抓小偷
15. 丢	V	diū	etw. geht verloren 丢钱,丢东西,丢自行车,丢汽车,丢电视

补充生词 Zusätzliche Vokabeln

1. 型号	N	xínghào	Modell, Typ
2. 补	V	bǔ	etw. reparieren, ausbessern; etw. ergänzen
3. 信用卡	N	xìnyòngkǎ	Kreditkarte
4. 挂失	VO	guàshī	etw. als verloren melden
5. 项链	N	xiàngliàn	Halskette
6. 警车	N	jǐngchē	Polizeiauto
7. 手机	N	shǒujī	Mobiltelefon
8. 突然	Adj	tūrán	plötzlich, unerwartet
9. 刀	N	dāo	Messer
10. 警察	N	jǐngchá	Polizist (–in)
11. 吓	V	xià	erschrecken
12. 手	N	shǒu	Hand
13. 掉	V	diào	herunterfallen, (ab)fallen
14. 地上	N	dìshang	Boden, Oberfläche

二. 注释 Anmerkungen

① 你们怎么了?

"Was ist mit dir los?"

"怎么了" wird verwendet, um zu fragen, was mit einer Person oder einer Sache passiert ist. Zum Beispiel:

他怎么了? 今天没有来上课。

你的车怎么了?

——昨天被撞坏了。

② 林娜被撞伤了,正在第三医院检查呢。

"Lin Na wurde von einem Auto angefahren. Sie wird gerade im Krankenhaus Nr. 3 untersucht."

Eine Kardinalzahl kann durch Hinzufügen des Präfixes “第” in eine Ordinalzahl verwandelt werden. Zum Beispiel: “第一课”,“第三医院”,“第十天”,“第十五个月”. Manchmal kann eine Kardinalzahl ohne das Präfix “第” als Ordinalzahl verwendet werden. Aus vorherigen Lektionen kennen Sie die Beispiele “一楼”,“四〇二号” und “二年级”.

③ 怎么说呢?

“Wie soll ich (das) sagen?”

Das bedeutet: “Es ist nicht einfach zu erklären”.

④ 你们是怎么到医院来的?

“Wie seid ihr zum Krankenhaus gekommen?”

Zwischen “到 + OA + 来/去” und “来/去 + OA” gibt es keinen Bedeutungsunterschied. Zum Beispiel: “到学院来”(=“来学院”),“到上海去”(=“去上海”)

⑤ 刚才我还以为你被汽车撞了。

“Gerade hatte ich noch gedacht, dass du von einem Auto angefahren wurdest.”

“以为” hat dieselbe Bedeutung wie “想”, wird aber häufig verwendet, um zum Ausdruck zu bringen, dass man fälschlicherweise etwas angenommen hat. Zum Beispiel:

我以为他不会来,可是他已经来了。

快下雪了,我还以为今天是好天气。

⑥ 还好,汽车被我撞了。

“Zum Glück bin ich auf das Auto aufgefahren.”

“还好” bedeutet “Zum Glück”. Zum Beispiel:

还好,排队的人不多。

还好,我们没有坐错车。

⑦ 你怎么样? 好点儿了吗?

“Wie geht es dir? Geht es dir besser?”

So kann man einen Kranken nach dessen Befinden fragen.

⑧ 上星期我汉字没有考好，现在又撞伤了胳膊，真倒霉！

"Letzte Woche war ich nicht gut im Schriftzeichentest. Jetzt habe ich mir auch noch den Arm verletzt, wirklich Pech!"

Das Adverb "又" (2) hat hier die Bedeutung "noch, zudem". Zum Beispiel:

他昨天去了王府井，又看了电影。

司机送林娜到医院，又帮她交了医药费。

⑨ 来你这儿以前，派出所给我打了一个电话，让我去一下。

"Bevor ich hierher gekommen bin, hatte ich einen Anruf vom Polizeirevier, das mich aufforderte, vorbeizukommen."

"派出所" sind Polizeireviere auf unterer Ebene, die z. B. für Meldebescheinigungen und Sicherheit in der Nachbarschaft zuständig sind.

三. 练习与运用 Übungen und Anwendung

Schlüsselsätze

1. 林娜宿舍的门开着，她躺着看电视呢。
2. 我们说着、笑着。
3. 我和小云骑着自行车回学院。
4. 我的胳膊被撞伤了。
5. 我的自行车被小偷偷走了。
6. 小偷被抓到了，我丢的车也找到了。
7. 他让我躺在床上休息休息。
8. 如果我被汽车撞了，就糟糕了。

1. 熟读下列短语 Lesen Sie die folgenden Wortgruppen und prägen Sie sie sich ein

(1) 听着　写着　笑着　用着　住着　想着　放着　等着　试着

注意着　发展着　变化着

说着话　睡着觉　排着队　打着电话　拍着照片　踢着足球

开着汽车　唱着越剧　种着蔬菜　盖着大楼
门开着　商场开着　电视开着　电脑关着　车停着　香蕉放着
坐着说话　躺着休息　骑着车去学校　带着花儿看朋友
穿着旗袍参加聚会　看着课文回答问题

(2) 被介绍　被罚款　被检查　被访问　被忘了
被(自行车)撞伤　被(小偷)偷走　被(大为)记错　被(人)借去
被(同学)拿走　被(农民)请去　被(大家)吃完

(3) 第一次　第二天　第二十五课　第三遍　第一部电影　第一本小说
第二语言　第一外语　第一件事儿　第五篇文章　第四场戏

(4) 到学校去　到书店去　到饭馆去　到郊区去　到派出所去
到城里去　到长城去　到北方去

(5) 看到山　见到小云　抓到小偷　拿到借书证　买到中药　找到导游
租到房子　学习到第二十课　送到医院　撞到汽车上
上到四年级　翻译到晚上　睡到十点　放假放到九月　游泳游到中午

(6) 躺在床上　站在阳台上　坐在客厅里　睡在卧室里　住在郊区
排在前边　停在楼前　放在桌上　写在本子上　画在纸上
种在温室里

(7) 打完电话　喝完咖啡　复习完生词　回答完问题　检查完身体
办完借书证　办完事儿　拍坏了照片　穿坏了衣服　用坏了乐器

2. 句型替换 Substitutionsübungen

(1) 他拿着什么？
他拿着照相机。

穿	一件新衬衫
洗	衣服
吃	寿面
带	书和本子

(2) 宿舍的门开着没有？
宿舍的门没开着，
我把它关了。

汽车的门
卫生间的门
办公室的电脑
客厅里的电视

(3) 他们在做什么呢？
他们在站着 说话呢。

坐着	演奏乐器
等着	买音乐会票
笑着	拍照片
看着书	回答问题
喝着咖啡	听音乐

(4) 你的自行车在吗？
不在。我的自行车被我同学借走了。

照相机	拿去
练习本子	拿错
汽车	开走
词典	丢

(5) 胳膊被撞伤了没有？
胳膊没有被撞伤。

头	撞疼
腿	撞坏
球	踢进
钱	偷去
他	罚款

(6) 他们听到这个消息没有？
他们听到这个消息了。

复习	第二十三课
买	那套西服
拿	包裹通知单
见	那位演员
爬	山顶
拍	长城的景色

(7) 那束花儿你放在哪儿了？
我放在桌(子)上了。

那些生词	写	本子上
那张明信片	放	书里
那件中式衣服	放	客厅
那些音乐光盘	放	办公室
你的车	停	楼前

(8) 他们看完那个电影了没有？
他们没有看完那个电影。

吃	饭
学	这本书
赛	足球
参观	美术馆
办	护照
交	医药费

3. 课堂活动 Aktivitäten im Seminarraum

Dieses Spiel wird in zwei Gruppen gespielt. Gruppe A bildet zehn Konditionalsätze mit "如果". Gruppe B ergänzt die Sätze mit "就". Die Punkte werden wie folgt vergeben: Ist der Satz von Gruppe B richtig, bekommt sie den Punkt. Ist der Satz falsch, darf Gruppe A einen Satz bilden. Ist dieser richtig, bekommt sie den Punkt. Nach zehn Sätzen werden die Rollen getauscht. Die Gruppe mit den meisten Punkten gewinnt.

4. 会话练习 Dialogübungen

[叙述事情的经过 Über ein Geschehnis sprechen]

(1) A：先生，我的自行车不见了。

B：你的自行车是什么型号(xínghào)的？

A：是飞龙黑色男车。

B：车号是多少？

A：060809742。

B：是什么时候丢的？

A：昨天下午。

B：你的自行车是在哪儿放着的？

A：在图书馆前边放着的。下午两点，我骑车到图书馆以后，车就放在那儿。四点钟我从图书馆出来，自行车就不见了。

B：你先等着。如果有消息，我们马上告诉你。

(2) A：老先生，您看到一个小男孩跑过来没有？

B：什么样儿的小男孩？

A：他穿着一件红衬衫，手里拿着一个小球。他是跟我们一起来公园玩儿的，刚才我们说着话，没有注意，他就不见了。

B：红衬衫？刚才我看到一个穿着红衬衫的小男孩，他往东边跑过去了。你们快去看看。

A：谢谢。

[问候病人 Einen Krankenbesuch machen]

A：听说你住院了，大家都不放心，让我们来看看你。

B：你们学习这么忙，还跑来看我，真谢谢你们。

A：你好点儿了吗？

B：好多了，已经不发烧了，头也不太疼了。

C：吃东西怎么样？

B：还是不太想吃东西，这儿的饭我也不习惯。

A：睡觉还好吗？

B：很好。可是我不愿意这么躺着，我想早点儿回学校去。现在咱们该学第二十四课了吧？

C：第二十四课已经学完了，这个星期正在学第二十五课。你别着急，以后我们帮你补(bǔ)这两课。

A：我们该走了，你好好休息吧。

[抱怨 Sich beklagen]

A：真倒霉！

B：怎么了？

A：我的钱包被小偷偷走了。

B：丢了多少钱？

A：五百块人民币，还有三百美元。学生证、借书证和信用卡(xìnyòngkǎ)也都丢了。

B：真糟糕！你得马上到银行挂失(guàshī)，还得到办公室去办新证。

5. 看图说话 Beschreiben Sie die Bilder

练习“着”

练习“着”

练习“被”

练习“被”

6. 交际练习 Kommunikationsübungen

(1) Ihr Lehrer ist krank und liegt im Krankenhaus. Was sagen Sie, wenn Sie ihn besuchen?

(2) Sie haben mit dem Fahrrad eine ältere Person angefahren. Was tun Sie?

(3) Ihr Laptop wurde aus Ihrem Zimmer gestohlen. Wie zeigen Sie das auf dem Polizeirevier an?

四. 阅读和复述 Lesen und Nacherzählen

张大力的故事

昨天是张大力女儿的生日，他给女儿的礼物是一条很漂亮的项链(xiàngliàn)。他知道女儿喜欢看越剧，还买了两张晚上的越剧票。

他们在饭馆吃了饭以后，就去看戏。回家的时候，已经很晚了。天气不好，开始下雪了，路上的人也少了。他们骑着自行车往右拐的时候，一个人从旁边走出来，问他们：“请问，这儿有没有派出所？”大力告诉他：“没有。派出所离这儿很远。”那个人又问:“现在哪儿可以叫一辆警车(jǐngchē)来?”大力回答说:“可以打110电话。”

“你有没有手机(shǒujī)?”那个人又问。

大力说:“没有。”

张大力正在想,那个人为什么要问他这些问题,突然(tūrán),那个人拿出刀(dāo)来,对大力说:“对不起,把你们的项链和钱都给我!”

张大力笑着说:“你忘了问一个问题了。我告诉你,这儿虽然没有派出所,可是有一个老警察(jǐngchá),他抓过九十八个像你这样的人,马上要抓第九十九个。”

“老警察在哪儿?”那人问。

“在这儿!我就是!”

那个人被吓(xià)坏了,手(shǒu)里的刀也掉(diào)在地上(dì shang)。他被大力送到了派出所。

五. 语法 Grammatik

1. 动作或状态的持续 Der durative Aspekt

Die Aspektpartikel “着” steht unmittelbar hinter einem Verb, um anzuzeigen, dass eine Handlung oder ein Zustand andauert. Zum Beispiel:

我们说着、笑着。

林娜宿舍的门开着。

胳膊这么弯着。

她穿着红的旗袍。

In einem Satz mit Verbserie betont die Konstruktion “V + 着 + (O)” einerseits, dass beide Handlungen gleichzeitig geschehen, andererseits wird dadurch die Art und Weise der durch das zweite Verb beschriebenen Handlung gekennzeichnet. Zum Beispiel:

我们骑着自行车回学院。

他笑着说:“应该祝贺你!”

你们还带着花儿来看我。

Die negative Form dieser Konstruktion lautet "没(有)+V+着", die V/Adj–Neg–V/Adj–Frage "V+着+没有". Zum Beispiel:

电视开着没有?

——电视没有开着。

你带着护照没有?

——我没带着护照。

他没有躺着看电视,他坐着看电视呢。

Die Konstruktion "V+着" wird häufig zusammen mit "在","正在" und "呢" verwendet. Zum Beispiel:

林娜躺着看电视呢。

他正在打着电话呢。

他在开着车呢。

Beachten Sie: Hinter "V+着" dürfen keine Komplemente verwendet werden. Man kann also nicht sagen ⊗ "他写着汉字写十分钟".

2. "被"字句 Der "被"–Satz

Außer logischen Passivsätzen gibt es Passivsätze mit der Präposition "被" (in der Umgangssprache häufig ersetzt durch "叫" oder "让"), die das Agens kennzeichnet, oder die verwendet werden, um zu betonen, dass es sich um einen passiven Vorgang handelt.

S(Patiens)+"被"+O(Agens)+V+weiteres Element

***Subjekt* (*Patiens*)**	***Prädikat***			
	"被"	**O (Agens)**	**V**	**weiteres Element**
我的自行车	被	小偷	偷	走了。
那本小说	被	我同学	借	去了。
那套西服	被	人	买	走了没有?
她的新照相机	让	她弟弟	撞	坏了。
小偷	叫	谁	抓	到了?

Ist es nicht notwendig, das Agens zu benennen, kann "被" direkt vor dem Verb stehen. Bei der Verwendung von "叫" oder "让" ist das nicht möglich.

我的胳膊被撞伤了。

自行车被偷了。

Beachten Sie: Negationsadverbien und Modalverben müssen vor "被" ("叫" oder "让") stehen. Zum Beispiel:

这本小说没有被借走。(Falsch ist:⊗这本小说被没有借走。)

那套西服明天会被人买走。(Falsch ist:⊗那套西服明天被人会买走。)

3. 结果补语"到"、"在" Die Ergebniskomplemente "到" und "在"

Das Verb "到" wird häufig als Ergebniskomplement verwendet und bezeichnet den Erfolg einer Handlung. Zum Beispiel:

小偷被抓到了,我丢的车也找到了。

你去买那本词典了没有?

——我去买了,可是我没有买到。

"到" wird auch verwendet, um auszudrücken, dass eine Handlung einen bestimmten lokalen oder temporalen Endpunkt (jeweils mit einem Nomen oder einer Nominalphrase als Objekt) erreicht hat. Zum Beispiel:

她撞到了车上。

我们学到第二十五课了。

他晚上写汉字常常写到十点。

"在" als Ergebniskomplement bringt zum Ausdruck, dass sich eine Person oder eine Sache als Ergebnis einer Handlung an einem bestimmten Ort befindet (mit einem Nomen oder einer Nominalphrase als Objekt). Zum Beispiel:

他让我躺在床上休息休息。

那位司机的车停在路边。

花儿放在桌子上。

他住在二楼。

4. 如果…就… Konditionalsatz mit "如果…就"

Der erste Teilsatz, der mit "如果" eingeleitet wird, nennt eine Bedingung, der zweite Teilsatz benennt die Folge, die sich daraus ergibt. Das Adverb "就" (3) im zweiten Teilsatz bezeichnet eine Schlussfolgerung, die aus dem Bedingungssatz gezogen wird. "如果" im ersten Teilsatz kann weggelassen werden. Zum Beispiel:

如果明天天气不好,我们就不去了。

如果有问题,你就打电话找我。

(如果)你昨天来,你就看见他了。

六. 汉字 Chinesische Schriftzeichen

1. 区分同音字 Unterscheidung von Homophonen

In der modernen chinesischen Hochsprache gibt es in Kombination mit den vier Tönen etwas mehr als 1300 bedeutungstragende Silben, aber 3500 Schriftzeichen sind allgemein gebräuchlich. Das heißt also, dass es einige Schriftzeichen gibt, die dieselbe Aussprache haben. Die Schriftzeichen "游，邮，油", die Sie bereits gelernt haben, werden alle yóu ausgesprochen und unterscheiden sich lediglich in der geschriebenen Form. Um Homophone zu unterscheiden, muss also auf das Schriftzeichen selbst, die Bedeutung und die Verwendung in mehrsilbigen Wörtern geachtet werden. Zum Beispiel kann man "导游" nicht "导油" oder "导邮" schreiben und "游泳" nicht "油泳" oder "邮泳".

2. 认写基本汉字 Basisschriftzeichen

(1) 壬　丿 二 千 壬

rén　der neunte der zehn Himmelsstämme　4 Striche

(Achten Sie auf den Unterschied zwischen "壬" und "王".)

(2) 束　一 𠃍 丆 可 申 朿 束

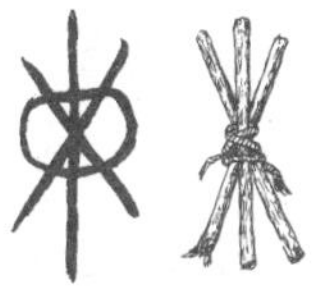

shù　Bündel, Strauß　7 Striche

("木" steht für Feuerholz und "口" für das Seil, womit es zusammen gehalten wird.)

3. 认写课文中的汉字 Schriftzeichen aus den Lektionstexten

(1) 被 bèi

被 → 衤 + 皮　10 Striche

(2) 撞 zhuàng

撞 → 扌 + 立 + 里　15 Striche

(3) 伤 shāng (傷)

伤 → 亻 + 𠂉 + 力　6 Striche

(4) 第 dì

第 → ⺮ + 弓 + 丨 + 丿 11 Striche

(5) 检查 jiǎnchá (檢查)

检 → 木 + 佥 11 Striche

(6) 完 wán

完 → 宀 + 元 7 Striche

(7) 胳膊 gēbo

胳 → 月 + 夂 + 口 10 Striche

膊 → 月 + 甫 + 寸 14 Striche

(8) 腿 tuǐ (腿)

腿 → 月 + 艮 + 辶 13 Striche

(9) 骑 qí (騎)

骑 → 马 + 大 + 可 11 Striche

(10) 注意 zhùyì

注 → 氵 + 主 8 Striche

(11) 停 tíng

停 → 亻 + 亠 + 口 + 冖 + 丁 11 Striche

(12) 如果 rúguǒ

如 → 女 + 口 6 Striche

(13) 躺 tǎng

躺 → 身 + ⺌ + 冋 15 Striche

(14) 电视 diànshì (電視)

视 → 礻 + 见 8 Striche

(15) 桌子 zhuōzi

桌 → 𠁣 + 木　　10 Striche

(16) 结果 jiéguǒ (結果)

结 → 纟 + 士 + 口　　9 Striche

(17) 弯 wān (彎)

弯 → 亦 + 弓　　9 Striche

(18) 倒霉 dǎoméi (倒楣)

倒 → 亻 + 到　　10 Striche

霉 → 雨 + 每　　15 Striche

(19) 坏 huài (壞)

坏 → 土 + 不　　7 Striche

(20) 消息 xiāoxi

消 → 氵 + ⺌ + 月　　10 Striche

(21) 小偷 xiǎotōu

偷 → 亻 + 人 + 一 + 月 + 刂　　11 Striche

(22) 派出所 pàichūsuǒ

派 → 氵 + 厂 + 𠂢　　9 Striche

(23) 抓 zhuā

抓 → 扌 + 爪　　7 Striche

(24) 丢 diū

丢 → 丿 + 去　　6 Striche

(Beachten Sie: Der erste Strich ist ein links–auslaufender, kein waagerechter)

Die Hauptfiguren sprechen über Ihre Erfolge beim Erlernen der chinesischen Sprache im vergangenen Jahr. Wir werden das Wichtigste aus Band 2 noch einmal zusammenfassen und wiederholen.

第二十六课 Lektion 26 (复习 Wiederholung)

你快要成"中国通"了

一. 课文 Text

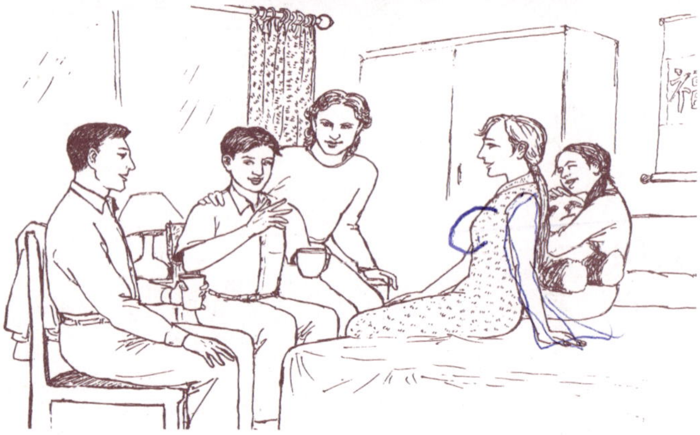

宋　华：林娜，你来中国已经快一年了吧？你不但学习了汉语，而且还认识了很多中国朋友，中国的情况又知道得不少，你快要成"中国通"了。

林　娜：哪里，哪里，"中国通"真不敢当，还差得远呢。① 说实在的，我越来越喜欢中国文化了。② 中国从南到北，从东到西，每个地方都有自己的特点。③

宋　华：历史博物馆正在举办“2002——中国”展览，那儿有很多图片，有的是我们见过的，有的是我们没见过的。你对中国文化这么感兴趣，我建议你去看看。[4]

林　娜：好极了，我一定去。今天我们有一个结业聚会，力波他们快要来了。你把这个消息告诉他们，我想他们也一定会非常感兴趣。

宋　华：好啊。林娜，你还记得吗？刚来的时候你说过，如果每天都让你吃中餐，你就会饿死。现在你不但喜欢吃中餐，而且还学会了做中国菜。

林　娜：可不，现在如果一天不吃中餐，我就会觉得有点儿不舒服。

（丁力波、马大为进宿舍）

马大为：你们在聊什么呢？去哪儿吃中餐？我也去。

宋　华：我们在说，你们这些老外快成“中国通”了。[5]力波当然就不用说了。[6]

【回忆往事】
sich an Vergangenes erinnern

丁力波：因为我妈妈是中国人，所以我早就有点儿中国化了。林娜爱穿旗袍，爱吃中国菜，还喜欢看越剧、听中国民乐，好像也有点儿中国化了。

林　娜：我是到北京以后才开始中国化的。[7]

马大为：我看这很容易，像有的留学生那样，找个中国姑娘做妻子。[8]你找个长得帅的中国小伙子做丈夫，每天在一起生活，就可以中国化了。

林　娜：别开玩笑。说真的，我现在觉得汉语语法不太难，可是汉字很难。

马大为：声调也不容易，我常常说错。

宋　华：你们在中国才学习了一年，汉语水平就提高得这么快，主要是因为你们学习都很努力。

> 【谈语言学习】
> über das Sprachenlernen sprechen

丁力波：这儿的老师教得特别认真，朋友们对我们也非常热情，常常帮助我们学汉语，所以我们进步很快。

林　娜：一年的学习时间太短了。我虽然已经能听懂中国人说的一些话，可是自己说汉语还说得不太流利，明年我还要来中国学习。

马大为：林娜，老师和同学们都在等着我们呢，[9] 我们走吧。

丁力波：好，明年再“中国化”吧！

林　娜：宋华，明天你陪我去参观“2002——中国”展览，好吗？

宋　华：好，明天见！

林　娜：不见不散！[10]

生词 Neue Vokabeln

1. 成	V	chéng	werden zu 成妈妈了，成教授了，成大学生了，成主角了
2. 中国通	N	zhōngguótōng	China–Experte 成中国通了，一位中国通，西方的中国通
3. 情况	N	qíngkuàng	Lage, Umstände 中国的情况，学校的情况，这种情况，情况怎么样
4. 实在	Adj/Adv	shízài	real, existierend / wirklich 说实在的，实在便宜，实在辛苦，实在不敢当
5. 越来越	R	yuè lái yuè	immer (mehr), zunehmend 越来越喜欢，越来越习惯，越来越提高，越来越方便
6. 南	N	nán	Süden 从南到北
7. 特点	N	tèdiǎn	Besonderheit, Eigenheit 有特点，自己的特点，一个特点，不少特点
8. 历史	N	lìshǐ	Geschichte 历史故事，中国历史，感人的历史
9. 博物馆	N	bówùguǎn	Museum 历史博物馆，文化博物馆，美术博物馆，一座博物馆
10. 举办	V	jǔbàn	etw. veranstalten 举办音乐会，举办足球比赛
11. 展览	N	zhǎnlǎn	Ausstellung 举办展览，参观展览，看展览，“2002——中国”展览，油画展览，一个展览
12. 图片	N	túpiàn	Bild, Illustration 展览图片，历史图片，很多图片，一张图片
13. 对	Präp	duì	gegen, auf, in Richtung auf 对中国文化，对汉字，对力波说，对他笑
14. 感兴趣	R	gǎn xìngqù	sich für etw. interessieren 非常感兴趣，对中国文化感兴趣，对汉字感兴趣，越来越兴趣

感	V	gǎn	etw. fühlen, bemerken
兴趣	N	xìngqù	Interesse 有兴趣,有点儿兴趣,没有兴趣,提高兴趣,有很大的兴趣
15. 结业	VO	jiéyè	(Ausbildung) abschließen 结业聚会,快要结业了,结业的时候
16. 记得	V	jìde	sich an etw. erinnern 还记得,不记得他的名字,记得以前的朋友,记得中学生活
17. 中餐	N	zhōngcān	chinesische Küche 吃中餐,习惯中餐,越来越喜欢中餐
18. 饿	Adj	è	hungrig (sein) 很饿,有点儿饿,越来越饿,饿极了
19. 死	V	sǐ	sterben 饿死,忙死,疼死,累死
20. 菜	N	cài	Speise, Gemüse 中国菜,南方菜,做菜,吃菜,买菜,种菜
21. 聊	V	liáo	sich unterhalten, plaudern 聊什么,聊家里的事儿,聊学校的情况,聊中国历史,喜欢聊,愿意聊
22. 老外	N	lǎowài	Ausländer 这些老外,一个老外,像老外,成老外了
23. 中国化	V	zhōngguóhuà	sinisieren 有点儿中国化,越来越中国化
化	V	huà	sich /etw. umwandeln, zu etw. werden 绿化,美化,老化, 西方化
24. 才	Adv	cái	erst, nur 才开始,才举办,才学习一年,才聊了一会儿
25. 那样	Pr	nàyàng	so, derartig 像留学生那样,像中国通那样,像导游那样介绍

26. 妻子	N	qīzi	Ehefrau 做妻子,有妻子,他妻子,当妻子了
27. 小伙子	N	xiǎohuǒzi	Junge, Kerl 中国小伙子,帅小伙子,一个小伙子
28. 丈夫	N	zhàngfu	Ehemann 做丈夫,她丈夫,当丈夫了
29. 声调	N	shēngdiào	Betonung, Intonation, Ton 汉语的声调,听声调,练习声调,注意声调,四个声调
30. 努力	Adj	nǔlì	eifrig, sich anstrengen 努力学习,努力工作,努力练习声调,越来越努力
31. 认真	Adj	rènzhēn	ernsthaft, gewissenhaft 非常认真,越来越认真,教得很认真,认真学习
32. 热情	Adj	rèqíng	begeistert, enthusiastisch, herzlich 很热情,那样热情,热情多了
33. 进步	N/V	jìnbù	Fortschritt / Fortschritte machen 进步很快,进步不太大,有进步,有一点儿进步
34. 明年	N	míngnián	nächstes Jahr 明年举办,明年结业,明年考试,明年再来
35. 陪	V	péi	jn. begleiten 陪我去参观,陪妻子去买东西,陪丈夫参观
36. 不见不散	R	bú jiàn bú sàn	Keiner geht, ohne den anderen gesehen zu haben!
散	V	sàn	etw. auflösen, beenden; sich auflösen

补充生词 Zusätzliche Vokabeln

1. 了解	V	liǎojiě	jn. / etw. kennen, Bescheid wissen; begreifen, verstehen
2. 熟悉	V	shúxī	sich mit etw. auskennen, vertraut sein mit etw. / jm.
3. 见面	VO	jiànmiàn	sich treffen, sich sehen
4. 毕业	VO	bìyè	(Ausbildung) absolvieren, abschließen
5. 离开	V	líkāi	von jm./etw. weggehen, sich von jm./etw. trennen, jn. verlassen
6. 经验	N	jīngyàn	Erfahrungen

7. 方法	N	fāngfǎ	Methode
8. 准备	N/V	zhǔnbèi	Vorbereitung / vorbereiten
9. 艺术	N	yìshù	Kunst
10. 请客	VO	qǐngkè	jn. einladen, einen ausgeben
11. 客人	N	kèrén	Gast
12. 意思	N	yìsi	Sinn, Bedeutung
13. 句	ZEW	jù	Satz

二. 注释 Anmerkungen

① 还差得远呢。

"Ich bin noch nicht so gut."

Dieser bescheidene Ausdruck wird von Chinesen häufig als Reaktion auf ein Lob verwendet. Man kann auch sagen: "哪里，我还差得很远". Heutzutage sagen Chinesen auch manchmal "谢谢" als Reaktion.

② 说实在的，我越来越喜欢中国文化了。

"Ehrlich gesagt, gefällt mir die chinesische Kultur immer mehr."

"说实在的" wird verwendet, um eine subjektive Meinung zum Ausdruck zu bringen. "说真的" hat dieselbe Bedeutung.

"越来越" bringt eine Veränderung der Intensität im Laufe der Zeit zum Ausdruck. Zum Beispiel:

课文越来越有意思了。

他汉语说得越来越流利。

③ 中国从南到北，从东到西，每个地方都有自己的特点。

"Von Süd nach Nord, Ost nach West, jeder Ort in China hat seine Besonderheiten."

④ 你对中国文化这么感兴趣，我建议你去看看。

"Da du dich so sehr für die chinesische Kultur interessierst, schlage ich vor, dass du mal hinfährst."

Das Objekt der Präposition “对” bezeichnet das Zielobjekt einer Handlung. Die Präpositionalphrase “对 + NP” fungiert meist als Adverbial im Satz. Zum Beispiel:

宋华对她说:“你怎么了?”

他对我笑笑,就走了。

老师对我们很热情。

他对中国画很感兴趣。

⑤ 我们在说,你们这些老外快成“中国通”了。

“Wir sprechen gerade darüber, dass ihr Ausländer bald Chinaexperten werdet.”

Das Wort “老外” ist eine zwanglose, freundliche Bezeichnung für Ausländer in der Umgangssprache.

⑥ 力波当然就不用说了。

“Libo gehört natürlich dazu.”

“不用说” bedeutet “selbstredend” und bringt zum Ausdruck, dass etwas klar ist und das auch der Hörer weiß. Zum Beispiel:

星期二公园里人这么多,星期天就不用说了。

他刚来的时候汉字就写得很好,现在就不用说了。

⑦ 我是到北京以后才开始中国化的。

“Erst nachdem ich nach Peking gekommen bin, wurde ich sinisiert.”

Das Adverb “才” ist ein Antonym zu “就” und bringt zum Ausdruck, dass etwas später oder langsamer oder nicht reibungslos passiert. Zum Beispiel:

他六点才来。	(我五点半就来了。)
这个故事我听了三遍才听懂。	(他听了一遍就听懂了。)
我等了半个小时,才上公共汽车。	(他等了两分钟就上车了。)

Es kann auch eine geringe Menge oder kurze Zeit bezeichnen. Zum Beispiel:

他一个人翻译了三篇文章,我们两个人才翻译了一篇。

你们在中国才一年。　　(我已经在中国三年了。)

⑧ 像有的留学生那样,找个中国姑娘做妻子。

“Mach es wie manche ausländische Studenten, such dir eine chinesische Frau und heirate sie.”

⑨ 老师和同学们都在等着我们呢。

“Der Lehrer und die Kommilitonen warten auf uns.”

In Sätzen, die ausdrücken, dass eine Handlung gerade abläuft, wird die Aspektpartikel “着” manchmal hinter das Verb gestellt. Zum Beispiel:

她正在看着电视呢。

我去找他的时候,他做着练习呢。

⑩ 不见不散!

“Keiner geht, ohne den anderen gesehen zu haben!”

Trifft man eine Verabredung, wird diese Redewendung verwendet, um zu betonen, dass man den anderen unbedingt sehen möchte. Der Hörer kann ebenfalls mit dieser Wendung reagieren.

三. 练习与运用 Übungen und Anwendung

Schlüsselsätze

1. 说实在的,我越来越喜欢中国文化了。
2. 你对中国文化这么感兴趣,我建议你去看看。
3. 哪里,哪里,“中国通”真不敢当,还差得远呢。
4. 我是到北京以后才开始中国化的。
5. 你们在中国才学习了一年,汉语水平就提高得这么快。
6. 力波当然就不用说了。
7. 像有的留学生那样,找个中国姑娘做妻子。
8. 老师和同学们都在等着我们呢。

1. 熟读下列短语 Lesen Sie die folgenden Wortgruppen und prägen Sie sie sich ein

(1) 成中国通了　成大学教授了　成有名的画家了　成电影演员了

(2) 越来越认真　越来越努力　越来越热情　越来越便宜

越来越习惯　越来越感兴趣　越来越喜欢中国文化

越来越注意汉语声调　越来越习惯吃中餐

(3) 很感兴趣　　特别感兴趣　　越来越感兴趣
对汉字感兴趣　对西方音乐感兴趣　对英国足球也感兴趣
对中国历史一定感兴趣　　对这部爱情小说非常感兴趣

(4) 才五分钟　才三天　才一个月　才两块钱　才三点
才看了一遍　才去过一次

(5) 也记得　还记得　不记得　只记得　都记得　一定记得
记得什么时候　记得在哪儿　记得这座城市的历史
记得我们结业的时候　记得上大学三年级的时候

(6) 学会课文　学会游泳　学会管理　学会做中国菜　学会骑自行车

(7) 像小伙子那样　像导游那样　像记者那样　像我们的朋友那样
像一位中国通那样

(8) 如果好就买　如果合适就要　如果喜欢就拿　如果方便就来
如果累就休息　如果你对文化感兴趣,就应该去看看那个展览
如果你想学好汉语,就应该去中国

2. 句型替换 Substitutionsübungen

(1) 你是什么时候开始学汉语的?
我是大学三年级才开始学汉语的。
他大学一年级就开始学汉语了。

出发	下午五点	下午三点
去泰山	去年	前年
参观图片展览	今天上午	上星期
认识她	三年以前	五年以前

(2) 这篇课文难不难?
很难,我看了三遍才看懂。
我觉得很容易,我看了一遍就看懂了。

(个)故事	听	听懂
(些)汉字	写	写对
(个)声调	练	练会
(课的)语法	复习	复习好

(3) 为什么他声调 念得不太对？
他来北京才两个月。

车	开	好	学开车
汉字	写	漂亮	学中文
英语	说	流利	到英国

(4) 你喜欢这个博物馆吗？
我非常喜欢，
我对中国历史很感兴趣。

(幅)画儿	西方油画
(部)电影	爱情故事
(个)乐曲	民族音乐
(本)小说	城里情况

(5) 你觉得你们经理怎么样？
他对工作人员非常热情。

工作	努力
技术	了解(liǎojiě)
汇率	注意
管理	马虎

(6) 他为什么明年还要来这儿？
他对这儿的生活越来越喜欢了。

天气	习惯
文化	熟悉(shúxī)
变化	感兴趣

3. 课堂活动 Aktivitäten im Seminarraum

Ein Spiel, um Sätze zum Thema "Chinesischlernen" zu bilden. Gespielt wird in zwei Gruppen. Der Lehrer beginnt das Spiel mit Gruppe A und sagt: "我们大家学习汉语". Danach bilden die Studenten aus Gruppe A Sätze, die jeweils mit dem letzten Wort des vorangehenden Satzes beginnen. Zum Beispiel: "我们大家学习汉语。" "汉语是中国人说的语言。" "语言学院有很多好老师。"…

Danach ist Gruppe B an der Reihe. Die Gruppe mit den meisten richtigen Sätzen gewinnt.

4. 会话练习 Dialogübungen

[回忆往事 Sich an Vergangenes erinnern]

(1) A：你是王平吧？

B: 是你啊！田元！咱们已经十年没有见面(jiànmiàn)了吧？

A: 是啊，老同学，你现在在哪儿工作？

B: 我从美国回来以后，在一家公司工作。

A: 你是什么时候去美国的？

B: 我是 1990 年去美国的。你是 86 年大学毕业(bìyè)的吧？

A: 不，我是 ______________ 的。毕业以后，我去南方了。

(2) A：你还记得那次结业聚会吗？

B: 当然记得。那是在夏天，我们快要离开(líkāi)学校了。

A: 聚会好像是在宋华家。

B: 不对。你记错了，是在 ______。

A: 对，是在陈老师家。她丈夫给大家做了很多菜。

B: 我记得林娜还唱了越剧。

[谈语言学习 Über das Sprachenlernen sprechen]

(1) A：咱们汉语学习了一年了，今天大家在一起聊一聊，说说自己的经验(jīngyàn)。

B: 我先说吧。我觉得汉语语法不太难，汉字很难。

C: 如果有好的学习方法(fāngfǎ)，汉字也不太难。说实在的，我觉得口语不容易。这次考试我口语考得非常糟糕。

B: 口语要多练习、多说。我有一个中国朋友，他每天下午都跟我练习一个小时的口语。

(2) A：快要考试了。你准备(zhǔnbèi)得怎么样？

B: 我有点儿不放心，因为我每次语法都考得不好。

A: 我想这次你们一定会考得很好。你们学习很努力，进步很快。如果认真复习，不会有问题的。

B: 老师,我有一些语法上的问题,可以请您帮助我吗?

A: 可以。星期三下午我有时间,你到办公室来找我吧。

B: 好。谢谢老师。

5. 看图说话 Beschreiben Sie die Bilder

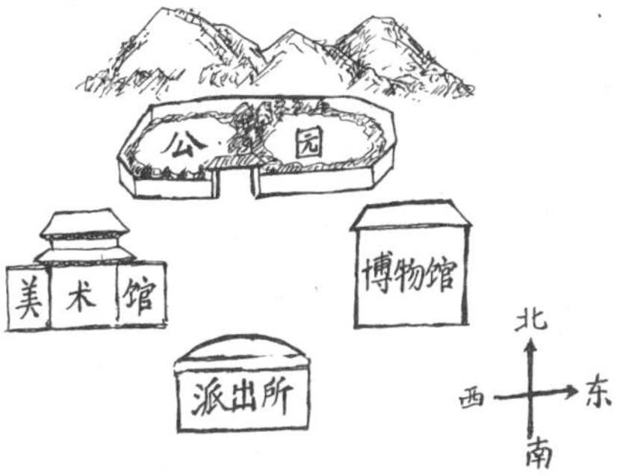

练习"有、是、在"

练习"被"

"了"

"正在、着"

6. 交际练习 Kommunikationsübungen

(1) Sie und Ihre Kommilitonen lernen seit einem Jahr Chinesisch. Sprechen Sie über Ihre Lernerfahrungen.

(2) Bei einem Klassentreffen treffen Sie viele alte Freunde. Sie erinnern sich alle an Ihren Schulalltag und Ihr Leben zu Schulzeiten.

四. 阅读和复述 Lesen und Nacherzählen

说话的艺术(yìshù)

说话也是一种艺术。我有一个朋友,他就不会说话。

一天，他在饭馆里请客(qǐngkè)。他一共请了四位客人(kèrén)，来了三位，有一位还没有来。他等得有点儿着急了，就说："你看，该来的没来！"有一位客人听了，很不高兴。他想："该来的没来——我是不该来的了？"他走出餐厅去，对工作人员说："如果他们找我，你就告诉他们不用等我了。"

过了一会儿，工作人员走进来问："先生，您要的菜都准备好了，现在拿上来吗？"

"别忙，我们在等人呢。"我朋友问："刚才出去的那位先生怎么还不回来？"工作人员说："他已经走了。"我朋友非常着急，说："不该走的走了！"

这时候还有两位客人在那儿等着。有一位很不高兴，他想："不该走的走了，意思(yìsi)是该走的还没走，好，我是该走的，我现在就走！"他站起来，没有说一句(jù)话就离开了饭馆。

只有一位客人在那儿了。我朋友还在问自己："他们怎么都走了？"这位客人说："您刚才说该来的没来，不该走的走了，他们觉得自己是不该在这儿的了，所以他们都走了。以后您说话要注意点儿。"

"以后我一定注意。"我朋友说，"可是我说的不是他们啊！""什么？你说的是我啊?！"这位客人也走了。

五. 语法 Grammatik

1. 动词谓语句(2) Sätze mit Verbalprädikat (2)

(11) "是…的"句 Sätze mit "是…的"

他是2001年来我们学院的。

我们是在上海认识的。

我朋友不是坐火车来的，是坐飞机来的。

力波是来学习美术的。

(12) 表示存在的句子 Existenzsätze

邮局的旁边是什么地方？

楼后边有一个小花园。

厨房不在客厅右边。

(13) 无标志被动句 Logische Passivsätze

飞机票买好了没有?

兵马俑参观过一次。

(14) 被动句 Passivsätze

那本小说被借走了。

自行车被我同学骑走了。

门让人撞坏了。

2. 动作的态 Die Aspekte der Handlung

(1) 动作或事情的完成 Vollendung einer Handlung

他去书店买了两本书。

他借了我的电脑。

她去上海了。

林娜买了旗袍了。

(2) 情况的变化 Situationsveränderung

天气越来越冷了。

他是教授了。

她有男朋友了。

小云的舅舅当公司的经理了。

她舅妈也开始用电脑了。

我弟弟上中学三年级了。

老师今天不来了。

(3) 动作的持续 Durativer Aspekt

他们聊着过去的事儿。

我们带着花儿去她家。

宿舍门开着。

他穿着一件中式衣服。

书在桌上放着。

(4) 过去的经验或经历 Erfahrung in der Vergangenheit

林娜以前看过《红楼梦》。

他从来没有骑过自行车。

(5) 动作即将发生 Bevorstehende Handlung

要开学了。

他们明天就要考试了。

火车快到广州了。

(6) 动作的进行 Progressiver Aspekt

他正在做什么?

我在看电视呢。

我去他家的时候,他正在画画儿。

她在喝着咖啡呢。

3. 几种补语(1) Komplemente (1)

(1) 情态补语 Modalkomplement

你来得真早。

他们(说)普通话说得不太好。

(2) 程度补语 Gradkomplement

今天冷极了。

这部电影比那部好多了。

(3) 趋向补语 Richtungskomplement

她出来了没有?

我们先上楼去。

你带没(有)带照片来?

他们已经走下去了。

我们爬上长城来了。

他从邮局取回包裹来了。

(4) 结果补语 Ergebniskomplement

我听懂了,可是记错了。

请写上你的名字。

他还没有看完这本小说呢。

这篇文章已经写好了。

你买到那本词典没有？

老师住在二楼。

这张照片拍坏了。

(5) 数量补语 Komplement der Quantität

这件衣服比那件贵 50 块钱。

我比他小两岁。

这件衬衫太大，有小一点儿的吗？

(6) 时量补语 Komplement der Zeitdauer

他在这儿工作了半年。

你(写)汉字写了多长时间？

我(学)汉语已经学了六年了。

她听了半个小时的音乐。

(7) 动量补语 Komplement der Häufigkeit

他去过两次海南岛。

这部小说我又看了一遍。

老师让他念了两遍课文。

六. 汉字 Chinesische Schriftzeichen

1. 区分形近字 Unterscheidung von Schriftzeichen ähnlicher Form

Viele chinesische Schriftzeichen sehen ähnlich aus. Um sie zu unterscheiden, muss man auf die Art, Zahl und Kombination der Striche sowie die Anordnung der Schriftzeichenkomponenten achten. Zum Beispiel:

(1) 儿——几 石——右 刀——力 入——人

(2) 犬——太 王——壬 土——士 夫——天

(3) 练——炼 孩——该 第——弟 泰——奏

(4) 放——访 明——朋 错——借 请——情

2. 认写基本汉字 Basisschriftzeichen

(1) 史　丶 口 口 中 史

shǐ　Geschichte　5 Striche

(2) 歹　(一 + 夕)

dǎi　schlecht, böse　4 Striche

(Beachten Sie den Unterschied zwischen "歹" und "夕".)

(3) 丈　一 ナ 丈

zhàng　Längenmaßeinheit　3 Striche

(Beachten Sie den Unterschied zwischen "丈" und "文".)

(4) 夫　一 二 扌 夫

fū　Ehemann　4 Striche

(Beachten Sie den Unterschied zwischen "夫" und "天".)

3. 认写课文中的汉字 Schriftzeichen aus den Lektionstexten

(1) 情况 qíngkuàng (情況)

况 → 冫 + 口 + 儿　7 Striche

(2) 历史 lìshǐ (歷史)

历 → 厂 + 力　4 Striche

(3) 博物馆 bówùguǎn (博物館)

博 → 十 + 甫 + 寸　12 Striche

(4) 举办 jǔbàn (舉辦)

举 → 兴 + 丰　9 Striche

⺌ (jiānzìtóu) 丨 丨丨 ⺌ ⺌ ⺌ 5 Striche

(5) 展览 zhǎnlǎn (展覽)

览 → ⺌ + 见 9 Striche

(6) 感兴趣 gǎn xìngqù (感興趣)

趣 → 走 + 耳 + 又 15 Striche

(7) 饿 è (餓)

饿 → 饣 + 我 10 Striche

(8) 死 sǐ

死 → 歹 + 匕 6 Striche

(9) 聊 liáo

聊 → 耳 + 卯 11 Striche

⺻ (qīzìyāo) ㇕ ⺕ ⺕ ⺻ 4 Striche

(10) 妻子 qīzi

妻 → 一 + ⺻ + 女 8 Striche

(11) 小伙子 xiǎohuǒzi (小夥子)

伙 → 亻 + 火 6 Striche

尸 (shēngzìdǐ) ㇕ 𠃌 コ 尸 4 Striche

(12) 声调 shēngdiào (聲調)

声 → 士 + 尸 7 Striche

调 → 讠 + 冂 + 土 + 口 10 Striche

(13) 努力 nǔlì

努 → 女 + 又 + 力 7 Striche

(14) 陪 péi

陪 → 阝 + 立 + 口 10 Striche

Chinesische Dynastien

Dynastie	Zeit
五帝（Wǔdì） Fünf Kaiser	ca. 26. Jh. v. u. Z. – Ende des 22. oder Beginn des 21. Jh. v. u. Z.
夏 （Xià） Xia Dynastie	ca. Ende des 22. oder Beginn des 21. Jh. v. u. Z. – 17. Jh. v. u. Z.
商 （Shāng） Shang Dynastie	ca. Beginn 17. Jh. v. u. Z. – 11. Jh. v. u. Z.
周 （Zhōu） Zhou Dynastie	ca.11. Jh. v. u. Z. – 256 v. u. Z.
秦 （Qín） Qin Dynastie	221 v. u. Z. –206 v. u. Z.
汉 （Hàn） Han Dynastie	206 v. u. Z. –220 u. Z.
三国 （Sānguó） Drei Reiche	220–280
晋 （Jìn） Jin Dynastie	265–420
南北朝（Nán–Běi Cháo） Nord- und Süd-Dynastien	420–589
隋 （Suí） Sui Dynastie	581–618
唐 （Táng） Tang Dynastie	618–907
五代 （Wǔdài） Fünf Dynastien	907–960

Dynastie	Zeit
宋 (Sòng) Song Dynastie	960–1279
元 (Yuán) Yuan Dynastie	1206–1368
明 (Míng) Ming Dynastie	1368–1644
清 (Qīng) Qing Dynastie	1616–1911

Nachdem Sie 26 Lektionen durchgenommen haben, beherrschen Sie 800 Vokabeln, ca. 700 Schriftzeichen und 197 Schlüsselsätze. Sie haben sich mit der chinesischen Phonetik, Grammatik, dem Vokabular und den Schriftzeichen auf Grundstufenniveau befasst und sollten jetzt in der Lage sein, auf Chinesisch über das alltägliche Leben zu sprechen und einfache Texte zu lesen.

Das ist ein guter Start. Die weiteren vier Bände des *Neuen Praktischen Chinesisch* werden Ihnen helfen, sich ungezwungener auf Chinesisch zu äußern und die chinesische Kultur besser zu verstehen. Außerdem brennen Sie sicher schon darauf zu erfahren, welche Abenteuer unsere Hauptfiguren im nächsten Jahr erleben werden.

第十五课 Lektion 15

她去上海了

(一)

林　娜：力波，你來得眞早。
丁力波：剛才銀行人少，不用排隊。林娜，你今天穿得很漂亮啊。
林　娜：是嗎？我來銀行換錢，下午我還要去王府井買東西。
丁力波：今天一英鎊換多少人民幣？
林　娜：一英鎊換十一塊五毛七分人民幣。明天我要去上海旅行，得用人民幣。
丁力波：什麼？明天你要去上海嗎？你剛從西安回北京，你眞喜歡旅行！在西安玩兒得好不好？
林　娜：我玩兒得非常好。
丁力波：吃得怎麼樣？
林　娜：吃得還可以。這次住得不太好。
丁力波：你参觀兵馬俑了沒有？
林　娜：我参觀兵馬俑了。我還買了很多明信片，你到我那兒去看看吧。
丁力波：好啊。我也很想去西安旅行，你給我介紹介紹吧。看，該你了。
林　娜：小姐，我想用英鎊換人民幣。這是五百英鎊。
工作人員：好，給您五千七百八十五塊人民幣。請數一數。

(二)

馬大爲：林娜，早！好久不見，你回英國了嗎？
林　娜：我沒有回英國，我去上海了。昨天剛回北京。
馬大爲：剛才宋華來了。他也問我，林娜去哪兒了？
林　娜：我給宋華寫信了，他怎麼不知道？他現在在哪兒？
馬大爲：他回宿舍了。上海怎麼樣？聽説這兩年上海發展得非常快，是不是？
林　娜：是啊，上海很大，也非常漂亮。那兒銀行多，商場也多，我很喜歡上海。
馬大爲：上海東西貴不貴？
林　娜：東西不太貴。上海人做衣服做得眞好，我買了很多件。
馬大爲：上海人喜歡説上海話，他們普通話説得怎麼樣？
林　娜：他們普通話説得很好，年輕人英語説得也很流利。
馬大爲：你學沒學上海話？
林　娜：學了。我會説“阿拉勿懂”。
馬大爲：你説什麼？我不懂。
林　娜：這就是上海話的“我不懂”。

第十六课 Lektion 16

我把這事兒忘了

(一)

宋　　華：這是北京圖書館。我們進去吧。
丁 力 波：這個圖書館眞大。
宋　　華：辦公室在三樓，我們上樓去，先把借書證辦了。
丁 力 波：今天就可以借書嗎？
宋　　華：可以，一會兒下來借書。……
　　　　　三樓到了。我看看，是這個辦公室。
丁 力 波：先生，我想辦借書證。
工作人員：您帶照片來了嗎？
丁 力 波：帶來了。
工作人員：請先填一張表。
宋　　華：力波，你從那兒拿一張表來。我告訴你怎麼填。
丁 力 波：我漢字寫得太慢，你來填吧。
宋　　華：不行。現在你在中國生活，你應該自己填表。
丁 力 波：好吧，我自己寫。"姓名"？
宋　　華："丁力波"。
丁 力 波："性別"寫什麼？
宋　　華：自己看。
丁 力 波：自——己——看？啊，性別應該寫"男"。"職業"呢？
宋　　華：寫"學生"。好了。你把這張表和照片交了，一會兒那位先生就給你借書證了。

(二)

宋　　華：我們借書證辦了多長時間？
丁 力 波：辦了十五分鐘，辦得眞快。
宋　　華：今天辦證的人不多。力波，聽說你們上星期考試了，你考得怎麼樣？
丁 力 波：我口語考得不錯，可是翻譯考得不太好，語法也有很多問題。我想借新的漢語課本看看。
宋　　華：現在我們就去借書，我們從這兒出去。我得先把上次借的書還了。
丁 力 波：這兒的書可以借多長時間？
宋　　華：可以借一個月。
　　　　　先生，我還書。
工作人員：好。……您的書過期了，您得交罰款。
宋　　華：眞對不起，這個月太忙，我把這事兒忘了。罰多少錢？
工作人員：一本書過期一天罰兩毛，您借了四本書，過了十天，應該交八塊錢。
宋　　華：給您八塊。請問漢語課本在哪兒？
工作人員：那兒有電腦，您可以先查查。
丁 力 波：有外國人學漢語的新課本嗎？
工作人員：有。您找一找《新實用漢語課本》。

第十七课 Lektion 17

這件旗袍比那件漂亮

(一)

丁力波：小雲,哪兒賣中式衣服?

王小雲：你不知道嗎?你來北京多長時間了?

丁力波：我來北京半年了。可是你在北京已經二十年了,你是北京人,你當然比我知道得多。

王小雲：你説得對。現在北京的商店和商場多極了,大商場的東西比小商店的东西貴,可是小商店的東西不一定比大商場的差。你爲什麼現在想買中式衣服?

丁力波：從下星期開始,我要學太極拳,我得穿一套中式衣服。

王小雲：好極了!你穿中式衣服一定很帥。你喜歡什麼顏色的,黑的還是紅的?

丁力波：我喜歡白的。

王小雲：我也喜歡白的,白的漂亮。你想買好的還是買便宜的?

丁力波：我不要太貴的,也不要太便宜的。你説該去哪兒買?

王小雲：去王府井吧。那兒東西多,可能貴一點兒。

丁力波：貴一點兒沒關係。我們下午就去吧,我還想去公園走走。

(二)

宋　華：兩個小時過去了,你要的衣服還沒買。

林　娜：誰説我沒有買?我已經買了襯衫了。

宋　華：你要的旗袍呢?

林　娜：剛才看的旗袍都不錯,我眞想都買了。

宋　華：我們還有時間,可以再多看看。這件緑的怎麼樣?

林　娜：啊,這件漂亮極了,顏色、樣子都比剛才看的旗袍好。

售貨員：您可以試一試。

林　娜：好。我覺得這件大點兒,是不是?

售貨員：我給您换一件小的。這件是三十八號,比那件小兩號。您再拿去試試吧。

林　娜：這件比那件合適,宋華,你看怎麼樣?

宋　華：我覺得這件太短了。

售貨員：對,您比我高,得穿長點兒的,我再給您找找。有了,這件紅的比那件緑的長兩公分。您再試一試這件。

林　娜：小姐,太麻煩您了,眞不好意思。這件很合適。

宋　華：這件紅旗袍比那件緑的漂亮。

林　娜：可是也貴多了。

宋　華：比那件貴多少?

林　娜：貴九十塊錢。

宋　華：絲綢的當然貴一點兒。

林　娜：好吧,我就買這件。宋華,現在該去買你的了。你穿多大號的?想不想試試那套西服?

第十九课 Lektion 18

我聽懂了,可是記錯了

(一)

馬大爲: 小姐,我要寄這個包裹。
工作人員: 好,我看一下。
馬大爲: 這些書都是新的。這四本書是中文的,那兩本書是英文的。這本大詞典是舊的……
工作人員: 好了,請包好。
馬大爲: 對不起,這是我剛學的課文,我想練習練習。
工作人員: 您漢語説得很流利。您要往哪兒寄?
馬大爲: 美國。
工作人員: 您寄航空還是海運?
馬大爲: 寄航空比海運貴,可是比海運快多了。寄航空吧。
工作人員: 郵費是一百零六塊。請在這兒寫上您的名字。
馬大爲: 小姐,我還要取一個包裹。
工作人員: 請把包裹通知單給我。對不起,您的包裹不在我們郵局取,您得去海關取。
馬大爲: 請問,海關在哪兒?
工作人員: 在建國門。別忘了把您的護照帶去。
馬大爲: 謝謝。
工作人員: 不客氣。

(二)

丁力波: 大爲,現在該去海關辦你的事兒了。從這兒怎麽去海關?
馬大爲: 海關在……我想想,叫什麽門。
丁力波: 看,這兒有八〇三路公共汽車,經過前門。
馬大爲: 對,好像是前門吧。車來了,咱們先上去。
售票員: 請大家往裏走。下一站,前門。下車的乘客請拿好自己的東西;剛上車的請買票。
馬大爲: 小姐,請問海關是不是在前門?
售票員: 海關是在建國門,不是在前門。
丁力波: 我們坐錯車了。
售票員: 没關係,您可以在前門下車,在那兒換地鐵到建國門。
馬大爲: 没有坐錯? 好極了! 買兩張到前門的。
售票員: 一塊一張。您這是五塊,找您三塊。請拿好票。
丁力波: 大爲,你説昨天郵局的工作人員告訴你了,你聽懂了没有?
馬大爲: 我聽懂了,可是記錯了。
丁力波: 我得查一查: 你把護照帶來了嗎?
馬大爲: 當然帶來了,你放心吧!
丁力波: 包裹通知單呢?
馬大爲: 糟糕,我把包裹通知單忘了。

第十九课 Lektion 19

中國畫跟油畫不一樣

(一)

丁力波：咱們來早了，美術館還沒有開門呢。

林　娜：來早了比來晚了好。今天我一定要參觀一個上午。

丁力波：你眞喜歡中國畫！

林　娜：是啊，我非常喜歡徐悲鴻畫的馬。

丁力波：我跟你一樣，也很喜歡中國畫。從我十歲開始，媽媽就教我畫中國畫。你説説，我中國畫畫了多少年了？

林　娜：啊，已經畫了十一年了！我眞不知道您還是一位"老畫家"。

丁力波：不敢當。我爸爸跟我媽媽一樣喜歡中國畫，可是他自己不會畫。我爸爸也有很多愛好，他喜歡唱中國京劇。現在他在家還常常唱京劇。

林　娜：他唱得怎麽樣？

丁力波：他唱京劇跟我畫中國畫一樣，馬馬虎虎。

林　娜：我想買一幅中國畫。大畫家畫的一定很貴，是不是？

丁力波：徐悲鴻畫的馬當然貴極了。我認識一位"老畫家"，他畫的馬不貴。

林　娜：這位老畫家是誰？

丁力波：是丁力波啊！我可以把我畫好的馬送你。

(二)

丁力波：咱們已經看了一個半小時的畫兒了，二樓的還沒有看呢。現在是不是坐電梯上樓去？

林　娜：好吧。力波，你覺得中國畫跟油畫一樣不一樣？

丁力波：當然一樣，都是畫兒啊。

林　娜：别開玩笑。

丁力波：我没有開玩笑，我是説中國畫跟油畫一樣美。

林　娜：你説説哪兒不一樣？

丁力波：你找對人了，我來告訴你吧。中國畫和油畫用的材料不一樣。

林　娜：怎麽不一樣？

丁力波：中國畫用紙，油畫常常用布；中國畫主要用墨和水畫，油畫一定要用油彩畫。

林　娜：對，還有别的嗎？

丁力波：油畫没有空白，中國畫常常有空白。你看這幅徐悲鴻的畫兒：畫家只畫了一匹馬，没有畫别的。

林　娜：可是我們覺得還有别的東西。讓我們來想像一下：那匹馬往咱們這兒跑來了。我覺得它跑得非常快，好像還有風。

丁力波：對了。這就跟齊白石畫的蝦一樣，它們游來游去，眞可愛！你看，畫家畫水了嗎？

林　娜：没有畫，可是我覺得有水。

丁力波：中國畫是不是跟油畫很不一樣？

林　娜：謝謝你的介紹。可是我還想看看"老畫家"畫的馬怎麽樣。

第二十课 Lektion 20 復习(Wiederholung)

過新年

王小雲：中午咱們都去宋華家吃火鍋，他爸爸媽媽請我們跟他們一起過新年。
林　娜：在北京過新年一定很有意思。小雲，爲什麽北京很多飯館都有火鍋？是不是因爲現在天氣冷，所以北京人常吃火鍋？
王小雲：不是。北京人就愛吃火鍋，主要是涮羊肉，天氣熱的時候也吃。北京的涮羊肉跟北京烤鴨一樣有名。
林　娜：過新年的時候北京人都吃涮羊肉嗎？
王小雲：不一定。
林　娜：你説説北京人怎麽過新年。
王小雲：跟西方人一樣，很多人去旅行。也可能開車去郊區玩兒，或者去鍛煉身體。
林　娜：晚上常常做些什麽？
王小雲：晚上看京劇、聽音樂會或者跟朋友聚會。我説林娜，快點兒吧！你化妝化了半個小時了。咱們得早點兒走。
林　娜：一會兒就好。今天晚上咱們還要去聽音樂會，所以得正式一點兒。
王小雲：你知道嗎？今天晚上聽中國民樂，它跟西方音樂很不一樣。
林　娜：我知道，中國民樂主要是用民族樂器演奏的中國音樂。剛來的時候我不太習慣聽民樂，可是現在我很愛聽。
王小雲：你喜歡《春江花月夜》嗎？
林　娜：啊，《春江花月夜》美極了。我已經買了這個樂曲的光盤，今天還要再買一些，給我朋友寄去。咱們怎麽去宋華家？坐出租車還是坐公共汽車？
王小雲：今天路上的車一定很多。出租車比公共汽車快多了，坐出租車吧。
林　娜：咱們還沒有買禮物呢。送花兒是西方人的習慣，我們參加聚會的時候也可以帶吃的、喝的。中國人去朋友家的時候送什麽？
王小雲：過去常送一些吃的、喝的或者用的，現在的年輕人跟西方人一樣，也常送花兒。
林　娜：咱們買些花兒，再帶些吃的吧。
王小雲：好。别忘了把照相機帶去。
林　娜：我的照相機呢？
王小雲：在電話旁邊。
林　娜：大爲和力波怎麽不給咱們打個電話？
王小雲：我不知道大爲能不能去，因爲他要跟女朋友一起去旅行。力波一定去，他説要從這兒出發。
林　娜：再等一等他吧。
王小雲：好。咱們把陸雨平也叫去，讓他寫一篇文章，介紹留學生在中國怎麽過新年。

* * *

丁力波：小雲，林娜，新年好！恭喜恭喜！
林　娜：恭喜你！大爲呢？
丁力波：大爲昨天晚上就坐火車去南方了。
王小雲：你又來晚了。
丁力波：眞不好意思。二位小姐别著急，出租車已經來了。
王小雲：你把出租車叫來了，太好了。咱們快走。
林　娜：你給宋華帶什麽禮物去？
丁力波：今年是馬年，我又畫了一匹馬。你們看，畫得怎麽樣？

第二十一课 Lektion 21

我們的隊員是從不同國家來的

(一)

陸雨平：聽説上星期你們留學生隊赢了一場足球比賽。我想寫一篇文章，介紹一下留學生足球隊的事兒。
丁力波：太好了。你是怎麼知道的？
陸雨平：我是聽你的同學説的。別忘了我是記者，我今天是來問你們問題的。你們留學生隊是跟誰比賽的？
丁力波：我們隊是跟中國大學生隊比賽的。
陸雨平：你們是在哪兒比賽的？
王小雲：是在我們學校比賽的。
陸雨平：中國大學生隊的水平比你們高吧？
丁力波：他們的水平比我們高多了。
王小雲：宋華説，大學生隊的教練是從國家隊來的。
陸雨平：他是什麼時候從國家隊下來的？
王小雲：他是去年從國家隊下來的。這位教練來了以後，大學生隊的水平提高得很快。
丁力波：大學生隊的十號踢得很好。左邊的五號、右邊的十二號跑得都很快。
陸雨平：你們留學生隊呢？
丁力波：我們的隊員是從不同國家來的，我們不常練習。
陸雨平：你們是怎麼赢的？
丁力波：上半場零比零。下半場他們幫助我們進了一個球，是一比零赢的。

(二)

陸雨平：我還要問問你們：你們去看大爲租的房子了沒有？房子在哪兒？
王小雲：去了，房子在學校東邊，離學校不太遠。那兒叫花園小區，大爲住八號樓。
陸雨平：你們是怎麼去的？
丁力波：我們是坐公共汽車去的。車站就在小區前邊。下車以後先往右拐，再往前走三分鐘，就到八號樓了。
陸雨平：那兒怎麼樣？
丁力波：很好。八號樓下邊是一個小花園，左邊有一個商店，商店旁邊是書店。右邊是銀行和郵局。大爲的房子在八號樓九層，上邊還有六層。
陸雨平：房子不大吧？
王小雲：那套房子一共有五十六平方米。
丁力波：進門以後，左邊是衛生間，右邊是客廳。
陸雨平：廚房在哪兒？
王小雲：廚房在客廳北邊，臥室在客廳東邊。臥室外邊有一個大陽臺。
丁力波：記者先生，你問了很多問題，你也要寫一篇文章介紹馬大爲租的房子吧？
陸雨平：問問題是記者的職業習慣啊。

第二十二课 Lektion 22

你看過越劇沒有

(一)

宋　華：林娜,你看過越劇沒有?
林　娜：沒有。來中國以後,我聽過兩次音樂會,看過一次京劇。我雖然去過南方,但是沒有看過越劇。昨天的報上說,南方的一個越劇團到北京來了。
宋　華：是啊,越劇是中國有名的地方戲。這個劇團是從上海來的,現在在長安大戲院上演《紅樓夢》。
林　娜：上演《紅樓夢》嗎?太好了!我知道《紅樓夢》是中國有名的古典小說,我看過一遍,是用英文翻譯的。
宋　華：你覺得這部小說怎么樣?
林　娜：我覺得小說裏的愛情故事非常感人。
宋　華：你想不想再看一次越劇的《紅樓夢》?我有兩張票。
林　娜：當然想看。是什麼時候的票?
宋　華：是明天晚上七點一刻的。座位很好,樓下五排八號和十號。
林　娜：我沒去過長安大戲院。這個戲院在哪兒?
宋　華：我去過啊,長安大戲院離建國門不遠,就在建國門的西邊。咱們一起打的去。
林　娜：好,明天見。

(二)

宋　華：你覺得越劇《紅樓夢》怎麼樣?
林　娜：我從來沒有看過這麼感人的戲。兩個主角演得好極了。我覺得越劇的音樂特別優美,越劇的風格跟京劇很不一樣。
宋　華：你說得很對。你可能還不知道,很早以前京劇裏沒有女演員,都是男演員演女角色。越劇跟京劇不同,以前沒有男演員,讓女演員演男角色。所以越劇的風格跟京劇很不一樣。
林　娜：聽說中國地方戲的種類很多,每個地方都有吧?
宋　華：是啊,每種地方戲都有自己的風格,每個地方的人都習慣看自己的地方戲。但是京劇是全中國的,喜歡京劇的人特別多。
林　娜：中國京劇團兩年以前到英國訪問過,我跟爸爸媽媽一起去看過一次。他們都覺得京劇很美。
宋　華：很多外國朋友都喜歡中國京劇,一些外國留學生還到北京來學京劇。現在他們有的人會唱京劇,有的人還會演京劇。
林　娜：我有一個朋友,也是英國留學生,他就會演京劇。
宋　華：我還從來沒聽過外國留學生唱越劇。你這麼喜歡越劇的音樂,應該學一學越劇。
林　娜：我雖然喜歡越劇音樂,可是我覺得唱越劇太難了。
宋　華：你的嗓子很好。你可以先多聽聽,再學唱。

第二十三课 Lektion 23

我們爬上長城來了

(一)

陳老師：要放假了，同學們有什麽打算？
林　娜：有的同學去旅行，有的同學回家。
陳老師：小雲，你呢？
王小雲：我打算先去泰山，再回家看我爸爸媽媽。林娜，你去過泰山没有？
林　娜：泰山我去過一次了。這次我想去海南島旅行。
王小雲：你跟宋華一起去吧？
林　娜：是啊，去海南島旅行就是他提出來的。
王小雲：你們坐飛機去還是坐火車去？
林　娜：坐飛機去。機票已經買好了。力波呢？去不去泰山？
王小雲：去。他説他要從山下爬上去，再從山頂走下來。他還説，先爬泰山，再去參觀孔子教書的地方。
林　娜：對了，大爲想去哪兒？
王小雲：小燕子建議大爲也去海南島。她説現在那兒天氣好，氣溫合適，能去游泳，還可以看優美的景色。現在北京是冬天，可是在海南島還可以過夏天的生活，多有意思啊！
林　娜：小燕子是導遊小姐，旅行的事兒她知道得很多，應該聽她的。大爲可以跟我們一起去。
王小雲：大爲還建議放假以前咱們一起去長城。陳老師，您能不能跟我們一起去？
陳老師：行。我很願意跟你們一起去爬一次長城。

(二)

王小雲：陳老師、林娜，加油！快上來！
陳老師：力波、大爲他們呢？
王小雲：他們已經爬上去了。咱們也快要到山頂了。
陳老師：别著急。我覺得有點兒累，林娜也累了，咱們就坐下來休息一會兒吧。先喝點兒水再往上爬。
林　娜：這兒的景色多美啊！長城好像一條龍。看，下邊都是山，火車從山裏開出來了。我要多拍些照片寄回家去。
王小雲：你來過這兒嗎？
林　娜：來過。是秋天來的。那時候長城的景色跟現在很不一樣。
王小雲：是啊。現在是冬天，今天還是陰天，要下雪了。
林　娜：在長城上看下雪，太美了。
陳老師：今天這兒的氣溫是零下十度。可是你們知道嗎？廣州今天是零上二十度。
林　娜：中國眞大。北方還是這麽冷的冬天，可是春天已經到了南方。你們看，力波怎麽走下來了？
丁力波：喂，你們怎麽還没上來？要幫忙嗎？
王小雲：不用。你不用跑過來，我們自己能上去。陳老師，您休息好了嗎？
陳老師：休息好了。小雲，你幫我站起來……
林　娜：啊！我們爬上長城來了！

第二十四课 Lektion 24

你舅媽也開始用電腦了

(一)

丁力波：小雲，火車快到了吧？
王小雲：從上海到北京的T23次八點四十分到，現在八點半，快到了。
丁力波：你舅舅是農民嗎？
王小雲：是。他過去是上海郊區的農民，現在當蔬菜公司的經理了。
丁力波：他來過北京嗎？
王小雲：他來過兩次，可是我都不在。上次他來的時候，我正在南方旅行呢。
丁力波：看，那個人正在問路呢。我們過去看看，那是不是你舅舅。
王小雲：好像是吧。我十年以前見過他，這十年變化很大。不但他不認識我了，而且我也可能不認識他了。
丁力波：可不。那時候你還是個小孩，現在是大姑娘了。
王小雲：是啊，我舅舅也老了。那個人在看地圖嗎？
丁力波：他沒在看地圖，他好像在看照片。他向我們走過來了。
王小雲：他很像我舅舅。不錯，是我舅舅。舅舅，您好！
舅　舅：小雲！十年不見，你是大學生了。你今年上幾年級了？
王小雲：上大學三年級了。
舅　舅：有男朋友了嗎？
王小雲：舅舅，這是我同學丁力波。他是加拿大留學生。
丁力波：您好，路上辛苦了。快要下雨了，請上車吧！

(二)

王小雲：舅媽呢？怎麼沒有來？她説過要跟您一起來北京。
舅　舅：你舅媽在種溫室蔬菜呢。她現在很忙，這次不來了。
王小雲：現在你們種蔬菜的收入怎麼樣？
舅　舅：我們種溫室蔬菜，收入比以前好多了。
王小雲：家裏的生活怎麼樣？
舅　舅：生活還可以。前年我們蓋了一座兩層的小樓，去年還買了一輛汽車。現在我們去別的城市也方便了。
丁力波：您的生活水平比城裏人的還高。
舅　舅：我們村吃的、穿的、住的都不比城裏差。問題是我們農民的文化水平還比城裏人的低一些。
王小雲：現在農民沒有文化眞不行。
舅　舅：你説得很對，農民也都要學習新技術。溫室蔬菜是用电脑管理的。你舅媽也開始用电脑了。
王小雲：今年我一定要去看看你們。

第二十五课 Lektion 25

司機開着車送我們到醫院

(一)

王小雲：宋華，你來幫我們一下，好嗎？
宋　華：你們怎麽了？現在你在哪兒？
王小雲：林娜被撞傷了，正在第三醫院檢查呢。
宋　華：她傷了哪兒了？傷得重嗎？
王小雲：還没有檢查完呢。你帶點兒錢來。
宋　華：好的，你們等着，我馬上就來。
(在第三醫院)
宋　華：林娜，你怎麽樣？傷得重不重？
林　娜：傷得不太重。我的胳膊被撞傷了，右腿也有點兒疼。
宋　華：你是怎麽被撞傷的？
林　娜：怎麽説呢？下午我和小雲看完電影，騎著自行車回學院。我們説著、笑著，往右拐的時候没有注意，撞到了車上。那輛車停在路(旁)邊，司機正在從車上拿東西。
宋　華：你們是怎麽到醫院來的？
林　娜：那位司機看到我被撞傷了，就馬上開著車送我們到醫院。
宋　華：那位司機眞不錯。
林　娜：我們帶的錢不多，醫藥費都是他幫我們交的。他還給了我一張名片。
宋　華：眞應該謝謝那位司機，明天我去把錢還他。剛才我還以爲你被汽車撞了。
林　娜：還好，汽車被我撞了。如果我被汽車撞了，就糟糕了。

(二)

陸雨平：大爲，林娜宿舍的門開著，她躺著看電視呢。
林　娜：啊，陸雨平、大爲，快進來。
馬大爲：林娜，你怎麽樣？好點兒了嗎？
林　娜：好多了。你們這麽忙，還帶著花兒來看我，謝謝你們。這束花兒眞漂亮，放在桌(子)上吧。
馬大爲：檢查的結果怎麽樣？
林　娜：醫生説没有大的問題，他讓我躺在床上休息休息。大爲，你把電視關了吧，咱們説會兒話。
陸雨平：現在胳膊還疼不疼？
林　娜：不疼了。可是胳膊這麽彎著，寫字很不方便。上星期我漢字没有考好，現在又撞傷了胳膊，眞倒楣！這兩天都是壞消息。
馬大爲：別著急，我有一個好消息。
林　娜：什麽好消息？
馬大爲：上星期六晚上，我的自行車被小偷偷走了。
林　娜：自行車被偷了，這是什麽好消息？
馬大爲：你聽著，來你這兒以前，派出所給我打了一個電話，讓我去一下。
林　娜：你去派出所做什麽？
馬大爲：小偷被抓到了，我丢的車也找到了，現在在派出所呢。你説，這是不是好消息？
林　娜：是個好消息。
陸雨平：眞應該祝賀你！

第二十六课 Lektion 26

你快要成“中國通”了

宋　華：林娜，你來中國已經快一年了吧。你不但學習了漢語，而且還認識了很多中國朋友，中國的情況又知道得不少，你快要成“中國通”了。

林　娜：哪里，哪里，“中國通”眞不敢當，還差得遠呢。説實在的，我越來越喜歡中國文化了。中國從南到北，從東到西，每個地方都有自己的特點。

宋　華：歷史博物館正在舉辦“2002——中國”展覽，那兒有很多圖片，有的是我們見過的，有的是我們沒見過的。你對中國文化這麽感興趣，我建議你去看看。

林　娜：好極了，我一定去。今天我們有一個結業聚會，力波他們快要來了。你把這個消息告訴他們，我想他們也一定會非常感興趣。

宋　華：好啊。林娜，你還記得嗎？剛來的時候，你説過，如果每天都讓你吃中餐，你就會餓死。現在你不但喜歡吃中餐，而且還學會了做中國菜。

林　娜：可不，現在如果一天不吃中餐，我就會覺得有點兒不舒服。

(丁力波、馬大爲進宿舍)

馬大爲：你們在聊什麽呢？去哪兒吃中餐？我也去。

宋　華：我們在説，你們這些老外快成“中國通”了。力波當然就不用説了。

丁力波：因爲我媽媽是中國人，所以我早就有點兒中國化了。林娜愛穿旗袍，愛吃中國菜，還喜歡看越劇、聽中國民樂，好像也有點兒中國化了。

林　娜：我是到北京以後才開始中國化的。

馬大爲：我看這很容易，像有的留學生那樣，找個中國姑娘做妻子。你找個長得帥的中國小夥子做丈夫，每天在一起生活，就可以中國化了。

林　娜：別開玩笑。説眞的，我現在覺得漢語語法不太難，可是漢字很難。

馬大爲：聲調也不容易，我常常説錯。

宋　華：你們在中國才學習了一年，漢語水平就提高得這麽快，主要是因爲你們學習都很努力。

丁力波：這兒的老師教得特別認眞，朋友們對我們也非常熱情，常常幫助我們學漢語，所以我們進步很快。

林　娜：一年的學習時間太短了。我雖然已經能聽懂中國人説的一些話，可是自己説漢語還説得不太流利，明年我還要來中國學習。

馬大爲：林娜，老師和同學們都在等著我們呢，我們走吧。

丁力波：好，明年再中國化吧！

林　娜：宋華，明天你陪我去參觀“2002——中國”展覽，好嗎？

宋　華：好，明天見！

林　娜：不見不散！

语法术语缩略形式一览表
Abkürzungen der grammatischen Termini

Abkürzung	***Grammatischer Terminus auf Deutsch***	***Grammatischer Terminus auf Chinesisch***	***Grammatischer Terminus in Pinyin-Transkription***
Adj	*Adjektiv*	形容词	xíngróngcí
Adv	*Adverb*	副词	fùcí
AsPa	*Aspektpartikel*	动态助词	dòngtài zhùcí
EN	*Eigenname*	专有名词	zhuānyǒu míngcí
IPa	*Fragepartikel*	疑问助词	yíwèn zhùcí
I	*Interjektion*	叹词	tàncí
IPr	*Interrogativpronomen, Fragepronomen*	疑问代词	yíwèn dàicí
Konj	*Konjunktion*	连词	liáncí
MoPa	*Modalpartikel*	语气助词	yǔqì zhùcí
MV	*Modalverb*	能愿动词	néngyuàn dòngcí
N	*Nomen*	名词	míngcí
NP	*Nominalphrase*	名词短语	míngcí duǎnyǔ
O	*Objekt*	宾语	bīnyǔ
Ono	*Onomatopöie, Schallwort*	象声词	xiàngshēngcí
OA	*Ortsangabe*	地点词	dìdiǎncí
Pa	*Partikel*	助词	zhùcí
Pr	*Pronomen*	代词	dàicí
Präf	*Präfix*	词头	cítóu
Präp	*Präposition*	介词	jiècí
R	*Redewendung, Idiomatische Wendung*	习惯用语	xíguàn yòngyǔ
StPa	*Strukturpartikel*	结构助词	jiégòu zhùcí
S	*Subjekt*	主语	zhǔyǔ
Suf	*Suffix*	词尾	cíwěi
V	*Verb*	动词	dòngcí
VK	*Verb-Komplement Verb*	动补式动词	dòngbǔshì dòngcí
VO	*Verb-Objekt Verb, Verbalgruppe*	动宾式动词	dòngbīnshì dòngcí
VP	*Verbalphrase*	动词短语	dòngcí duǎnyǔ
ZA	*Zeitangabe*	时间词	shíjiāncí
ZEW	*Zähleinheitswort*	量词	liàngcí
ZW	*Zahlwort*	数词	shùcí

生词索引(简繁对照)
Vokabelverzeichnis
(Kurz- und Langzeichen)

词条	繁体	词性	拼音	德译	课号
				A	
爱	愛	(V)	ài	lieben	20
爱好	愛好	(N/V)	àihào	Hobby; mögen	19
爱情	愛情	(N)	àiqíng	Liebe	22
				B	
把	把	(Präp)	bǎ	(zur Hervorhebung der Einwirkung auf das Objekt)	16
白	白	(Adj)	bái	weiß	17
办公室	辦公室	(N)	bàngōngshì	Büro	16
帮	幫	(V)	bāng	jm. helfen, unterstützen	23
帮忙	幫忙	(VO)	bāngmáng	jm. helfen	23
包	包	(V)	bāo	einwickeln	18
包裹	包裹	(N)	bāoguǒ	Paket	18
北边	北邊	(N)	běibian	der Norden, nördlich	21
北方	北方	(N)	běifāng	der Norden	23
被	被	(Präp)	bèi	von, durch (zur Kennzeichnung des Passivs)	25
比	比	(Präp)	bǐ	als (im Vergleich zu)	17
比赛	比賽	(N/V)	bǐsài	Wettkampf / wetteifern	21
遍	遍	(ZEW)	biàn	-mal (*Zähleinheitswort* für die Häufigkeit von Handlungen)	22
变化	變化	(N)	biànhuà	Veränderung	24
表	表	(N)	biǎo	Formular, Tabelle	16
别	別	(Adv)	bié	(sei) nicht...!	18
别的	別的	(Pr)	biéde	ein anderer, andere	19
兵马俑	兵馬俑	(N)	bīngmǎyǒng	Tonarmee (als Grabbeigabe)	15
博物馆	博物館	(N)	bówùguǎn	Museum	26
不错	不錯	(Adj)	búcuò	ziemlich gut	16
不但	不但	(Konj)	búdàn	nicht nur	24
不敢当	不敢當	(R)	bù gǎndāng	Zu viel der Ehre!	19
不见不散	不見不散	(R)	bú jiàn bú sàn	Keiner geht, ohne den anderen gesehen zu haben!	26
不同	不同	(Adj)	bùtóng	unterschiedlich, verschieden	21
不行	不行	(V)	bùxíng	nicht möglich sein, es geht nicht	16
布	布	(N)	bù	Stoff	19
部	部	(ZEW)	bù	(*Zähleinheitswort* für Filme, Bücher)	22
				C	
才	才	(Adv)	cái	erst, nur	26
材料	材料	(N)	cáiliào	Material, Rohstoff	19
菜	菜	(N)	cài	Speise, Gemüse	26
参观	參觀	(V)	cānguān	etw. besichtigen, besuchen	15
查	查	(V)	chá	überprüfen; nachschlagen	16

差	差	(Adj)	chà	schlecht, ungenügend	17
长	長	(Adj)	cháng	lang	16
长安大戏院	長安大戲院	(EN)	Cháng'ān Dà Xìyuàn	Chang'an Theater	22
长城	長城	(EN)	Chángchéng	Große Mauer	23
场	場	(ZEW)	chǎng	(*Zähleinheitswort* für Sportwettkämpfe, Filme, Vorführungen)	21
唱	唱	(V)	chàng	singen	19
车	車	(N)	chē	Fahrzeug	18
车站	車站	(N)	chēzhàn	Bushaltestelle	21
衬衫	襯衫	(N)	chènshān	Hemd, Bluse	17
成	成	(V)	chéng	werden zu	26
城	城	(N)	chéng	Stadt	24
乘客	乘客	(N)	chéngkè	Fahrgast, Passagier	18
城市	城市	(N)	chéngshì	Stadt	24
出	出	(V)	chū	hinausgehen, herauskommen	16
出发	出發	(V)	chūfā	aufbrechen, sich aufmachen; von etw. ausgehen	20
出租车	出租車	(N)	chūzūchē	Taxi	20
《春江花月夜》	《春江花月夜》	(EN)	《Chūn Jiāng Huā Yuè Yè》	(bekanntes traditionelles chinesisches Musikstück)	20
春天	春天	(N)	chūntiān	Frühling	23
词典	詞典	(N)	cídiǎn	Wörterbuch	18
次	次	(ZEW)	cì	-mal (ZEW für die Häufigkeit von Handlungen)	15
从	從	(Präp)	cóng	von (... her)	15
从来	從來	(Adv)	cónglái	schon immer, seit jeher	22
村	村	(N)	cūn	Dorf	24
错	錯	(Adj)	cuò	falsch	18

D

打的	打的	(VO)	dǎdī	mit dem Taxi fahren	22
打算	打算	(N/V)	dǎsuan	Plan; vorhaben	23
大家	大家	(Pr)	dàjiā	alle	18
大学	大學	(N)	dàxué	Universität	24
大学生	大學生	(N)	dàxuéshēng	Student (-in)	21
带	帶	(V)	dài	etw. bei/mit sich tragen, mitbringen	16
但是	但是	(Konj)	dànshì	aber	22
当	當	(V)	dāng	tätig sein als, arbeiten als	24
导游	導游	(N)	dǎoyóu	Reiseführer (-in)	23
倒霉	倒霉	(Adj)	dǎoméi	Pech haben; dummerweise	25
得	得	(StPa)	de	(Strukturpartikel)	15
得	得	(MV)	děi	müssen	15
低	低	(Adj)	dī	niedrig	24
地方	地方	(N)	dìfang	Ort, Stelle	22
地方戏	地方戲	(N)	dìfāngxì	regionale Oper	22
地铁	地鐵	(N)	dìtiě	U-Bahn	18
地图	地圖	(N)	dìtú	Landkarte	24
第	第	(Präf)	dì	Präfix für Ordinalzahlen	25
电脑	電腦	(N)	diànnǎo	Computer	16
电视	電視	(N)	diànshì	Fernseher	25
电梯	電梯	(N)	diàntī	Fahrstuhl	19
顶	頂	(N)	dǐng	Spitze	23
丢	丟	(V)	diū	etw. geht verloren	25
东边	東邊	(N)	dōngbian	Osten, östlich	21
冬天	冬天	(N)	dōngtiān	Winter	23

懂	懂	(V)	dǒng	verstehen	15
度	度	(ZEW)	dù	Grad (*Zähleinheitswort* für Temperaturangaben)	23
短	短	(Adj)	duǎn	kurz	17
对	對	(Präp)	duì	gegen, auf, in Richtung auf	26
队	隊	(N)	duì	Mannschaft	21
队员	隊員	(N)	duìyuán	Mannschaftsmitglied	21

E

饿	餓	(Adj)	è	hungrig	26
而且	而且	(Konj)	érqiě	(sondern) auch, zudem	24

F

发展	發展	(V)	fāzhǎn	entwickeln	15
罚	罰	(V)	fá	strafen	16
罚款	罰款	(VO/N)	fákuǎn	jn. mit einer Geldstrafe belegen / Geldstrafe	16
翻译	翻譯	(V)	fānyì	übersetzen, dolmetschen	16
饭馆	飯館	(N)	fànguǎn	Restaurant	20
方便	方便	(Adj)	fāngbiàn	praktisch, bequem	24
访问	訪問	(V)	fǎngwèn	besuchen, aufsuchen	22
放	放	(V)	fàng	stellen, legen	25
放假	放假	(VO)	fàngjià	Urlaub/Ferien haben	23
放心	放心	(VO)	fàngxīn	erleichtert sein, sich beruhigen	18
飞机	飛機	(N)	fēijī	Flugzeug	23
非常	非常	(Adv)	fēicháng	äußerst, höchst	15
风	風	(N)	fēng	Wind	19
风格	風格	(N)	fēnggé	Stil, Eigenart	22
幅	幅	(ZEW)	fú	(*Zähleinheitswort* für Bilder, Stoffbahnen usw.)	19

G

该	該	(V)	gāi	an der Reihe sein, dran sein	15
盖	蓋	(V)	gài	bauen	24
感人	感人	(Adj)	gǎnrén	beeindruckend, ergreifend, bewegend	22
感兴趣	感興趣	(R)	gǎn xìngqù	sich für etw. interessieren	26
刚	剛	(Adv)	gāng	gerade, eben	15
高	高	(Adj)	gāo	groß, hoch	17
胳膊	胳膊	(N)	gēbo	Arm	25
公分	公分	(N)	gōngfēn	Zentimeter	17
公共汽车	公共汽車	(N)	gōnggòngqìchē	Bus	18
恭喜	恭喜	(R)	gōngxǐ	Gratuliere! Herzlichen Glückwunsch!	20
公园	公園	(N)	gōngyuán	Park	17
工作人员	工作人員	(N)	gōngzuò rényuán	Mitarbeiter	15
古典	古典	(Adj)	gǔdiǎn	klassisch	22
故事	故事	(N)	gùshi	Geschichte, Erzählung	22
拐	拐	(V)	guǎi	einbiegen, abbiegen	21
关	關	(V)	guān	schließen; ausschalten	25
管理	管理	(V)	guǎnlǐ	etw. verwalten, bewirtschaften, managen	24
广州	廣州	(EN)	Guǎngzhōu	Guangzhou	23
国家	國家	(N)	guójiā	Land, Staat	21
过	過	(V)	guò	überschreiten; vergehen	16
过期	過期	(VO)	guòqī	überfällig sein, den Termin überschreiten	16
过去	過去	(V)	guòqù	vergehen	17

过去	過去	(N)	guòqù	Vergangenheit	20
过	過	(AsPa)	guo	(zur Kennzeichnung einer Erfahrung)	22

H

海关	海關	(N)	hǎiguān	Zoll, Zollamt	18
海南岛	海南島	(EN)	Hǎinán Dǎo	Insel Hainan	23
海运	海運	(N)	hǎiyùn	Seefracht	18
航空	航空	(N)	hángkōng	Luftfahrt	18
好久不见	好久不見	(R)	hǎojiǔ bújiàn	Lange nicht gesehen!	15
好像	好像	(V)	hǎoxiàng	zu sein scheinen, ganz aussehen wie	18
合适	合適	(Adj)	héshì	passend, angemessen, richtig	17
黑	黑	(Adj)	hēi	schwarz	17
红	紅	(Adj)	hóng	rot	17
《红楼梦》	《紅樓夢》	(EN)	《Hónglóu Mèng》	*Der Traum der roten Kammer*	22
护照	護照	(N)	hùzhào	Pass	18
花儿	花兒	(N)	huār	Blume	20
花园	花園	(N)	huāyuán	Garten	21
花园小区	花園小區	(N)	huāyuán xiǎoqū	Garten-Viertel	21
化	化	(V)	huà	sich / etw. verwandeln	20
画	畫	(V)	huà	malen, zeichenen	19
话	話	(N)	huà	(gesprochene) Sprache, Rede	15
画家	畫家	(N)	huàjiā	Maler (-in)	19
画儿	畫兒	(N)	huàr	Bild	19
化妆	化妝	(VO)	huàzhuāng	sich schminken	20
坏	壞	(Adj)	huài	schlecht, kaputt	25
还	還	(V)	huán	zurückgeben	16
换	換	(V)	huàn	wechseln, tauschen; umtauschen	15
火车	火車	(N)	huǒchē	Zug	20
火锅	火鍋	(N)	huǒguō	Feuertopf	20
或者	或者	(Konj)	huòzhě	oder	20

J

机	機	(N)	jī	Flugzeug	23
极(了)	(極)了	(Adv)	jí(le)	äußerst	17
记	記	(V)	jì	sich etw. merken; etw. notieren	18
记得	記得	(V)	jìde	sich an etw. erinnern	26
技术	技術	(N)	jìshù	Technik, Kunst(fertigkeit)	24
记者	記者	(N)	jìzhě	Journalist (-in), Reporter (-in)	21
加油	加油	(VO)	jiāyóu	größere Anstrengungen machen; jn. anfeuern	23
检查	檢查	(V)	jiǎnchá	untersuchen, prüfen, durchsehen	25
见	見	(V)	jiàn	jn. / etw. sehen, jn. treffen	22
建国门	建國門	(EN)	Jiànguó Mén	Jianguo Men (Ort in Peking)	18
建议	建議	(V/N)	jiànyì	vorschlagen / Vorschlag	23
交	交	(V)	jiāo	abgeben, übergeben, aushändigen	16
郊区	郊區	(N)	jiāoqū	Umland, Randbezirk	20
教书	教書	(VO)	jiāoshū	lehren	23
教练	教練	(N)	jiàoliàn	Trainer (-in)	21
结果	結果	(N)	jiéguǒ	Ergebnis, Resultat	25
结业	結業	(VO)	jiéyè	(Ausbildung) abschließen	26
借	借	(V)	jiè	sich etw. leihen	16

借书证	借書證	(N)	jièshūzhèng	Bibliotheksausweis	16
进步	進步	(N/V)	jìnbù	Fortschritte machen/Fortschritt	26
经过	經過	(V)	jīngguò	durch etw. gehen, kommen, passieren	18
京剧	京劇	(N)	jīngjù	Pekingoper	19
景色	景色	(N)	jǐngsè	Landschaft, Szenerie	23
旧	舊	(Adj)	jiù	alt; abgenutzt, gebraucht	18
就	就	(Adv)	jiù	eben, genau	15
舅舅	舅舅	(N)	jiùjiu	Onkel (Bruder der Mutter)	24
舅妈	舅媽	(N)	jiùmā	Tante (Mann des Bruders der Mutter)	24
举办	舉辦	(V)	jǔbàn	etw. veranstalten	26
剧团	劇團	(N)	jùtuán	Theatertruppe, Ensemble	22
觉得	覺得	(V)	juéde	meinen, finden	17
角色	角色	(N)	juésè	Rolle, Figur, Part	22

K

开车	開車	(VO)	kāichē	Auto fahren	20
开门	開門	(VO)	kāimén	die Tür aufmachen, öffnen; eröffnen	19
开始	開始	(V)	kāishǐ	anfangen, beginnen	17
开玩笑	開玩笑	(V O)	kāi wánxiào	einen Scherz machen; jn. auf den Arm nehmen	19
考	考	(V)	kǎo	Prüfung haben, abhalten, prüfen	16
考试	考試	(V/N)	kǎoshì	Prüfung haben, abhalten / Prüfung	16
可不	可不	(R)	kěbù	genau!, eben! (als Bestätigung)	24
课本	課本	(N)	kèběn	Lehrbuch	16
客气	客氣	(Adj)	kèqi	höflich, förmlich	18
客厅	客廳	(N)	kètīng	Wohnzimmer	21
孔子	孔子	(EN)	Kǒngzǐ	Konfuzius	23
空白	空白	(N)	kòngbái	Lücke	19
快	快	(Adj)	kuài	schnell	15

L

老	老	(Adj)	lǎo	alt, erfahren	19
老外	老外	(N)	lǎowài	Ausländer	26
累	累	(Adj)	lèi	müde (sein)	23
离	離	(Präp)	lí	entfernt sein von	21
里(边)	里(邊)	(N)	lǐ(bian)	in, innen	18
历史	歷史	(N)	lìshǐ	Geschichte	26
辆	輛	(ZEW)	liàng	(*Zähleinheitswort* für Fahrzeuge)	24
聊	聊	(V)	liáo	sich unterhalten, plaudern	26
零(下)	零(下)	(N)	líng(xià)	Null (unter Null)	23
流利	流利	(Adj)	liúlì	fließend, flüssig	15
龙	龍	(N)	lóng	Drache	23
路	路	(N)	lù	Straße; (Bus) Linie	18
路上	路上	(N)	lùshang	unterwegs	20
绿	綠	(Adj)	lǜ	grün	17

M

麻烦	麻煩	(V)	máfan	belästigen, stören	17
马马虎虎	馬馬虎虎	(Adj)	mǎmǎhūhū	durchwachsen, so lala	19
马上	馬上	(Adv)	mǎshàng	sofort	25
卖	賣	(V)	mài	verkaufen	17
慢	慢	(Adj)	màn	langsam	16

没关系	沒關係	(R)	méi guānxi	das macht nichts, nicht so schlimm, keine Ursache	17
美	美	(Adj)	měi	schön	19
美术馆	美術館	(N)	měishùguǎn	Galerie, Kunsthalle	19
门	門	(N)	mén	Tür, Tor; Zugang	18
米	米	(ZEW)	mǐ	Meter	21
民乐	民樂	(N)	mínyuè	traditionelle chinesische Musik, Folkmusik	20
民族	民族	(N)	mínzú	Nation, Volk; Nationalität	20
明年	明年	(N)	míngnián	nächstes Jahr	26
明信片	明信片	(N)	míngxìnpiàn	Postkarte	15
墨	墨	(N)	mò	chinesische Tusche	19

N

拿	拿	(V)	ná	etw. holen, nehmen, halten	16
那样	那樣	(Pr)	nàyàng	so, derartig	26
南	南	(N)	nán	Süden	26
难	難	(Adj)	nán	schwierig, schwer	22
年级	年級	(N)	niánjí	Jahrgang	24
年轻	年輕	(Adj)	niánqīng	jung	15
农民	農民	(N)	nóngmín	Bauer	24
努力	努力	(Adj)	nǔlì	eifrig, sich anstrengen	26

P

爬	爬	(V)	pá	besteigen, klettern auf	23
拍	拍	(V)	pāi	(mit der Handfläche auf etw.) schlagen; fotografieren	23
排	排	(N)	pái	Reihe	22
排队	排隊	(VO)	páiduì	sich anstellen, Schlange stehen	15
派出所	派出所	(N)	pàichūsuǒ	Polizeiwache	25
旁边	旁邊	(N)	pángbiān	seitlich, neben, an der Seite	20
跑	跑	(V)	pǎo	laufen, rennen	19
陪	陪	(V)	péi	jn. begleiten	26
匹	匹	(ZEW)	pǐ	(*Zähleinheitswort* für Pferde)	19
篇	篇	(ZEW)	piān	(*Zähleinheitswort* für Aufsätze, Artikel)	20
便宜	便宜	(Adj)	piányi	preiswert, billig	17
票	票	(N)	piào	Ticket, Karte	18
平方米	平方米	(ZEW)	píngfāngmǐ	Quadratmeter	21
普通话	普通話	(N)	pǔtōnghuà	Hochchinesisch	15

Q

妻子	妻子	(N)	qīzi	Ehefrau	26
骑	騎	(V)	qí	reiten, (Rad) fahren	25
齐白石	齊白石	(EN)	Qí Báishí	Name eines berühmten chinesischen Malers	19
旗袍	旗袍	(N)	qípáo	Qipao, chinesisches Etuikleid	17
起	起	(V)	qǐ	sich erheben, aufstehen	23
汽车	汽車	(N)	qìchē	Fahrzeug, Auto	18
气温	氣溫	(N)	qìwēn	Lufttemperatur	23
千	千	(ZW)	qiān	tausend	15
前边	前邊	(N)	qiánbian	vorn, Vorderseite	21
前门	前門	(EN)	Qiánmén	Qianmen (Ort in Peking)	18
前年	前年	(N)	qiánnián	vorletztes Jahr	24
情况	情況	(N)	qíngkuàng	Lage, Umstände	26

秋天	秋天	(N)	qiūtiān	Herbst	23
球	球	(N)	qiú	Ball	21
取	取	(V)	qǔ	(ab)holen; sich etw. nehmen	18
去年	去年	(N)	qùnián	letztes Jahr	21

R

热	熱	(Adj)	rè	heiß	20
热情	熱情	(Adj)	rèqíng	begeistert, enthusiastisch, herzlich	26
人民币	人民幣	(N)	rénmínbì	Renminbi (RMB)	15
认真	認真	(Adj)	rènzhēn	ernsthaft, gewissenhaft	26
如果	如果	(Konj)	rúguǒ	wenn, falls	25

S

山	山	(N)	shān	Berg	23
伤	傷	(V)	shāng	sich / jn. verletzen	25
商店	商店	(N)	shāngdiàn	Laden, Geschäft	17
上	上	(V/N)	shàng	nach oben gehen / letzt-, vergangen-	16
上	上	(V)	shàng	(zu einer bestimmten Zeit) bei etw. sein, mit etw. beschäftigt sein	24
上边	上邊	(N)	shàngbian	oben, über	21
上演	上演	(V)	shàngyǎn	etw. aufführen, vorführen	22
少	少	(Adj)	shǎo	wenig	15
声调	聲調	(N)	shēngdiào	Betonung, Intonation, Ton	26
生活	生活	(V/N)	shēnghuó	leben / Leben	16
实在	實在	(Adj/ Adv)	shízài	real, existierend / wirklich	26
试	試	(V)	shì	versuchen, probieren	17
收入	收入	(N)	shōurù	Einnahmen, Einkünfte	24
售货员	售貨員	(N)	shòuhuòyuán	Verkäufer (-in)	17
售票员	售票員	(N)	shòupiàoyuán	Fahrkartenverkäufer (-in)	18
蔬菜	蔬菜	(N)	shūcài	Gemüse	24
书店	書店	(N)	shūdiàn	Buchladen	21
数	數	(V)	shǔ	zählen	15
束	束	(ZEW)	shù	Strauß (Blumen)	25
帅	帥	(Adj)	shuài	schön, attraktiv	17
涮羊肉	涮羊肉	(N)	shuànyángròu	Hammelfondue	20
水平	水平	(N)	shuǐpíng	Niveau	21
丝绸	絲綢	(N)	sīchóu	Seide	17
死	死	(V)	sǐ	sterben	26
送	送	(V)	sòng	jn. begleiten	25
虽然	雖然	(Konj)	suīrán	zwar	22
所以	所以	(Konj)	suǒyǐ	deshalb	20

T

它	它	(Pr)	tā	es	19
它们	它們	(Pr)	tāmen	sie (Plural) (bezieht sich auf Dinge und Tiere)	19
太极拳	太極拳	(N)	tàijíquán	Taijiquan	17
泰山	泰山	(EN)	Tàishān	Taishan (ein Berg)	23
躺	躺	(V)	tǎng	liegen, sich hinlegen	25
套	套	(ZEW)	tào	Set, Satz, Reihe	17
特别	特別	(Adv)	tèbié	besonders, ungemein	22
特点	特點	(N)	tèdiǎn	Besonderheit, Eigenheit	26
踢	踢	(V)	tī	treten, kicken, (Ball) schießen	21
提	提	(V)	tí	etw. vorbringen	23

提高	提高	(V)	tígāo	erhöhen, steigern, anheben	21
填	填	(V)	tián	ausfüllen	16
条	條	(ZEW)	tiáo	Streifen (*Zähleinheitswort* für Flüsse, Drachen, Hosen usw.)	23
停	停	(V)	tíng	anhalten, parken	25
通知单	通知單	(N)	tōngzhīdān	Mitteilungsblatt, Information	18
同学	同學	(N)	tóngxué	Kommilitone, Kommilitonin; Klassenkamerad (-in)	21
偷	偷	(V)	tōu	stehlen	25
图片	圖片	(N)	túpiàn	Bild, Illustration	26
图书馆	圖書館	(N)	túshūguǎn	Bibliothek	16
腿	腿	(N)	tuǐ	Bein	25

W

外边	外邊	(N)	wàibian	außen	21
弯	彎	(V)	wān	etw. biegen, beugen	25
完	完	(V)	wán	beenden; (etw. ist) ausgegangen	25
王府井	王府井	(EN)	Wángfǔjǐng	(Name eines bekannten Einkaufsviertels in Beijing)	15
往	往	(Präp)	wǎng	(in Richtung) auf, nach, zu	18
忘	忘	(V)	wàng	vergessen	16
卫生间	衛生間	(N)	wèishēngjiān	Toilette	21
温室	温室	(N)	wēnshì	Gewächshaus	24
文化	文化	(N)	wénhuà	Kultur, Bildung	24
文章	文章	(N)	wénzhāng	Aufsatz, Artikel	20
问路	問路	(V O)	wèn lù	nach dem Weg fragen	24
卧室	卧室	(N)	wòshì	Schlafzimmer	21

X

西安	西安	(EN)	Xī'ān	(Hauptstadt der Provinz Shaanxi)	15
西边	西邊	(N)	xībian	Westen, westlich	22
西方	西方	(N)	xīfāng	der Westen	20
西服	西服	(N)	xīfú	Kleidung in westlichem Stil; Anzug, Kostüm	17
习惯	習慣	(V/N)	xíguàn	sich an etw. gewöhnen/Gewohnheit	20
戏院	戲院	(N)	xìyuàn	Theater	22
虾	蝦	(N)	xiā	Krabbe	19
下	下	(V/N)	xià	nach unten gehen; aussteigen/nächst-	16
下边	下邊	(N)	xiàbian	unten, unter	21
夏天	夏天	(N)	xiàtiān	Sommer	23
下雪	下雪	(V O)	xià xuě	schneien, es schneit	23
下雨	下雨	(V O)	xià yǔ	regnen, es regnet	24
先	先	(Adv)	xiān	zunächst, zuerst	16
想像	想像	(V)	xiǎngxiàng	sich etw. vorstellen	19
向	向	(Präp)	xiàng	in Richtung auf, nach, zu	24
像	像	(V)	xiàng	jm. /etw. ähneln; etw. sieht nach etw. aus	24
消息	消息	(N)	xiāoxi	Nachricht, Neuigkeit	25
小孩	小孩	(N)	xiǎoháir	Kind	24
小伙子	小夥子	(N)	xiǎohuǒzi	Junge, Kerl	26
小时	小時	(N)	xiǎoshí	Stunde	17
小说	小說	(N)	xiǎoshuō	Roman, Erzählung	22
小偷	小偷	(N)	xiǎotōu	Dieb	25
小燕子	小燕子	(EN)	Xiǎo Yànzi	(Name einer chinesischen Reiseführerin)	23
笑	笑	(V)	xiào	lachen, lächeln	25

些	些	(ZEW)	xiē	einige	18
新	新	(Adj)	xīn	neu	16
辛苦	辛苦	(Adj)	xīnkǔ	mühsam, strapaziös, beschwerlich	24
新年	新年	(N)	xīnnián	Neujahr, neues Jahr	20
《新实用汉语课本》	《新實用漢語課本》	(EN)	Xīn Shíyòng Hànyǔ Kèběn	*Das Neue Praktische Chinesisch*	16
信	信	(N)	xìn	Brief	15
行	行	(V)	xíng	in Ordnung sein	23
性别	性别	(N)	xìngbié	Geschlecht	16
姓名	姓名	(N)	xìngmíng	Name	16
徐悲鸿	徐悲鴻	(EN)	Xú Bēihóng	(Name eines berühmten chinesischen Malers)	19
学校	學校	(N)	xuéxiào	Schule, Bildungseinrichtung	21
雪	雪	(N)	xuě	Schnee	23

Y

颜色	顏色	(N)	yánsè	Farbe	17
演	演	(V)	yǎn	jmd. / etw. spielen, jmd. / etw. darstellen	22
演员	演員	(N)	yǎnyuán	Schauspieler (-in), Darsteller (-in)	22
演奏	演奏	(V)	yǎnzòu	etw. spielen (Musikstück, Instrument)	20
阳台	陽臺	(N)	yángtái	Balkon	21
样子	樣子	(N)	yàngzi	Form; Modell, Muster	17
医药费	醫藥費	(N)	yīyàofèi	Behandlungs- und Medikamentenkosten	25
一定	一定	(Adv)	yídìng	bestimmt, sicher, unbedingt	17
一会儿	一會兒	(R)	yíhuìr	eine Weile, ein Moment	16
一样	一樣	(Adj)	yíyàng	ebenso, gleich	19
以后	以後	(N)	yǐhòu	dann, später	21
已经	已經	(Adv)	yǐjing	schon, bereits	17
以前	以前	(N)	yǐqián	früher, vorher, vor	22
以为	以爲	(V)	yǐwéi	meinen, glauben (sehr subjektiv)	25
阴天	陰天	(N)	yīntiān	bedeckt	23
因为	因爲	(Konj)	yīnwèi	weil	20
音乐会	音樂會	(N)	yīnyuèhuì	Konzert	20
银行	銀行	(N)	yínháng	Bank	15
英镑	英鎊	(N)	yīngbàng	Pfund Sterling	15
英文	英文	(N)	Yīngwén	Englisch	18
赢	贏	(V)	yíng	gewinnen, siegen	21
用	用	(V)	yòng	benutzen	15
优美	優美	(Adj)	yōuměi	reizend, bezaubernd, bildschön	22
游	游	(V)	yóu	schwimmen	19
油彩	油彩	(N)	yóucǎi	Ölfarben	19
邮费	郵費	(N)	yóufèi	Porto	18
油画	油畫	(N)	yóuhuà	Ölgemälde	19
游泳	游泳	(V)	yóuyǒng	schwimmen	23
有的	有的	(Pr)	yǒude	manche	22
又	又	(Adv)	yòu	erneut, wieder	20
右	右	(N)	yòu	rechts	21
右边	右邊	(N)	yòubian	rechts, die rechte Seite	21
雨	雨	(N)	yǔ	Regen	24
远	遠	(Adj)	yuǎn	weit (entfernt)	21
越剧	越劇	(N)	yuèjù	Shaoxing-Oper	22
越来越	越來越	(R)	yuè lái yuè	immer (mehr), zunehmend	26
乐器	樂器	(N)	yuèqì	Musikinstrument	20

乐曲	樂曲	(N)	yuèqǔ	Musikstück, Komposition	20

Z

在	在	(Adv)	zài	(zur Kennzeichnung des progressiven Aspekts)	24
咱们	咱們	(Pr)	zánmen	wir	18
糟糕	糟糕	(Adj)	zāogāo	übel, misslich; Pech!	18
早	早	(Adj)	zǎo	früh	15
展览	展覽	(A)	zhǎnlǎn	Ausstellung	26
站	站	(N)	zhàn	Haltestelle, Station	18
站	站	(V)	zhàn	stehen	23
丈夫	丈夫	(N)	zhàngfu	Ehemann	26
着急	著急	(VO/Adj)	zháojí	nervös, aufgeregt	20
照相机	照相機	(N)	zhàoxiàngjī	Fotoapparat, Kamera	20
着	著	(Pa)	zhe	(zur Kennzeichnung des durativen Aspekts)	25
这么	這麽	(Pr)	zhème	so, auf diese Art	22
正式	正式	(Adj)	zhèngshì	offiziell, förmlich, formell	20
正在	正在	(Adv)	zhèngzài	gerade (bei ... sein) (zur Kennzeichnung des progressiven Aspekts)	24
职业	職業	(N)	zhíyè	Beruf	16
只	只	(Adv)	zhǐ	nur	19
纸	紙	(N)	zhǐ	Papier	19
中餐	中餐	(N)	zhōngcān	chinesische Küche	26
中国化	中國化	(V)	zhōngguóhuà	sinisieren	26
中国画	中國畫	(N)	zhōngguóhuà	traditionelle chinesische Malerei	19
中国通	中國通	(N)	zhōngguótōng	Chinaexperte	26
中式	中式	(N)	zhōngshì	chinesischer Stil	17
种	種	(ZEW)	zhǒng	Art, Sorte	22
种类	種類	(N)	zhǒnglèi	Art, Sorte, Spezies	22
种	種	(V)	zhòng	etw. anbauen, pflanzen	24
重	重	(Adj)	zhòng	schwer; ernsthaft	25
主角	主角	(N)	zhǔjué	Hauptrolle	22
主要	主要	(Adj)	zhǔyào	hauptsächlich, wesentlich	19
注意	注意	(V)	zhùyì	beachten, berücksichtigen	25
抓	抓	(V)	zhuā	jn. / etw. packen, ergreifen	25
撞	撞	(V)	zhuàng	mit etw. zusammen stoßen, auf jn. stoßen	25
桌子	桌子	(N)	zhuōzi	Tisch	25
自己	自己	(Pr)	zìjǐ	selbst	16
自行车	自行車	(N)	zìxíngchē	Fahrrad	25
走	走	(V)	zǒu	gehen	17
足球	足球	(N)	zúqiú	Fußball	21
左边	左邊	(N)	zuǒbian	links, linke Seite	21
座	座	(ZEW)	zuò	(*Zähleinheitswort* für Berge, Gebäude und ähnliche unbewegliche Objekte)	24
座位	座位	(N)	zuòwèi	Sitzplatz	22

补充词汇
Zusätzliche Vokabeln

词条	繁体	词性	拼音	德译	课号
				A	
爱人	愛人	(N)	àiren	Ehemann oder Ehefrau, Ehepartner	24
				B	
薄	薄	(Adj)	báo	dünn	17
悲伤	悲傷	(Adj)	bēishāng	traurig, betrübt, bekümmert	22
毕业	畢業	(VO)	bìyè	(Ausbildung) absolvieren, abschließen	26
便饭	便飯	(N)	biànfàn	einfaches Essen, Hausmannskost	22
表	表	(N)	biǎo	Armbanduhr	17
补	補	(V)	bǔ	etw. reparieren, ausbessern; etw. ergänzen	25
布	布	(N)	bù	Stoff	17
不怎么样	不怎麽樣	(R)	bù zěnmeyàng	nicht besonders, mittelmäßig	22
				C	
菜	菜	(N)	cài	Essen, Speise; Gericht	15
菜单	菜單	(N)	càidān	Speisekarte	23
茶楼	茶樓	(N)	chálóu	Teehaus	16
城市	城市	(N)	chéngshì	Stadt	15, 21
出差	出差	(V)	chūchāi	auf Dienstreise gehen	21
聪明	聰明	(Adj)	cōngming	klug, intelligent	18, 22
				D	
打折	打折	(VO)	dǎzhé	Rabatt geben, ermäßigen	17
刀	刀	(N)	dāo	Messer	25
地方	地方	(N)	dìfang	Ort, Stelle, Platz	15
地上	地上	(N)	dìshang	Boden, Oberfläche	25
电影院	電影院	(N)	diànyǐngyuàn	Kino	21
掉	掉	(V)	diào	herunterfallen, (ab)fallen	25
动	動	(V)	dòng	bewegen	23
冻	凍	(V)	dòng	frieren; etw. gefriert	24
顿	頓	(ZEW)	dùn	(*Zähleinheitswort* für Mahlzeiten)	22
多余	多余	(Adj)	duōyú	überzählig, überflüssig	20
				E	
儿子	兒子	(N)	érzi	Sohn	15,18
				F	
发抖	發抖	(V)	fādǒu	zittern, bibbern; erschauern	24
方法	方法	(N)	fāngfǎ	Methode	26
房间	房間	(N)	fángjiān	Zimmer	16
封	封	(ZEW)	fēng	(*Zähleinheitswort* für Briefe)	18

G

钢琴	鋼琴	(N)	gāngqín	Klavier	19
公斤	公斤	(ZEW)	gōngjīn	Kilogramm	18
挂失	挂失	(VO)	guàshī	etw. als verloren melden	25
观点	觀點	(N)	guāndiǎn	Aspekt; Meinung	19
管	管	(V)	guǎn	jn. erziehen, auf jn. aufpassen	19
广东	廣東	(EN)	Guǎngdōng	Provinz Guangdong	16
国籍	國籍	(N)	guójí	Nationalität	16

H

孩子	孩子	(N)	háizi	Kind	16,19
害怕	害怕	(V)	hàipà	Angst haben, sich fürchten	23
杭州	杭州	(EN)	Hángzhōu	Hangzhou	21
后边	後邊	(N)	hòubian	hinten, hinter	21
回忆	回憶	(V)	huíyì	an etw. / jn. zurückdenken, sich erinnern	22
汇率	匯率	(N)	huìlǜ	Wechselkurs	15

J

机场	機場	(N)	jīchǎng	Flughafen	24
纪念	紀念	(N)	jìniàn	Gedenken, Andenken an	18
加元	加元	(N)	jiāyuán	Kanadischer Dollar	15
贾宝玉	賈寶玉	(EN)	Jiǎ Bǎoyù	(Name der männlichen Hauptfigur in *Der Traum der roten Kammer*)	22
减肥	減肥	(VO)	jiǎnféi	abnehmen	19
见面	見面	(VO)	jiànmiàn	sich treffen, sich sehen	26
建筑师	建築師	(N)	jiànzhùshī	Architekt (-in)	21
将军	將軍	(N)	jiāngjūn	General	24
脚	脚	(N)	jiǎo	Fuß	20
教育	教育	(V)	jiàoyù	jn. ausbilden, schulen, erziehen	19
接(人)	接(人)	(V)	jiē(rén)	jn. abholen	24
结婚	結婚	(VO)	jiéhūn	heiraten, sich verheiraten	22
节目	節目	(N)	jiémù	Programm	19
经验	經驗	(N)	jīngyàn	Erfahrung	26
警察	警察	(N)	jǐngchá	Polizist (-in)	25
警车	警車	(N)	jǐngchē	Polizeiauto	25
句	句	(ZEW)	jù	Satz	26

K

咖啡馆	咖啡館	(N)	kāfēiguǎn	Café	21
开始	開始	(V)	kāishǐ	anfangen, beginnen	16
棵	棵	(ZEW)	kē	(*Zähleinheitswort* für Bäume, Pflanzen)	23
渴	渴	(Adj)	kě	durstig	23
客人	客人	(N)	kèrén	Gast	26
哭	哭	(V)	kū	weinen	22
裤子	褲子	(N)	kùzi	Hose	17

L

老人	老人	(N)	lǎorén	ältere Leute, Senioren	16
离开	離開	(V)	líkāi	von jm. / etw. weggehen, verlassen	22,26
凉快	凉快	(Adj)	liángkuai	(angenehm) kühl	24
辆	輛	(ZEW)	liàng	(*Zähleinheitswort* für Fahrzeuge)	20
了不起	了不起	(R)	liǎobuqǐ	außergewöhnlich, hervorragend	17

了解	了解	(V)	liǎojiě	jn. / etw. kennen, Bescheid wissen; begreifen, verstehen	26
料子	料子	(N)	liàozi	Kleiderstoff	17
林黛玉	林黛玉	(EN)	Lín Dàiyù	(Name der weiblichen Hauptfigur in *Der Traum der roten Kammer*)	22

M

美元	美元	(N)	měiyuán	US Dollar	15
目录	目録	(N)	mùlù	Katalog; Verzeichnis	16

N

南边	南邊	(N)	nánbian	Süden, südlich	21
年龄	年齡	(N)	niánlíng	Alter	16
暖和	暖和	(Adj)	nuǎnhuo	warm, mild	24

O

欧元	歐元	(N)	ōuyuán	Euro	15

P

跑步	跑步	(VO)	pǎobù	laufen, rennen	19
骗	騙	(V)	piàn	jn. betrügen, prellen	22

Q

骑	騎	(V)	qí	fahren, reiten	19
起飞	起飛	(V)	qǐfēi	abfliegen, starten	23
晴天	晴天	(N)	qíngtiān	sonnig, Sonnentag	23
请客	請客	(VO)	qǐngkè	jn. einladen, einen ausgeben	26

R

然后	然後	(Adv)	ránhòu	dann	18
热闹	熱鬧	(Adj)	rènao	lebhaft, belebt, rege	16

S

山	山	(N)	shān	Berg	21
山水	山水	(N)	shānshuǐ	Landschaft	21
烧	燒	(V)	shāo	etw. verbrennen, abbrennen	22
蛇	蛇	(N)	shé	Schlange	20
设计	設計	(V)	shèjì	etw. entwerfen, konzipieren	21
声	聲	(N)	shēng	Laut, Ton, Geräusch	24
生火	生火	(VO)	shēnghuǒ	Feuer machen	24
生气	生氣	(VO)	shēngqì	aufgebracht, ärgerlich sein	19
诗	詩	(N)	shī	Gedicht	22
诗人	詩人	(N)	shīrén	Dichter (-in)	21
士兵	士兵	(N)	shìbīng	Soldat (-in)	24
手	手	(N)	shǒu	Hand	25
手机	手機	(N)	shǒujī	Mobiltelefon, Handy	25
瘦	瘦	(Adj)	shòu	dünn, schlank	19
输	輸	(V)	shū	verlieren	21
书店	書店	(N)	shūdiàn	Buchladen	19
书法	書法	(N)	shūfǎ	Kalligrafie	19
熟悉	熟悉	(V)	shúxī	sich mit etw. auskennen, vertraut sein mit etw./jn.	26
树	樹	(N)	shù	Baum	23
双	雙	(ZEW)	shuāng	Paar	17
死	死	(V)	sǐ	sterben	22,23

苏杭	蘇杭	(EN)	Sū Háng	Suzhou und Hangzhou	21
苏州	蘇州	(EN)	Sūzhōu	Suzhou	21
孙子	孫子	(N)	sūnzi	Enkel	18

T

太太	太太	(N)	tàitai	Ehefrau, (Anrede) Frau	22
添	添	(V)	tiān	hinzufügen	20
天气预报	天氣預報	(N)	tiānqì yùbào	Wetterbericht, Wettervorhersage	23
天堂	天堂	(N)	tiāntáng	Paradies	21
条	條	(ZEW)	tiáo	(*Zähleinheitswort* für längliche, schmale Dinge wie Hosen, Röcke, Schlangen usw.)	17,20
贴	貼	(V)	tiē	(auf)kleben	18
停	停	(V)	tíng	anhalten; stoppen, aufhören	24
停车场	停車場	(N)	tíngchēchǎng	Parkplatz	23
头发	頭發	(N)	tóufa	Haar(e)	17
突然	突然	(Adj)	tūrán	plötzlich, unerwartet	25

W

完	完	(V)	wán	etw. beenden	20
万事如意	萬事如意	(R)	wàn shì rú yì	Alles Gute!	20
危险	危險	(Adj)	wēixiǎn	gefährlich	23
问答	問答	(N)	wèndá	Fragen und Antworten	16

X

吓	嚇	(N)	xià	erschrecken	25
现金	現金	(N)	xiànjīn	Bargeld	15
相爱	相愛	(V)	xiāng'ài	sich verlieben	22
相声	相聲	(N)	xiàngsheng	komischer Dialog, Sketch	17
箱子	箱子	(N)	xiāngzi	Koffer, Kiste, Kasten	24
项链	項鏈	(N)	xiàngliàn	Halskette	25
小学	小學	(N)	xiǎoxué	Grundschule	20
鞋子	鞋子	(N)	xiézi	Schuhe	17
信封	信封	(N)	xìnfēng	Briefumschlag	18
信用卡	信用卡	(N)	xìnyòngkǎ	Kreditkarte	15,25
型号	型號	(N)	xínghào	Modell, Typ	25
行李	行李	(N)	xíngli	Gepäck	24
幸福	幸福	(Adj)	xìngfú	glücklich	20
熊	熊	(N)	xióng	Bär	23
修建	修建	(V)	xiūjiàn	etw. anlegen, errichten, bauen	21
续借	續借	(V)	xùjiè	(die Leihfrist) verlängern	16

Y

亚洲学系	亞洲學系	(N)	yàzhōuxué xì	Institut für Asienwissenschaften	15
研究	研究	(V)	yánjiū	etw. erforschen, untersuchen, studieren	22
钥匙	鑰匙	(N)	yàoshi	Schlüssel	16
页	頁	(ZEW)	yè	Seite	17
业余	業余	(N)	yèyú	Freizeit; Laie	19
一路平安	一路平安	(R)	yílù píng'ān	Gute Reise!	24
以前	以前	(N)	yǐqián	früher; vor	19
艺术	藝術	(N)	yìshù	Kunst	26
意思	意思	(N)	yìsi	Sinn, Bedeutung	26
音乐厅	音樂廳	(N)	yīnyuètīng	Konzerthalle	20
邮票	郵票	(N)	yóupiào	Briefmarke	18

预订	預訂	(V)	yùdìng	vorbestellen; buchen	16
元	元	(ZEW)	yuán	(*Zählheinheitswort* für die chinesische Währung; *kuai*)	15
园林	園林	(N)	yuánlín	Garten, Park	21
远	遠	(Adj)	yuǎn	weit (entfernt)	19
阅览室	閱覽室	(N)	yuèlǎnshì	Lesesaal	16

Z

杂志	雜志	(N)	zázhì	Zeitschrift	16
站岗	站崗	(VO)	zhàngǎng	Wache / Posten stehen	24
正常	正常	(Adj)	zhèngcháng	normal, regulär	24
中国民航	中國民航	(EN)	Zhōngguó Mínháng	Generalverwaltung der Chinesischen Zivilluftfahrt (CAAC)	23
装	裝	(V)	zhuāng	etw. vorgeben, simulieren	23
准备	準備	(N/V)	zhǔnbèi	Vorbereitung; vorbereiten	18,26
自行车	自行車	(N)	zìxíngchē	Fahrrad	19
总是	總是	(Adv)	zǒngshì	immer	17
足	足	(N)	zú	Fuß	20
足球场	足球場	(N)	zúqiúchǎng	Fußballfeld, Fußballplatz	21
最	最	(Adv)	zuì	meist-	20

汉字索引

Schriftzeichenindex

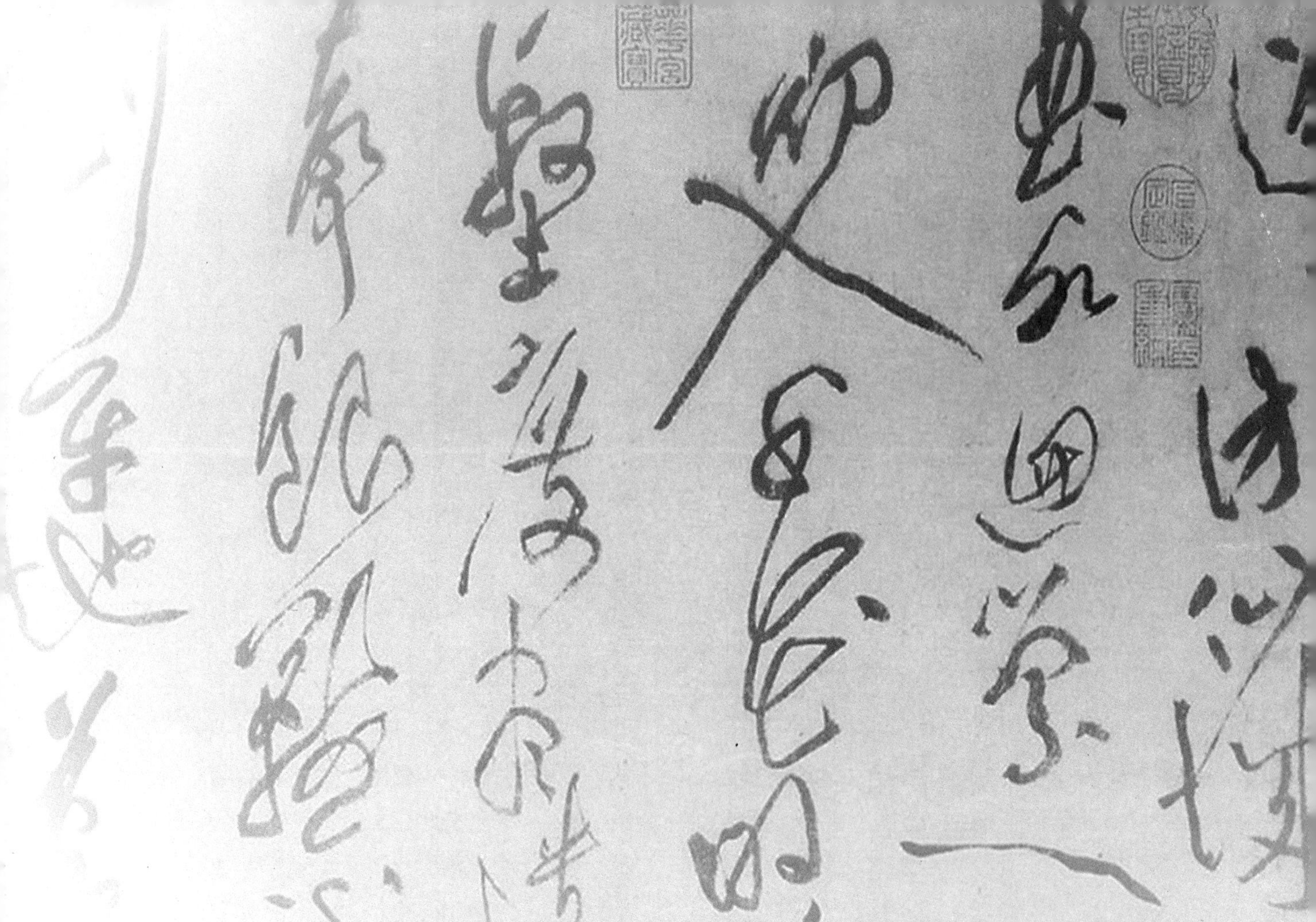